Kohlhammer

Der Autor

Prof. Dr. phil. Ueli Kramer
Direktor des Universitären Instituts für Psychotherapie, Medizinische Fakultät der Universität Lausanne und Psychiatrische Universitätsklinik Lausanne, Schweiz. Fachpsychologe für Psychotherapie FSP, Past President der Europäischen Gesellschaft der Beforschung der Persönlichkeitsstörungen (ESSPD), Past President der Europäischen Gesellschaft der Psychotherapieforschung (EU-SPR). Forschungsaufenthalte in Kanada und den USA, über 180 wissenschaftliche Publikationen und mehrere Fachbücher, fünf wissenschaftliche Preise für sein Forschungsprogramm zu der Psychotherapie der Persönlichkeitsstörungen.

Ueli Kramer

Psychotherapie der Persönlichkeitsstörungen

Eine wirkfaktorenorientierte Perspektive

Verlag W. Kohlhammer

Dieses Werk einschließlich aller seiner Teile ist urheberrechtlich geschützt. Jede Verwendung außerhalb der engen Grenzen des Urheberrechts ist ohne Zustimmung des Verlags unzulässig und strafbar. Das gilt insbesondere für Vervielfältigungen, Übersetzungen, Mikroverfilmungen und für die Einspeicherung und Verarbeitung in elektronischen Systemen.

Pharmakologische Daten, d. h. u. a. Angaben von Medikamenten, ihren Dosierungen und Applikationen, verändern sich fortlaufend durch klinische Erfahrung, pharmakologische Forschung und Änderung von Produktionsverfahren. Verlag und Autoren haben große Sorgfalt darauf gelegt, dass alle in diesem Buch gemachten Angaben dem derzeitigen Wissensstand entsprechen. Da jedoch die Medizin als Wissenschaft ständig im Fluss ist, da menschliche Irrtümer und Druckfehler nie völlig auszuschließen sind, können Verlag und Autoren hierfür jedoch keine Gewähr und Haftung übernehmen. Jeder Benutzer ist daher dringend angehalten, die gemachten Angaben, insbesondere in Hinsicht auf Arzneimittelnamen, enthaltene Wirkstoffe, spezifische Anwendungsbereiche und Dosierungen anhand des Medikamentenbeipackzettels und der entsprechenden Fachinformationen zu überprüfen und in eigener Verantwortung im Bereich der Patientenversorgung zu handeln. Aufgrund der Auswahl häufig angewendeter Arzneimittel besteht kein Anspruch auf Vollständigkeit.

Die Wiedergabe von Warenbezeichnungen, Handelsnamen und sonstigen Kennzeichen in diesem Buch berechtigt nicht zu der Annahme, dass diese von jedermann frei benutzt werden dürfen. Vielmehr kann es sich auch dann um eingetragene Warenzeichen oder sonstige geschützte Kennzeichen handeln, wenn sie nicht eigens als solche gekennzeichnet sind.

Es konnten nicht alle Rechtsinhaber von Abbildungen ermittelt werden. Sollte dem Verlag gegenüber der Nachweis der Rechtsinhaberschaft geführt werden, wird das branchenübliche Honorar nachträglich gezahlt.

Dieses Werk enthält Hinweise/Links zu externen Websites Dritter, auf deren Inhalt der Verlag keinen Einfluss hat und die der Haftung der jeweiligen Seitenanbieter oder -betreiber unterliegen. Zum Zeitpunkt der Verlinkung wurden die externen Websites auf mögliche Rechtsverstöße überprüft und dabei keine Rechtsverletzung festgestellt. Ohne konkrete Hinweise auf eine solche Rechtsverletzung ist eine permanente inhaltliche Kontrolle der verlinkten Seiten nicht zumutbar. Sollten jedoch Rechtsverletzungen bekannt werden, werden die betroffenen externen Links soweit möglich unverzüglich entfernt.

1. Auflage 2025

Alle Rechte vorbehalten
© W. Kohlhammer GmbH, Stuttgart
Gesamtherstellung: W. Kohlhammer GmbH, Heßbrühlstr. 69, 70565 Stuttgart
produktsicherheit@kohlhammer.de

Print:
ISBN 978-3-17-043994-8

E-Book-Formate:
pdf: ISBN 978-3-17-043995-5
epub: ISBN 978-3-17-043996-2

Inhaltsverzeichnis

Vorwort 9

Teil I

1 Dimensionale Konstrukte zur Diagnose der Persönlichkeitsstörungen 13
  1.1 Einführung 13
  1.2 Konzeptionen von Persönlichkeit und Persönlichkeitsstörungen 14

2 Funktionale Domänen, Wirkfaktoren und therapeutische Aufgaben in der Psychotherapie der Persönlichkeitsstörungen 18
  2.1 Funktionale Domänen in den Persönlichkeitsstörungen 18
  2.2 Funktionale Domäne Emotionsdysregulation 19
  2.3 Funktionale Domäne problematische soziale Interaktion ... 20
  2.4 Funktionale Domäne diffuse Identität 21
  2.5 Funktionale Domäne Impulsivität 21
  2.6 Funktionale Domäne Kognitive Verzerrungen 22
  2.7 Eine wirkfaktorenorientierte Konzeption von Veränderung in der Psychotherapie der Persönlichkeitsstörungen 23
  2.8 Entscheidungsmomente und therapeutische Aufgaben 26

3 Fallkonzeption: Ausarbeiten eines Interventionsmodells 28
  3.1 Einführung 28
  3.2 Fallkonzeption am Beispiel der Plananalyse 29
  3.3 Relevanz der Plananalyse für die Persönlichkeitsstörungen .. 31
  3.4 Prototypische Planstrukturen für Persönlichkeitsstörungen und wie man sie nutzen kann 32
  3.5 Nutzen der Plananalyse im Kontext einer wirkfaktorenorientierten Psychotherapie 33

Teil II

4   Start der Therapie und Fallkonzeption **39**
4.1   Fallbeispiel: »Ich war noch nie bei einer Therapeutin« 39
4.2   Einordnung: Fallkonzeption 43

5   Umgang mit Emotionsdysregulation **51**
5.1   Fallbeispiel: »Ich konnte mich einfach nicht kontrollieren!« 51
5.2   Besprechung: Auf dem Weg von der Emotionsdysregulation zur emotionalen Balance 57

6   Umgang mit Brüchen in der therapeutischen Allianz **64**
6.1   Fallbeispiel: »Diese Therapie passt mir nicht!« 64
6.2   Besprechung: Beziehungskrisen konstruktiv nutzen 69

7   Umgang mit impulsivem Verhalten **76**
7.1   Fallbeispiel: »Wenn ich getrunken habe, ist alles so anders« 76
7.2   Besprechung: Auf dem Weg vom impulsiven Verhalten zur Selbstreflexion 80

8   Umgang mit kognitiven Verzerrungen **86**
8.1   Fallbeispiel: »Im Job konnte ich einfach niemandem vertrauen!« 86
8.2   Besprechung: Auf dem Weg von kognitiven Verzerrungen zu einer realitätskonformen und kohärenten Narrativen 91

9   Umgang mit problematischer sozialer Interaktion **97**
9.1   Fallbeispiel: »Meine Freundin ist an meinen Problemen schuld« 97
9.2   Besprechung: Auf dem Weg von problematischer sozialer Interaktion zu interpersonaler Effektivität 102

10   Umgang mit diffuser Identität **109**
10.1   Fallbeispiel: »Wo es bei mir lang geht im Leben, ist mir unklar« 109
10.2   Besprechung: Auf dem Weg von diffuser Identität zum konsolidierten Selbstkonzept 114

Teil III

11   Therapieende **121**
11.1   Fallbeispiel: »Dies ist unsere letzte Sitzung, nicht wahr?« ... 121
11.2   Schluss des Buches oder Zurück zum Individuum in der Psychotherapie 126

Teil IV

Literaturverzeichnis **133**

Vorwort

Mit diesem Buch betrete ich Neuland, als Forschender und Autor. Die Inhalte selbst fußen zwar auf dem aktuellen Forschungsstand der Psychotherapie der Persönlichkeitsstörungen. Insofern reflektieren die 11 Kapitel wohl eine sonst selten in deutscher Sprache zur Verfügung stehende Synthese des aktuellen Wissensstands.

Formal ist das vorliegende Buch ein Experiment. Innerhalb einer modernen integrativen Sichtweise, in welcher kein Therapiemodell als herausragend dargestellt wird, aber jeder Ansatz ein Puzzleteil zu einem größeren Verständnis beisteuert, versuche ich hier, den Fokus auf den eigentlichen therapeutischen Dialog zu lenken. Dafür habe ich eine psychotherapeutische Interaktion zwischen einem Klienten, Enrico, und einer Psychotherapeutin, Silvia, erfunden. Diese Interaktion steht als prototypisches Fallbeispiel im Hauptteil des Buches immer zu Beginn der Kapitel und führt somit in eine therapeutische Interaktion ein, die ich danach detailliert diskutiere. Ich stelle mir vor, dass diese Fallbeispiele durchaus separat am Stück gelesen werden können, wie die wissenschaftlich-klinischen Teile auch getrennt gelesen werden können.

Das Buch ist in erster Stelle für Psychotherapeutinnen und Psychotherapeuten geschrieben, und solche, die diesen Beruf erlernen. Das Werk wird nicht als ein Manual und Richtlinie verstanden, wie Psychotherapie für Persönlichkeitsstörungen aussehen soll oder muss – wie der Ton in vielen anderen Fachbüchern ist. Das Werk soll stattdessen die Lesenden zu Mut inspirieren, aus herkömmlichen Pfaden auszubrechen, mit System bei allen Klientinnen und Klienten wieder Neuland zu betreten und diese in ihrer Existenz wahrzunehmen, und in der Psychotherapie integrativ-pragmatisch vorzugehen. Das Buch soll Innovation in der Psychotherapie stimulieren und Psychotherapieforschende einladen, die Psychotherapie der Persönlichkeitsstörungen individualisiert zu konzeptualisieren und zu studieren.

Als Forschender und Autor schreibe ich sehr oft mit Kollegen und Kolleginnen zusammen – wie in einem gut aufeinander abgestimmten Orchester. Und somit ist dieses Buch auch Neuland als Solostück. Diese Erfahrung ist derjenigen des Psychotherapeuten oder der Psychotherapeutin nicht fremd, der oder die ebenfalls oftmals ganz auf sich gestellt therapiert. Gleichzeitig schwingen in all diesen Momenten des fokussierten Arbeitens alle interpersonalen Beziehungen, aktuelle und vergangene, konstant mit. Diese Dialektik zieht sich auch durch das gesamte Buch.

Inhaltlich basiert dieses Werk auf ein Buch, das ich mit Shelley McMain und Kenneth Levy bei American Psychological Association publiziert habe, ihnen sei für die

Inspiration und Kooperation gedankt. Das Fallbeispiel von Enrico und Silvia entstand als ich auf Reisen war und einige Inspiration fand ich in Gesprächen mit Fremden, ihnen sei augenzwinkernd gedankt. Weiter fand ich Anregungen bei meinen Klientinnen und Klienten, Studierenden und Teilnehmenden aus der Supervision – danke Ihnen! Schließlich bin ich meiner Familie, meiner Frau und meiner Tochter, großen Dank schuldig, da ich dieses Buch auch mal in der privaten Zeit fertigstellte. Und natürlich danke ich Frau Kathrin Kastl und Herrn Ruprecht Poensgen vom Kohlhammer Verlag für das Vertrauen und Frau Annika Grupp für das Lektorat.

Lausanne, im Oktober 2024

Teil I

1 Dimensionale Konstrukte zur Diagnose der Persönlichkeitsstörungen

1.1 Einführung

Persönlichkeitsstörungen sind in der klinischen Praxis häufig anzutreffen, sei es im ambulanten oder im stationären Bereich. Diagnosen der Persönlichkeitsstörungen werden nicht immer gestellt oder wenn, dann mit ungenügender Präzision. Dies kann damit zusammenhängen, dass Psychotherapeuten[1] nicht über das Handwerkszeug verfügen, um die Probleme dieser Klienten adäquat einzuordnen und zu verstehen, und um effizient zu intervenieren. Dieses erste Kapitel setzt sich zum Ziel, aktuelle dimensionale Konstrukte zur Diagnose der Persönlichkeitsstörungen zu synthetisieren und zu diskutieren.

Eine solche moderne, dimensionale Konzeption der Persönlichkeitsstörungen stellt den Startpunkt dieses Buches zur Psychotherapie der Persönlichkeitsstörungen dar. Von diesem Startpunkt ausgehend soll das Buch im ersten Teil darauf aufbauend die funktionalen Domänen der Persönlichkeitsstörungen diskutieren und erörtern, inwiefern diese Behandlungsfokusse im Rahmen einer wirkfaktorenorientierten Psychotherapie werden können. Wie sich dies klinisch an die persönlichen Charakteristika des Patienten/der Patientin anpassen lässt, wird im dritten Kapitel zur Fallkonzeption behandelt.

Grundsätzlich soll eine Taxonomie psychiatrischer Störungen nicht nur die Klassifikation der Störungen ermöglichen, sondern auch deren ätiologische Faktoren berücksichtigen (Michelini et al., 2021). Diese beiden Aspekte hängen zusammen, da eine genauere Klassifikation die sequenziellen Links zwischen auslösenden, aufrechterhaltenden Faktoren mit den Problemen benötigt, und ein ätiologisches Modell nur im Rahmen einer sauberen Diagnostik überhaupt hilfreich ist. Im Bereich der Persönlichkeitsstörungen wurde schon früh auf zwei taxonomische Aspekte hingewiesen, die die Persönlichkeit und deren Störung ausmacht, nämlich, die Beschreibung der Persönlichkeit und das Verstehen ihrer Funktion. Gemäß Allport (1935) kann unterschieden werden, zwischen was eine Persönlichkeit »ist« (ihre Traits, oder Domänen, in welcher Probleme auftauchen könnten, oder wo Ressourcen bestehen), und was eine Persönlichkeit »macht« (ihre Funktion, ihren

---

1 Notiz zur gendergerechten Sprache: Zugunsten einer lesefreundlichen Darstellung wird in diesem Text bei personenbezogenen Bezeichnungen in der Regel die männliche Form verwendet. Diese schließt, wo nicht anders angegeben, alle Geschlechtsformen ein (weiblich, männlich, divers). Die Ausnahme stellt die spezifische Einordnung von Inhalten der Fallbeispiele des männlichen Patienten Enrico und der weiblichen Therapeutin Silvia dar.

Impact auf das Selbst und interpersonale Beziehungen, die allfälligen funktionalen Störungen, die in Beziehungen als Konsequenz von Persönlichkeit entstehen können). Diese Differenzierung zieht sich durch die Persönlichkeitsliteratur durch, bis hin zum DSM-5-TR (APA, 2022) und zu der ICD-11 (WHO, 2022). In der ersten Klassifikation wird im Alternativen Modell der Persönlichkeitsstörungen (Anhang III) zwischen Kriterium A (funktionaler Schweregrad der Persönlichkeitsstörung) und B (ausgeprägte Traitdomänen der Persönlichkeitsstörung) unterschieden, in der zweiten Klassifikation ersetzt der funktionale Schweregrad alle anderen diagnostischen Kriterien der Persönlichkeitsstörung und die Einschätzung der Traitdomänen sowie des Borderline-Specifiers sind fakultativ (Bach, Kramer et al., 2022).

Aber warum sollten PsychotherapeutInnen nun Persönlichkeitsstörungen dimensional konzeptualisieren? Wo ist das Problem bei den traditionellen kategoriellen Systemen? Grundsätzlich kann man anführen, dass empirische Evidenz nun überzeugend darstellen kann, dass zumindest eine dimensionale Perspektive als Ergänzung nötig ist zur Konzeptualisierung der Persönlichkeitsstörungen (Clark et al., 2017). Erstens, weil die Phänomene der Persönlichkeitsstörungen in der Natur in diversen Ausprägungen existieren (vgl. Cuthbert et al., 2013). Wenn die naturvorgegebene Fluidität in Kategorien gepresst wird, kann dies ungenügende Reliabilität der Einschätzungsinstrumente zur Konsequenz haben, oder eine gewisse diagnostische Instabilität bei Grenzfällen, die einmal gleich oberhalb, einmal gleich unterhalb des klinischen Cut-Offs eingeschätzt werden. Zweitens, pathogenetische und ätiologische Prozesse, die das Vorkommen eines klinisch auffälligen Verhaltens oder Erlebens erklären, sind dimensionaler Natur und sind sehr ähnlich bei sehr unterschiedlichen psychischen Störungen (auch innerhalb von verschiedenen Persönlichkeitsstörungen; Bzdok et al., 2018). Drittens, Komorbidität ist häufig groß in kategoriellen Diagnostiksystemen, da sie die übergreifenden entwicklungspsychologischen Aufgaben, die im Zusammenhang mit den psychischen Störungen stehen (Caspi et al., 2020) weitergehend ignorieren. Viertens, die zwischenmenschliche Variation ist sehr hoch und dimensionale Modelle bilden diese Heterogenität besser ab (Ofrat et al., 2018; Widiger, 2018). Fünftens, differenzielle Diagnostik ist häufig schwierig innerhalb von Kategorien der Persönlichkeitsstörungen, da dieselben Kriterien in mehreren Störungen Teil der Diagnostik sind.

Im Folgenden werden wir die Inhalte der deskriptiven und funktionalen Perspektiven der Persönlichkeitsstörungen etwas genauer anschauen und diskutieren.

1.2 Konzeptionen von Persönlichkeit und Persönlichkeitsstörungen

Das wohl bekannteste Modell der Persönlichkeit ist dasjenige der Big Five (Costa & McCrae, 1992). Generationen von Persönlichkeitsexperten haben Aspekte dieses Modells beforscht und verfeinert. Grundsätzlich werden fünf Dimensionen in Form von teilweise unabhängigen Faktoren unterschieden, jeder kann auf einem Spektrum konzeptualisiert und gemessen werden: Neurotizismus (Variation zwischen Nervosität und Resilienz), Extraversion (Variation zwischen Prosozialität und Reserve), Verträglichkeit (Variation zwischen Freundlichkeit und Feindlichkeit), Gewissenhaftigkeit (Variation zwischen Effizienz und Nachlässigkeit) und Offenheit für die Erfahrung (Variation zwischen Interesse und Vorsichtigkeit). In Fragebogenerfassung wird jede Person auf jeder Dimension differenziert eingeschätzt, was ein Profil der Person ermöglicht. Vergleiche sind mit der Population (mit Hilfe von Normen) möglich und mit dem Individuum selbst zu einem früheren Zeitpunkt. Der Vorteil der Big Five Literatur ist die empirische Evidenz und die transdiagnostische Perspektive, die normales und dysfunktionales Geschehen zu erfassen ersucht. Ein Schwachpunkt ist eine gewisse Komplexität der Anwendung im klinischen Bereich: nur wenige Studien betreffen klinische Populationen.

Das Alternative Modell der Persönlichkeitsstörungen des DSM-5-TR (APA, 2022) soll die Limitationen des Big Five überwinden und wurde explizit für den klinisch-psychiatrischen Kontext erarbeitet, während gleichzeitig Konzepte des Big Five Einfluss gefunden haben. So wurde zwischen fünf Traitdomänen unterschieden. Wiederum soll jede Dimension als teilweise unabhängiger Faktor verstanden werden, jeder auf einem Spektrum differenziert in seiner Ausprägung: negative Affektivität, Distanziertheit, Antagonismus, Desinhibition und Psychotizismus. Klare Parallelen können mit den jeweiligen Faktoren des Big Five Modells ausgemacht werden und werden in der Literatur diskutiert (Bach et al., 2022; Herpertz et al., 2017; Hopwood et al., 2019). Während das DSM-5 diese dimensionale Konzeption nur im Anhang III als potenziell relevantes Modell vorstellt, und vorrangig zehn unterschiedliche Kategorien der Persönlichkeitsstörungen heranzieht, geht die ICD-11 da weiter. In der ICD-11, der Klassifikation der WHO, die seit 2022 weltweit gilt (WHO, 2022), sind die Traitdomänen nur noch als optionales Diagnostiktool aufgeführt, welches die Einschätzung des Schweregrades ergänzt. Die Beschreibung der Traitdomänen ähnelt sehr stark derjenigen des DSM-5, mit fünf Domänen, wobei vier sehr ähnlich konzeptualisiert sind (Bach, Kramer et al., 2022): negative Affektivität, Distanziertheit, Antagonismus, und Desinhibition. Die fünfte Traitdomäne gemäß ICD-11 (WHO, 2022) ist Anankasmus, in Anlehnung an Gewissenhaftigkeit in der Big Five Konzeption. Die psychotizistischen Persönlichkeitszüge sind im ICD-11 unter den psychotischen Störungen klassifiziert. Abschließend kann man sagen, dass sich die Konzeption der Traitdomänen durchsetzt und thematisch zusammenhängende Persönlichkeitszüge sinnvoll zusammenfassen lässt. Nun soll diese Konzeption auch klinisch nutzbar gemacht werden. Die Trennung der Traitdomänen von der oben diskutierten funktionalen Perspektive der Persönlichkeit kann auch als Schwäche angesehen werden, an dieser Kritik setzt das Konzept der funktionalen Domäne an (Kramer, Levy & McMain, 2024).

In den funktionalen Konzeptionen der Persönlichkeit und Persönlichkeitsstörungen geht es darum, den Impact der Persönlichkeit auf die interpersonale Interaktion und das Selbst abzubilden. Aus der Sicht der Psychopathologie wird in den meisten Fällen dabei die Intensität der Störung berücksichtigt. So zum Beispiel im Kriterium A des Alternativen Modells des DSM-5 (APA, 2022), ganz ähnlich der ICD-11 (WHO, 2022): hier geht es um die Ausprägung der Beeinträchtigung in

Bezug auf Schwierigkeiten in der interpersonalen Interaktion, im Umgang mit dem Selbst (z. B. Selbstkonzept, Identitätsproblematik) und Selbst- und Emotionsregulationsfähigkeiten. Die Einschätzung der Ausprägung der Persönlichkeitsstörung, gemäß ICD-11 (WHO, 2022), soll in einfacher Weise geschehen können, entsprechend der Intention des diagnostischen Systems. So wird zwischen schwerer, mittelgradiger und leichter Beeinträchtigung unterschieden, zudem existiert eine subklinische Ausprägung. Die ICD-11 nimmt an, dass drei Funktionsdomänen die Ausprägung der Persönlichkeitsstörung beeinflussen: Selbst-, Beziehungs- und Regulationsfunktionen. Im Bereich des Selbst wird eine dysfunktionale Persönlichkeit mit folgenden funktionalen Problemen beschrieben: Fluktuationen des Selbstbildes oder erhöhte Rigidität, Schwierigkeiten, einen stabilen Selbstwert aufrechtzuerhalten, Unfähigkeit, die eigenen Charakteristika zu beschreiben (Ressourcen und Begrenzungen) und die Unfähigkeit zur autonomen Selbststeuerung. Im Bereich der interpersonalen Beziehungen wird eine dysfunktionale Persönlichkeit mit folgenden funktionalen Problemen beschrieben: schwaches Interesse an interpersonalen Beziehungen, Schwierigkeiten, die Perspektive des Anderen zu verstehen und zufriedenstellende und gegenseitige Beziehungen zu entwickeln sowie markante Schwierigkeiten, interpersonale Konflikte zu schlichten. Schließlich im Bereich der Selbstregulation wird eine dysfunktionale Persönlichkeit mit folgenden funktionalen Problemen beschrieben: eine Unfähigkeit, seine/ihre Emotionen zu identifizieren und zu regulieren, eine Schwierigkeit, die Informationen der Emotionen in adäquater Weise zu nutzen (was sich insbesondere in Form von Dissoziationen, pseudo-psychotischen und paranoiden Manifestationen ausdrückt) und unangemessener Ausdruck von Emotionen je nach Kontext. Der funktionalen Perspektive kommt eine zentrale Rolle im Verständnis der Adaptationsleistung des Individuums zu, aber die Breite der Dysfunktionen, welche zum Schweregrad der Persönlichkeitsstörung beitragen können, macht es schwierig, dieses Kriterium direkt nutzbar in der Praxis zu machen. Auch hier kann das Konzept der funktionalen Domäne als Behandlungsfokus helfen (Kramer, Levy & McMain, 2024).

Die Frage stellt sich, inwiefern sich die viel studierte Kategorie der Borderline-Persönlichkeitsstörung (Zanarini, 2019) in diese funktionale Perspektive der Persönlichkeitsstörungen einreihen kann. Eine Reihe von Studien konnte zeigen, dass die Intensität der Borderline-Symptomatik ein guter Prädiktor der Variable der allgemeinen Schwere der Persönlichkeitsstörung ist (bei Sharp et al., 2015 ein RMSEA fit von .06, vgl. auch Clark et al., 2017). Diese Befunde legen transdiagnostische Konzeptionen nahe (Caspi et al., 2014, 2020), in welchen den Persönlichkeitsstörungen, und insbesondere der Intensität der Borderline-Persönlichkeitsstörung ein zentraler Platz zukommt.

Ein besonders interessantes transdiagnostisches Modell der Psychopathologie ist das Hierarchische Organisationsmodell gemäß HiTOP (Hierarchical Taxonomy of Psychopathology; Kotov et al., 2017), welches stark in empirischer Forschung fußt und alle möglichen klinischen Manifestationen mit faktoranalytischen und latenzanalytischen Methoden zu erklären versucht. Das Ziel ist eine Umorganisierung und Umstrukturierung aller psychopathologischen Problembereiche (Traits, Verhalten, Symptome usw.), gemäß ihrem natürlichen Vorkommen und ihrer Koexistenz (Michelini et al., 2021). Die Umorganisation ist hierarchisch strukturiert, mit verschiedenen Ausprägungen von Breite und Tiefe auf jeder konzeptuellen Ebene. Spezifische Symptome und maladaptive Traitdomänen können in Syndrome zusammengefasst werden, welche wiederum in Unterfaktoren (z. B. Domänen wie Substanzabusus oder Essstörung), dann in Spektrumstörungsbildern (z. B. internalisierende vs. externalisierende Probleme) zusammengefasst werden. Auf der schließlich sehr allgemeinen Ebene der Psychopathologie befindet sich ein allgemeiner Faktor (p; vgl. Caspi et al., 2014) der Ausprägung der Psychopathologie. Auch wenn dieses Modell in der empirischen Literatur verankert ist, bleibt die Frage offen, wie solche allgemeinen Modelle auf Individuen im therapeutischen Prozess angewandt werden kann. Diese Frage soll der Personalisierung der Psychotherapie gerecht werden. Hier sollen auch interpersonale Modelle von Persönlichkeitsstörungen genannt werden, welche sich zum Ziel setzen, die spezifischen zwischenmenschlichen Dynamiken gut zu verstehen. In diesem Kontext werden Persönlichkeitsstörungen als interpersonale Störungen aufgefasst, was weitreichende Konsequenzen hat (Benjamin, 1993; Hopwood et al., 2019 Sachse et al., 2023).

Idiographische Modelle setzen sich zum Ziel, die Begrenzungen all der oben genannten Modelle, die aufgrund von nomothetischen Datensätzen entwickelt und getestet worden sind, auf individuelle therapeutische Prozesse anzuwenden (Haynes et al., 2011; Mumma et al., 2007). Der Begriff idiographisch setzt sich insofern von nomothetisch ab, dass er bezeichnet, von einem Individuum ganz viele relevante Informationen ins Modell einfließen zu lassen, was es erlauben soll, Dynamiken innerhalb der intra-personalen Entwicklung detailliert zu verstehen. Grundsätzlich gibt es mehrere Möglichkeiten, wie solche Modelle umgesetzt werden können, in der Forschung und in der Praxis. Diagnostische Systeme könnten ein Grundprinzip leicht vergessen lassen, welches besagt, dass es wichtiger ist, die Person zu verstehen, die die Störung (oder Krankheit) hat, als die Störung zu verstehen, die die Person hat. Aktuelle Modelle der Psychopathologie und Psychotherapie sind sich dieser Komplexität bewusst (Wright et al., 2020). Dabei gibt es verschiedene Strategien, die empfohlen werden können (Lutz et al., 2022). Fallkonzeption ist eine der klinischen Strategien, die auch in der Forschung Anwendung findet und gleichzeitig klinisch gut nutzbar ist (Kramer et al., 2022; Kramer, 2019).

Zusammenfassend kann hervorgehoben werden, dass die Diagnostik der Persönlichkeitsstörungen aktuell und in naher Zukunft die reale Komplexität des klinischen Phänomens besser abbilden könnten. Dimensionale Konstrukte sind mit dem herkömmlichen Wissen kompatibel, dass es auf einem Kontinuum gravierendere und weniger gravierende Persönlichkeitsausprägungen gibt. Auch wenn diese Modelle den Psychotherapeuten nun parat sind, bleibt doch die Übersetzungsarbeit zu leisten, die dazu dient, das Modell an den einzelnen Klienten anzupassen (und nicht umgekehrt), um ein vertieftes Verständnis seiner Dynamik der Psychopathologie und salutogener Veränderungsprozesse zu erlangen. Fallkonzeptionen, welche die funktionalen Domänen der Persönlichkeitsstörungen einbeziehen, können bei dieser Personalisierung der Psychotherapie im Rahmen einer wirkfaktorenorientierten Konzeption helfen.

2 Funktionale Domänen, Wirkfaktoren und therapeutische Aufgaben in der Psychotherapie der Persönlichkeitsstörungen

2.1 Funktionale Domänen in den Persönlichkeitsstörungen

Persönlichkeit kann die Person in ihrem Funktionieren einschränken und unterstützen, je nach Konstellation der Traits, Interaktionen mit der Umwelt, und intraindividueller Dynamiken von States und Traits (»das richtige Verhalten im richtigen Moment im richtigen interpersonalen Kontext zeigen«). So verstanden ist persönlich weder eine strukturell-statische Einheit noch ein »maladaptives« Funktionieren, sondern eine komplexe Interaktion zwischen verschiedenen Faktoren. Was zentral ist – und alle Modelle sind sich darin einig -, dass diese Interaktionen immer die soziale Umwelt einschließen. Persönlichkeit existiert nur in einem psychosozialen Kontext, der von der Geschichte und Biografien der beiden Interaktionspartner geprägt wird und wo die Ausbalancierung von reziprokem interpersonalem Einfluss, körperlicher Bewusstheit und sozialen Regeln und Normen eine zentrale Aufgabe darstellt.

Persönlichkeitsstörungen sind in diesem Sinn die Konsequenz einer mangelnden Balance zwischen interpersonalem Einfluss und Körperbewusstsein im Kontext von gesellschaftlichen Regeln und Normen, was das psychosoziale Funktionieren direkt beeinträchtigen kann. Dieses dynamische Modell der Persönlichkeitsstörungen lässt die rigiden Muster Verhaltens- und Erfahrungsmuster erklären, die die Persönlichkeitsstörungen in der Praxis charakterisieren.

Aus dieser Konzeption lässt sich ableiten, dass psychiatrische Diagnosen zu kurz greifen und eine funktionale Perspektive im Verständnis des individuellen Patienten unabdingbar ist. Dies ist auch das Argument – unter anderen –, das die NIMH vor mehreren Jahren dazu angeleitet hat, eine Research Domain of Criteria (RDoC) Inititaive zu lancieren (Insel, 2014), eine Initiative, die übrigens später revidiert und als zu eng angesehen wurde.

Grundsätzlich sollte die Initiative Forschung stimulieren, die weitergehend als psychiatrische Diagnosen die zugrundeliegenden psychologischen Mechanismen der psychischen Störungen studierte und so essenziell zu der Verbesserung der Wirksamkeit der therapeutischen Interventionen beitragen. Auch wenn die Stoßrichtung wohl die richtige war, griff die Initiative in verschiedener Hinsicht zu kurz (vgl. Kritik bei Clark et al., 2017; Hershenberg & Goldfried, 2015; Widiger, 2018). Trotzdem entlehnt dieses Buch der NIMH-Initiative den Begriff der funktionalen Domäne als eine deskriptive Einheit, die funktional eine Problematik aufweisen kann. In diesem Buch wird auf das Modell der fünf funktionalen Domänen der Persönlichkeitsstörungen (Kramer, Levy & McMain, 2024) eingegangen und dieses vertieft. Es scheint besonders mit einer breiten theoretischen und empirischen Basis kompatibel zu sein, was ja eine der Kritik der NIMH-Initiative darstellt, und fokussiert auf die klinisch relevanten Domänen der Persönlichkeitsstörungen. Das Modell der fünf funktionalen Domänen ist mit den dimensionalen Konzeptionen der Persönlichkeitsstörungen kompatibel und formuliert sie klinisch relevant um, und verlinkt Traits direkt mit der funktionalen Perspektive. Diese Konzeption ist definitorisch weitgehend kompatibel mit der von Herpertz und Schramm ausgearbeiteten Konzeption von funktionalen Domänen im Rahmen einer Modularen Psychotherapie (Herpertz & Schramm, 2022). Grundsätzlich unterscheidet sich die vorliegende Konzeption nur dadurch, dass sie stringent und etwas enger auf die Psychopathologie der Persönlichkeitsstörungen angewandt wird, während im Rahmen der Modularen Psychotherapie eine breite transdiagnostische Perspektive eingenommen wird (Herpertz & Schramm, 2022).

Fünf funktionale Domäne der Persönlichkeitsstörungen

1. Emotionsdysregulation
2. Problematische soziale Interaktion
3. Diffuse Identität
4. Impulsivität
5. Kognitive Verzerrungen

2.2 Funktionale Domäne Emotionsdysregulation

Emotionsdysregulation wurde theoretisch und klinisch mit Persönlichkeitsstörungen in Zusammenhang gebracht (Linehan, 1993; Ronningstam, 2020). Emotionsregulation selbst wurde als Prozessphänomen konzeptualisiert, insbesondere mittels des Modells von Ochsner und Gross (2005; Teachman & Muran, 2024), das spezifische Evaluationsprozesse (Appraisals und Re-Appraisals) Coping-Antworten in der Abfolge voranstellt. Empirische Forschung konnte zeigen, dass Evaluations- und Coping-Prozesse bei der Borderline-Persönlichkeitsstörung beeinträchtigt sind (Sauer et al., 2016; Kramer, 2014). Patienten mit einer Borderline-Persönlichkeitsstörung (BPS) zeigen eine erhöhte Reagibilität auf Stressreize und unterdrücken stärker (als Vergleichsprobanden) den Ausdruck ihrer Emotionen (Beblo et al., 2013).

Eine Besonderheit der Emotionsdysregulation ist, dass sich ihre starke Fluktuation Minute für Minute und Stunde für Stunde beobachten lässt. Diese starken Fluktuationen können zum Beispiel mit Methoden der Ecological Momentary Assessments erfasst werden. Santangelo et al. (2014) konnten zeigen, dass Patienten mit einer BPS mehr und extreme Variationen im Emotionsausdruck erfahren, verglichen mit einer gesunden Probandengruppe. Harpoth et al. (2019) konnten zeigen, dass besonders die Erfahrung von positiven Emotionen in der BPS, erlebt Tag für Tag, Resilienz prädiziert (im Vergleich zu negativen Emotionen in denselben Probanden).

Die funktionale Domäne der Emotionsdysregulation hat eine erwiesene neuronale und physiologische Basis in Persönlichkeitsstörungen. In Patienten mit diesen Störungen wurden dysfunktionale Evaluationsprozesse mit einer Hypoaktivierung im orbitofrontalen Kortex und mit einer Hyperaktivierung der Insula beobachtet, und einer erhöhten allgemeinen Emotionsaktivierung (abgebildet in einer Hyperaktivierung der Amygdala; Bertsch et al., 2018; Schulze et al., 2016). Gestörte Modulation der Emotionen wurde mit einer Dysregulation des Netzwerks zwischen präfrontalem Kortex und Amygdala beobachtet (New et al., 2007; Silbersweig et al., 2007; Grandjean et al., 2023). Solche Dysregulationen sind besonders häufig in der Antwort auf interpersonale Reize (z. B., sozialer Ausschluss, Kritik, Ausdruck von negativen Gefühlen) im Vergleich zu allgemeinen negativen Stimuli. Reduzierte Sinus Arrhythmie und Störungen in der Balance zwischen dem sympathischen und parasympathischen Regulationssystem, assoziiert mit einem tieferen Vagotonus wurde in der BPS ebenfalls gezeigt (Kuo et al., 2014; Kuo & Linehan, 2009).

2.3 Funktionale Domäne problematische soziale Interaktion

Problematische soziale Interaktionen wurden als zentraler Aspekt der Persönlichkeitsdiagnosen angesehen. Diese Interaktionen können typischerweise mit Bindungspersonen, aber auch mit dem Individuum Unbekannten, und natürlich mit dem Psychotherapeuten oder der Psychotherapeutin, zu Tage treten. Sie wurden insbesondere mit zugrundeliegenden chronischen interpersonalen Mustern, oder *Patterns*, in Zusammenhang gebracht.

In Bezug auf die kognitiven Strukturen, die soziale Interaktionen determinieren, sogenannte soziale Kognitionen, ist sich die Forschung uneinig, ob ein allgemeines Defizit in Patienten mit Persönlichkeitsstörungen zu beobachten sei oder nicht (Fertuk et al., 2009, Lis et al., 2018; Schnell et al., 2018). Während für einige Patienten mit einer Borderline-Persönlichkeitsstörung die Perspektiveneinnahme des Anderen, oder das »Mindreading« besonders schwierig ist, haben andere gerade durch das Erleben von interpersonalen Traumata gelernt, kompensatorisch solche Kompetenzen sehr wirksam einzusetzen. Die Fähigkeit, dem Anderen zu vertrauen, wurde im Rahmen der BPS konzeptualisiert (Fonagy et al., 2015) und studiert (Signer et al., 2019), dabei wurde ein spezifischer Einfluss der Annahmen im Bereich des Vertrauens sich selbst gegenüber, seiner Effektivität gegenüber und dem Anderen gegenüber, auf den Therapieprozess beobachtet. Spezifische konflikthafte interpersonale Muster wurden inhaltlich mit der BPS in Verbindung gebracht, so wie zum Beispiel ein spezifisches passiv-submissives soziales Interaktionsmuster (Drapeau et al., 2012).

Neurobiologische Studien in der funktionalen Domäne der problematischen sozialen Interaktionen konzentrieren sich in Beeinträchtigungen der Theory of Mind-Fähigkeiten in der Aktivierung des anterioren präfrontalen Kortexes und der temporoparietalen Verbindung (z. B. Perez-Rodriguez et al., 2014). Interessanterweise wurde in der BPS eine abgeschwächte Verbindung dieser Netzwerke mit dem Netzwerk der Emotionsregulation beobachtet (O'Neill et al., 2015). Im Rahmen eines Trust Game, konnten King-Casas et al. (2008) zeigen, dass die Schwierigkeit von Patienten mit einer BPS, Kooperation aufzubauen, mit einer Hyperaktivierung der Insula einherging (über die Zeit), was als ungenügende soziokognitive Fähigkeiten interpretiert wurde, soziale Stimuli einordnen zu können.

2.4 Funktionale Domäne diffuse Identität

Eine diffuse Identität wurde in mehreren Konzeptualisierungen der Persönlichkeitsstörungen diskutiert (APA, 2022; Livesley, 2003; Kernberg, 1984). Das Formieren eines stabiles Selbstbildes wurde insbesondere mit der Adoleszenz in Zusammenhang gebracht (Erikson, 1968), ist aber für die ganze Lebensspanne relevant. Beeney et al. (2015) konnte in einer Kartensortieraufgabe zeigen, dass Patienten mit einer Borderline-Persönlichkeitsstörung mehr Schwierigkeiten als Vergleichsprobanden aufweisen, inhaltlich ähnliche Selbstbeschreibungen auszuwählen (über eine Zeitspanne von drei Stunden). Diese Schwierigkeiten wurden mit Aktivierung in spezifischen neuronalen Regionen in Verbindung gebracht (insbesondere der Precuneus und das Posteriore Cingulate). In einer Studie im Rahmen von Ecological Momentary Assessment konnten Scala et al. (2018) zeigen, dass die Klarheit des Selbstbildes negative Affektivität moderierte und insbesondere einen Einfluss hatte auf den Drang, selbstverletzende Handlungen durchzuführen. Narrative Identität umfasst nicht nur strukturelle Charakteristika (z. B. tiefe Kohärenz der Narrative), sondern auch affektive Elemente (z. B. Veränderungen der Valenzen innerhalb der Geschichte) und Elemente der autobiografischen Konstruktion (z. B. Abstraktionen und Inferenzen, die in die Geschichte des Selbst passen; Lind et al., 2020).

2.5 Funktionale Domäne Impulsivität

Impulsivität wird in mehreren Konzeptualisierungen von Persönlichkeitsstörungen als markantes Charakteristikum diskutiert (APA, 2022; WHO, 2022, vgl. Zanarini,

2019). Verschiedene psychologische und neurobiologische Prozesse liegen impulsiven (oder aggressiven) Verhalten zugrunde. So wurde diskutiert, dass Impulsivität dazu dienen kann, interpersonell schwierige Situationen zu »bewältigen«, Emotionen zu regulieren, kognitive Störungen zu unterbrechen und eine antizipierte Entspannung (oder Wegfall einer Anspannung) durch die impulsive Handlung zu erwirken. Gerade im täglichen Leben der Patienten mit einer BPS ist Impulsivität relevant. Berenson et al. (2011) prädizierten den Nutzen von Ausdruck intensiver Wut (»Rage«) durch die subjektive Wahrnehmung, einer Situation von sozialer Zurückweisung. Dieser Effekt wurde bei gesunden Kontrollprobanden nicht gefunden.

Drei neuronale Netzwerke wurden im Zusammenhang mit impulsivem Verhalten diskutiert (Lee et al., 2018). Das erste Netzwerk wurde im Zusammenhang mit der Regulation von Emotionen besprochen, insbesondere der Angst, und umfasst die Amygdala und die ventralen präfronalen Areale. Das zweite Netzwerk repräsentiert die Verstärkungseffekte und ist im Striatum und im orbitofrontalen und cingulatem Kortex lokalisiert. Das dritte mögliche Netzwerk wird mit soziokognitiven Funktionen in Zusammenhang gebracht und umfasst die temporoparietale Verbindung, den Precuneus und den medialen präfrontalen Kortex.

2.6 Funktionale Domäne Kognitive Verzerrungen

Kognitive Verzerrungen, insbesondere pseudopsychotische Erfahrungen und Dissoziationen, sind Teil mehrerer Konzeptualisierungen von Persönlichkeitsstörungen, zum Beispiel der Borderline-Persönlichkeitsstörungen (Kriterium 9, Zanarini, 2009). Es bleibt relativ schwierig, diese Phänomene in reliabler Art und Weise zu beschreiben und zu beforschen. Ecological Momentary Assessment Studien können hier wiederum helfen. Glaser et al. (2010) verglich paranoide Ideation in Patienten mit einer BPS, einer psychotischen Störung und einer Cluster C-Persönlichkeitsstörung (gemäß DSM-IV) und fanden, dass die Fluktuation und Intensität der paranoiden Inhalte, als Antwort auf tagtäglichen Stress, bei der BPS am stärksten über alle Gruppen hinweg war.

2.7 Eine wirkfaktorenorientierte Konzeption von Veränderung in der Psychotherapie der Persönlichkeitsstörungen

Die zentrale Besonderheit des Modells der funktionalen Domänen der Persönlichkeitsstörungen ist, dass diese Domänen als therapeutische Fokusse nutzbar sind. So sieht das Modell vor, dass jede funktionale Domäne der Startpunkt von Wegen der Veränderung, oder Wirkfaktoren der Psychotherapien der Persönlichkeitsstörungen darstellen. Diese Wege der Veränderung stellen die Synthese der aktuellen empirischen Forschung und klinischer Theorie dar. Das bedeutet, dass fünf spezifische Wege der Veränderung definiert werden können, wovon einige empirisch relativ gut erhärtet sind und andere noch kaum Forschung vorweisen. Das Ziel des Modells ist es somit, nicht nur klinisch relevante Wege der Veränderung aufzuzeigen, sondern auch die nächste Generation der Psychotherapieforschung zu stimulieren, um diese Wirkmechanismen in Psychotherapien der Persönlichkeitsstörungen formal zu studieren (vgl. Kazdin, 2009; Kramer, 2016, 2019; Westhoff et al., 2022).

Interesse an Wirkmechanismen ist in der Psychotherapieforschung nichts Neues. Bereits in den 1920er Jahren hat Earl Zinn, ein Psychoanalytiker in New York, seine Therapiesitzungen auf Tonband aufgenommen, um den Einfluss dieser Maßnahme auf den analytischen Prozess zu studieren. Später konnte Carl Rogers anhand von Tonaufnahmen seiner Psychotherapien zeigen, dass gewisse Beziehungsvariablen zentral für den Prozess sind. Auch wenn die Methodik dieser ersten Studien aus heutiger Sicht noch ungenügend war, wurde damit die Türe geöffnet für die Psychotherapieprozessforschung. Und die Faszination an der psychotherapeutischen Interaktion hat in den letzten 60 Jahren nicht abgenommen, im Gegenteil. Im Rahmen der Society of Psychotherapy Research (SPR) konnten Donald Kiesler, Hans Strupp, Lester Luborsky, dann Leslie Greenberg und William Pinsof und ihre Kollegen die Psychotherapieprozessforschung mit Methodik versehen, die noch heute relevant ist (Rice et al., 1984; Greenberg, 1999; Kramer, 2019).

So wurde in den 1980er Jahren in der Psychotherapieprozessforschung das Event Paradigma (Rice & Greenberg, 1984) entwickelt, und viel später wieder aufgegriffen (Grandjean et al., 2023; Kramer et al., 2023). Es geht darum, im Klientenprozess ein bestimmtes, klinisch relevantes Ereignis zu identifizieren, das nach einer Auflösung verlangt. Das erste Beispiel wurde in Greenberg (1979) beschrieben: es ging darum, die Selbstkritik des Klienten im Prozess als Ereignis zu identifizieren, welches zum Startpunkt einer detaillierten Prozessanalyse wird. So konnte Greenberg (1979) im Rahmen einer erlebnisbasierten Konzeption zeigen, dass die Implementierung eines spezifischen Zwei-Stuhl-Dialogs in einer bestimmten Abfolge zur Auflösung solcher Selbstkritik beitrug. Selbstkritik ist bei vielen KlientInnen mit Persönlichkeitsstörungen, insbesondere mit schwach ausgebildetem Selbstbild, ein wichtiges Ereignis. Whelton und Greenberg (2005) konnten darüber hinaus zeigen, dass nicht die kognitiven Inhalte der Selbstkritik mit Dysthymie verbunden sind, sondern die affektiven, prozessualen Anteile der Selbstkritik, insbesondere die selbstverachtenden Affekte, die die Inhalte non- und paraverbal begleiten (vgl. bei Beuchat et al., 2022).

Andere Ereignisse, welche von klinischer Relevanz sind, können unabgeschlossene Gefühle gegenüber einer Bindungsperson sein oder Beziehungsbrüche in der therapeutischen Beziehung. Was zentral in diesem Event-Paradigma ist, ist die Beobachtung, dass nicht eine »magische« therapeutische Haltung das Ereignis überwindet und löst (z.B. mit allgemeinen Konzepten wie »Emotionsregulation verbessern«; Teachman et al., 2024), sondern eine sequenzielle, gut testbare Abfolge von Ereignissen seitens des Klienten und therapeutischen Interventionen. Mechanismen sind eng verzahnte Prozesse, die Schritt für Schritt gemäß der Devise »smaller is better« studiert werden können und sollen. So soll auch die Relevanz für die klinische Praxis gewährleistet sein.

Parallel zu diesen Prozessforschungsparadigma haben verschiedene Autoren kompatible Methoden entwickelt. Elliott (2010) entwickelte die von Kagan (1980) entwickelte Methode des Interpersonal Process Recall (IPR), die essenzielle zentrale Ereignisse des therapeutischen Prozesses genauer zu verstehen sucht, indem der entsprechende Moment in Form einer Videoaufnahme mit dem Klienten nochmals angeschaut und durchgesprochen wird. Diese Reanalyse der eigenen wichtigen Momente der Therapie, im Beisein eines Forschenden, soll das Material liefern, das die Erklärung unterstützt, warum dieser Moment zentral für das Therapieergebnis war. In einer systematischen Analyse von individuellen Fällen geht die Task Analysis (Pascual-Leone et al., 2009) einen Schritt weiter und versucht, aufgrund von beobachtbaren Verhalten der Frage nachzugehen, wie ein Klient es geschafft hat, eine bestimmte Aufgabe zu lösen (im Vergleich zu einem anderen Klienten, der es nicht geschafft hat, diese bestimmte Aufgabe zu lösen). In dieser sehr detaillierten Forschung soll es erst mal ein empirisches (exploratives) Modell geben, welches dann in einer zweiten Phase, der konfirmatorischen, getestet werden soll. Wiederum ist das Prinzip hier, ganz präzis hypothesengeleitet vorzugehen und die Sequenz des wirksamen Lösungsansatzes aufzudecken, im Vergleich zu den möglichen unwirksamen. Diese Methoden sind bis jetzt noch zu wenig an die Prozessforschung der Persönlichkeitsstörungsbehandlungen angewandt worden. Falls Forschende sich diese Methoden aneignen und sie im Bereich der Persönlichkeitsstörungen anwenden würden, ließen sich die effektiven schrittweisen Veränderungen in den Behandlungen dieser Störungen besser kennenlernen. Schließlich gibt es zahlreiche qualitative Forschungsmethoden, welche an die Psychotherapie der Persönlichkeitsstörungen angewandt werden könnten (Levitt et al., 2020; Elliott & Timulak, 2021).

Forschungsarbeiten konnten unzählige Erkenntnisse gewinnen zu den Sitzungscharakteristika der KlientInnen in den verschiedenen Therapieformen, insbesondere der humanistischen und psychodynamischen Psychotherapien. Es fällt auf, dass diese Arbeiten in spezifischen klinisch-theoretischen Kontexten stattgefunden hatten und kaum die mögliche Spezifizität einer Patientenpopulation einbezogen hatte. Zum Beispiel wurde das *Experiencing*, die Fähigkeit des Individuums, aus körperlichen Wahrnehmungen neue Bedeutungsstrukturen zu generieren, in verschiedenen Therapieformen studiert, beispielsweise in der Humanistischen Psychotherapie, Psychodynamischen Psychotherapie, oder Kognitiven Verhaltenstherapie (Castonguay et al., 1996). Diese Fähigkeit wird zwar in humanistischer Psychotherapie explizit bearbeitet, aber scheint in allen studierten Psychotherapien relevant zu sein. Weitergehende Prozessforschung, die sich zum Ziel machte, die Prozesse in der Sitzung genau zu erfassen, testete emotionale Veränderungen, kognitive Veränderungen und Variablen der therapeutischen Beziehung in verschiedenen Therapieformen. Nicht alle Prozesse sind gleich relevant in allen Therapieformen, aber grundsätzlich kann erwähnt werden, dass die meisten klientenbezogenen Prozesse in vielen Therapien in irgendeiner Form auftreten, in mehr oder weniger expliziter Form (Daros et al., 2021; Peluso et al., 2018; Samson et al., 2024; Sonderland et al., 2023). Wenn die Prozessvariable sehr spezifisch definiert wird, zum Beispiel als temporale Sequenz der emotionalen Transformation, und nicht nur in einem Maß von »gutem Prozess« (z. B. wie gut der/die PatientIn verbal elaborieren kann, welche Komplexität er im Denkprozess an den Tag legt, wie effektiv er die aktuellen Emotionen verarbeitet und nutzt, wie gut er sich in der Beziehung engagiert), kommen Unterschiede zwischen Therapiemodellen klarer zum Vorschein. So konnten gezeigt werden, dass die temporale Sequenz der emotionalen Transformation in der Therapiesitzung, die in der emotionsfokussierten Therapie validiert wurde, nur teilweise im Rahmen der »besten« Therapiesitzungen der psychodynamischen Therapie von Relevanz ist, auch wenn die Therapieresultate global vergleichbar sind. Der Unterschied befindet sind insbesondere im erlebnisbasierten Zugang zum Bedürfnis des Patienten, der in der psychodynamischen Therapie wohl aus therapietechnischen Gründen nicht explizit unterstützt wird (Kramer et al., 2015).

In einem weiteren Schritt kann ein Wirkfaktor (»mechanism of change«) der Psychotherapie als ein grundsätzliches Prinzip der Veränderung in der Psychotherapie definiert werden, welches a) von der Theorie vorausgesagt wird, und b) von der Forschung als relevant bestätigt wird. Um dies zu demonstrieren, hat Kazdin (2009) spezifische Kriterien entwickelt, die die Qualität der Forschung in der Demonstration von Wirkmechanismen erhöhen soll. Eine interessante Differenzierung schlägt Doss (2003) vor: dieser Autor grenzt Psychotherapieprozess von Wirkmechanismen ab. Eine therapeutische Intervention (z. B. eine Interpretation oder ein klärender Kommentar) hat einen immediaten Einfluss auf den klientenbezogenen Prozess in der Therapiesitzung: Der Patient kann die Intervention passiv abnicken, er kann sich damit aktiv auseinandersetzen, er kann sie zurückweisen, er kann sie ignorieren. Der Mechanismus sei da die allgemeine Fähigkeit des Patienten, diesen Prozess im Alltag umzusetzen, so zum Beispiel den Inhalt der Interpretation nach der Sitzung nachklingen zu lassen und zu integrieren, oder eine bestimmte neue Erfahrung im Alltag zu machen, die durch den klärenden Kommentar des Psychotherapeuten angeregt wurde. Es gibt methodische Vorteile, diese differenzierte Definition zu nutzen. Da die Forschungslage für alle Wirkmechanismen (außer für Habituation an den angsterregenden Stimulus im Rahmen der Angstbehandlung) formal ungenügend ist, ist es wohl gut, die gesamte Literatur einzuschließen, die den Therapieprozess studiert und nicht nur diejenigen Studien, die in kontrollierten Kontexten durchgeführt wurden, mit der gängigen Vorsicht zur Generalisierung der Erkenntnisse.

Schließlich kann als eine Kritik an früheren Prozessstudien formuliert werden, dass diese selten an Patienten mit Persönlichkeitsstörungen durchgeführt wurden. So bleibt ungenügend dokumentiert, ob die Erkenntnisse, die für andere psychischen Störungen zutreffen, auch für Persönlichkeitsstörungen gelten. Diese explizite

Störungsspezifität ist pragmatisch-heuristischer Natur und nicht inhaltlich gedacht. Dabei ist gemeint, dass die Wirkfaktoren in den Inhalten der Persönlichkeitsstörungsliteratur verankert werden, was nicht heißt, dass sie auf diesen Bereich exklusiv zutreffen. Im Gegenteil: Da Persönlichkeitsstörungen so prävalent sind in psychiatrischen Populationen und häufig komorbid mit anderen Störungen auftreten, kann angenommen werden, dass das allgemeine Modell, das hier vorgestellt wird, von transdiagnostischer Natur ist und so als zentrales Erklärungsmodell der Psychotherapie herangezogen werden kann. Dies soll aber als Spekulation stehen gelassen werden und mehr Forschung dazu ist nötig.

2.8 Entscheidungsmomente und therapeutische Aufgaben

Aus der Psychotherapieprozessforschung ist bekannt, dass Veränderung an bestimmten Momenten stattfindet (Rice et al., 1984). So kann es für die Outcome-Prädizierung wichtiger sein, eine Variable im *richtigen* Moment zu erfassen, als die »richtige« Variable irgendwann zu messen. Dies ist nicht nur für die Psychotherapieforschung zentral, aber besonders auch für die klinische Konzeption und die Intervention. Man weiß zum Beispiel, dass eine sogenannte markergeleitete Intervention – d. h. intervenieren, wenn der Patient einen bestimmten Zustand vorweist, nicht vorher und nicht nachher – besonders bei tiefgreifenden Problemen wichtig ist. So konnte unter anderem gezeigt werden, dass die Auflösung von Emotionen, die im Zusammenhang mit Selbstkritik stehen, besonders effektiv passiert, wenn ein Zweistuhl-Dialog markergeleitet angewendet wird (Shahar et al., 2012; Whelton & Greenberg, 2005). Sobald der Patient einen spezifischen emotionalen Zustand zeigt, der seine dynamische Selbstorganisation reflektiert, öffnet sich für den Therapeuten ein Fenster der Interventionsmöglichkeit zur Bearbeitung der selbstkritischen Inhalte und affektiven Prozesse. Ein weiteres Beispiel für eine markergeleitete Intervention ist die Auflösung von Therapiebrüchen, wenn der Patient sich entweder aus der Zusammenarbeit zurückzieht oder sie kritisiert bzw. angreift (Eubanks et al., 2022). In solchen Momenten, so hat die Forschung gezeigt, ist es von Vorteil, diese Brüche direkt durch den Therapeuten mit dem Patienten zu besprechen, und zum Beispiel Metakommunikation über das Therapiegeschehen anzubieten, und nicht zu vergessen, dass der Therapeut selbst zu den Brüchen in der therapeutischen Allianz beigetragen haben mag.

Diese Erkenntnisse führen dazu, den Therapieprozess als Sequenz von klinischen Entscheidungsmomenten zu konzeptualisieren (Kramer et al., 2020, 2023; Westhoff et al., 2022). Solche Entscheidungsmomente stellen Weggabelungen im Prozess dar, in welchen immer entschieden werden soll. Manualisierte Therapien, die häufig Sequenzen für alle Patienten vorgeben, nehmen diese Entscheidungen ab. In einer wirkfaktorenorientierten Vorgehensweise ist es so, dass der Therapeut seine genaue

Wahrnehmung dieser Weggabelungen im Prozess schulen muss, um dann bewusst und intentional zielorientiert den einen oder anderen Weg einschlagen kann. Die Fallkonzeption ist an dieser Stelle eine zentrale Hilfeleistung, die den Prozess individualisieren hilft. Nicht jeder klinisch heikle Moment (wie z. B. die Kritik am Therapieprozess, wie oben genannt) ist so ein Entscheidungsmoment. Um dieses Konzept optimal zu nutzen, soll im vorliegenden Buch jedes Kapitel die vorherstehende Therapiesitzung kommentieren und dabei solche Entscheidungsmomente unterstreichen und die verschiedenen Optionen zur Intervention herausarbeiten. Im vorliegenden Modell stellen Entscheidungsmomente Möglichkeiten dar, die funktionalen Domänen therapeutisch zu bearbeiten und einen spezifischen Wirkmechanismus in der Psychotherapie der Persönlichkeitsstörung therapeutisch zu nutzen.

Für den Marker der ausgedrückten Emotionen im Zusammenhang mit Selbstkritik ist die therapeutische Aufgabe in der erlebnisbasierten und emotionsfokussierten Therapie die Auflösung der Selbstkritik im Zwei-Stuhl Dialog. Für den Marker der ausgedrückten Kritik am Therapieprozess ist die therapeutische Aufgabe die mögliche Metakommunikation über den Bruch in der therapeutischen Allianz. Für die verschiedenen klinischen Entscheidungsmomente in Zusammenhang mit den fünf funktionalen Domänen in unserem Modell der Persönlichkeitsstörungen, stellt sich die Frage, was mögliche therapeutische Aufgaben sein können, welche helfen, dass die Therapie den Wirkmechanismus effektiv nutzt. An dieser Stelle ist die empirische Basis noch sehr schmal und es ist wohl sinnvoll, verschiedene Optionen offen zu lassen. Diese Überlegung soll auch eine Einladung darstellen, dass Forschende sich für solche klinisch hochrelevante, aber eminent komplexe Fragestellungen vermehrt interessieren und so Psychotherapeuten direkt helfen, was wann zu tun ist im Therapieprozess. Solche Modelle sollten der Struktur »wenn -dann« entsprechen, einer responsiven Antwort des Therapeuten auf ein Patientenstatement (oder des non-verbalen Ausdrucks eines relevanten Prozesses durch den Patienten). Die Intervention des Therapeuten hat darin ein spezifisches intermediäres therapeutisches Ziel, das dem Wirkfaktor entspricht. Zum Beispiel kann der Therapeut entscheiden, bei einem unklaren Gefühl im Patienten, ihn anzuleiten, eine Wahrnehmungsübung zu machen (auch wenn so eine Übung vielleicht nicht dem Therapiemodell des Therapeuten a priori entspricht), und so die Kompetenz der Emotionswahrnehmung im Körper des Patienten zu schulen (Kramer & Pascual-Leone, 2018; Kramer, Kivity et al., submittiert). Dies wäre ein therapeutisches Vorgehen, das mit den Erkenntnissen der Wirkfaktoren in den Psychotherapien für Persönlichkeitsstörungen kompatibel ist und auf einer gewissen empirischen Basis steht.

Auch wenn die empirische Basis der funktionalen Domänen im Rahmen der Persönlichkeitsstörungen präsent ist, bleiben die Wege der Veränderung noch weitgehend hypothetisch (mit Ausnahme des ersten Weges im Rahmen der Emotionsdysregulation; vgl. Daros et al., 2021; Peluso et al., 2018; Sonderland et al., 2023; und für Persönlichkeitsstörungen bei Kramer, Levy & McMain, 2024). Der Schlussteil dieses Buches wird die aktuelle empirische Situation vertieft diskutieren und klinisch Forschende einladen, sich an der Vertiefung dieses Wissens zu beteiligen.

3 Fallkonzeption: Ausarbeiten eines Interventionsmodells

3.1 Einführung

Es ist nichts Neues, dem Therapeuten zu empfehlen, den Patienten genau zu verstehen und feinfühlig die Therapie zu planen und entsprechend zu intervenieren. Seit dem Grundsatz in der Medizin, eher einen Patienten mit einer Störung (oder Krankheit) zu verstehen und zu behandeln, statt die Störung (oder Krankheit), die der Patient vorweist, ist personalisiertes Vorgehen wichtig. Grundsätzlich deutet diese Weisheit darauf hin, dass wohl jede klinische Intervention individualisiert wirkt. Das Problem ist, dass die meisten Erkenntnisse aus der Psychotherapieforschung und der relevanten Forschung allgemein, aufgrund von Methoden gewonnen wurden, die Gruppenstatistik nutzen, und keinerlei die direkte Schlussfolgerung für den einen Patienten zulassen, der sich zu gegebenem Zeitpunkt vor einem Therapeuten befindet. Umgekehrt ist es ebenso wenig zulässig, aufgrund von Einzelfallstudien konkrete Interventionsleitlinien für eine Patientenpopulation abzuleiten. In diesem Dilemma erscheint die Fallkonzeption als mögliche Synthese, die a) die Erkenntnisse der Forschung und das Wissen der nomothetischen (gruppenbasierten) Forschungsarbeiten nutzt und gleichzeitig, b) dem Therapeuten direkt Hilfestellung anbietet, den Patienten genau zu verstehen (und dieses Verständnis dynamisch im Prozess zu revidieren und anzupassen; Eells, 2022, Kramer, 2019). Eine idiographische Formulierung kann essenzielle Informationen zum genauen Verständnis des Patienten liefern (dies in der Praxis, so wie in einem Forschungsdesign). Stiles (2013) differenziert zwischen einer evaluativen Variable (bei welcher die Ausprägung eines Charakteristikums gemessen wird, z. B. mehr oder weniger »gutes« Mentalisieren oder Kooperieren) und einer deskriptiven Variable (bei welcher alle Aspekte eines Phänomens kategoriell beschrieben werden, ohne Einordnung in eine Ausprägung). Beide Variablen sind natürlicherweise für die Forschung und die Praxis wichtig: Evaluative Variablen geben Hilfestellungen, ein klinisches Phänomen einzuordnen, während deskriptive Variablen genaue inhaltliche Spezifikationen geben, wie dieses Charakteristikum sich in der interpersonellen Interaktion zeigt, sei es im alltäglichen Leben, oder im Therapieraum (Kramer, 2020).

Im vorliegenden Buch soll eine störungsspezifische Perspektive der Fallkonzeption eingenommen werden. Auch hier soll diese Perspektive heuristisch sein und nicht exklusiv (vgl. Kramer, 2019). Es kann angenommen werden, dass die Prinzipien, die hier diskutiert werden, von transdiagnostischer Relevanz sind und die Interaktion mit der funktionalen Domäne Perspektive breiter genutzt werden kann. Trotzdem ist es hilfreich, die Inhalte der Fallkonzeption im Bereich der Persönlichkeitsstörungen zu verankern, gerade wegen der hohen Relevanz dieser Störungen für die Psychotherapie und die hohe Komplexität der Behandlung.

Dabei kann es sinnvoll sein, aufgrund der psychiatrischen Eingangsdiagnostik (zum Beispiel das Profil der Persönlichkeitsstörung aufgrund der Traitdomänen und der Hauptproblematik im funktionalen Bereich, gemäß dem Alternativen Modell des DSM-5) eine bestimmte Fallkonzeptionsmethode auszuwählen (Kramer, 2019). Auch wenn die meisten Fallkonzeptionsmethoden mit einem bestimmten Therapiemodell verknüpft sind (z. B. ist die Kettenanalyse in der Dialektisch-Behavioralen Therapie [DBT] konzeptuell verankert), ist es möglich, eine bestimmte Fallkonzeptionsmethodik auch ohne theoretisch entsprechende Intervention zu nutzen, sozusagen in einem theoriefremden, oder -neutralen Raum (Sonley & Choi-Kain, 2021).

So kann es klinisch sinnvoll sein, wenn ein Patient mit Problemen in den Bereichen der negativen Affektivität und Desinhibition zeigt, den Fall gemäß der Dialektisch-Behavioral Therapie zu konzeptualisieren (McMain, 2019). Eine ebenso gute Idee kann es sein, den Fall nach der Mentalisierungbasierten Therapie zu konzeptualisieren, wenn ein Patient Probleme im Bereich der Empathiefähigkeit aufweist (Karterud et al., 2019). Schließlich bietet sich als sinnvolle klinische Vorgehensweise an, den Fall nach der Plananalyse zu konzeptualisieren, wenn ein Patient Probleme in den Bereichen der Selbststeuerung und des Antagonismus (und Konflikthaftigkeit) aufweist (Caspar, 2019). Mehr Beispiele von Zusammenhängen von Traitdomänen und spezifischen Fallkonzeptionsmodellen sind in Kramer (2019, S. 376) zu finden.

3.2 Fallkonzeption am Beispiel der Plananalyse

Im vorliegenden Buch soll insbesondere auf die Plananalyse in ihrer Anwendung bei den Persönlichkeitsstörungen eingegangen werden. Die Plananalyse bietet insofern den Vorteil, dass es sich um eine Serie methodischer Prinzipien handelt, die im Rahmen einer Perspektivtheorie gesehen werden (Caspar, 1998), und somit mit den meisten therapeutischen Psychotherapieansätzen kompatibel ist.

Die Plananalyse wurde durch Grawe und Caspar entwickelt (Grawe, 1980; Caspar, 1998) und in mehreren Publikationen genau dargestellt (z. B. Caspar, 1998; 2019) und weiterentwickelt. Es handelt sich dabei um eine Fallkonzeptionsmethode, die eine instrumentelle Sichtweise auf Verhalten und Erfahrungen wirft. Die Plananalyse hilft dem Therapeuten aufgrund von Beobachtungen die zugrundeliegenden Pläne zu erschließen. Ein Plan, der dem Individuum nicht unbedingt bewusst und auch nicht rational sein muss, besteht aus einem instrumentellen (zielorientierten) Zusammenhang zwischen Mittel und Ziel. Motive sind in diesem Kontext eine besondere Form von Zielen, die dem Verhalten und den Erfahrungen sowie gewissen verhaltensnahen Plänen zugrunde liegen und sie erklären, sozusagen »motivieren«. Eine Planstruktur eines Patienten, aufgezeichnet als Synthese auf einem Blatt, soll helfen, diese multiplen instrumentellen Zusammenhänge zwischen Verhalten, Erfahrung und Plänen (und deren Motive) zu erfassen.

Eine Planstruktur ist nicht nur eine komplette Darstellung der instrumentellen Zusammenhänge von Plänen, Verhalten und Zielen eines Patienten, sondern soll auch dem Therapeuten helfen, nicht direkt problematischen Handlungstendenzen nachzugeben, sondern indirekt die darunterliegenden Pläne wahrzunehmen und zu bedienen im Rahmen der therapeutischen Beziehung. Indem der Therapeut so handelt, entzieht er sozusagen den problematischen Verhalten, Erfahrungen und Unterplänen die motivationale Basis. Wenn das zugrundeliegende Motiv im Rahmen der therapeutischen Beziehung bereits bedient wird (durch therapeutische Handlungen, die implizit und explizit das Motiv proaktiv untermauern und stillen), fällt zumindest im therapeutischen Rahmen die Motivation für den Patienten weg, die problematischen Mittel (die das Motiv bisher bedient haben) zu nutzen. Dieses Prinzip eröffnet eine Reihe von therapeutischen Möglichkeiten. Zum Beispiel kann der Therapeut im Rahmen von erlebnisbasierten Methoden die Psychotherapie nun auf die internale Perspektive konzentrieren, ohne von den problematischen Handlungen beeinträchtigt zu werden. Der Therapeut kann auch Wahrnehmung im Patienten schulen, um zu lernen, was für ihn anders ist, wenn der Therapeut spezifische Motive bereits bedient (andere als vorher, als dies nicht geschah). Weiter können die Inhalte der Plananalyse zu einem späteren Zeitpunkt in die therapeutische Intervention einfließen und so eine klärungs- und verständnisfördernde Funktion haben (Sachse et al., 2010, Sachse, 2003).

Die Anwendung der Plananalyse folgt bestimmten Prinzipien, die in der Literatur nachgelesen werden können (z. B. Caspar, 2016), und auch Übung im Rahmen von klinischer Ausbildung benötigen. Nach so einer Ausbildung konnte gezeigt werden, ist die für die Psychotherapieforschung essenzielle Inter-Rater Reliabilität sehr gut, was auch für klinische Kontexte eine wichtige Erkenntnis ist: es ist gut möglich, die Plananalyse zu lernen, unabhängig von der psychotherapeutischen Ausrichtung des Therapeuten. Aus meiner Erfahrung ist die Motivation des Therapeuten, mit komplexen Patientensituationen zu arbeiten ein Plus, diese Methode erfolgreich zu erlernen und anzuwenden.

Ganz kurz erklärt (und Interessierte seien auf die weiterführende Literatur verwiesen) identifiziert der Therapeut die instrumentellen Verhaltensweisen und Erfahrungen anhand Videomaterials. Videomaterial ist unabdingbar, um die essenzielle non-verbale und para-verbale Kommunikation des Patienten (und die Antworten des Therapeuten auf diesen Kommunikationskanälen) zu analysieren. Jedes relevante Verhalten wird unten in die Planstruktur eingesetzt und dann die Frage beantwortet, wozu dieses Verhalten dient (im Leben des Patienten). Mehrere Pläne können einem Verhalten zugrunde liegen und mehrere Arten von Verhalten können Mittel sein für ein und denselben Plan. Jeder Plan repräsentiert ein Knoten in einem größeren System und ist gleichzeitig Ziel für den untergeordneten Plan (oder das beobachtete Verhalten) und Mittel für einen übergeordneten Plan oder mehrere übergeordnete Pläne. So werden weitere, immer allgemeinere und abstraktere Pläne formuliert, die die untergeordneten erklären oder »motivieren«, bis ganz oben in der Planstruktur Formulierungen stehen, die inhaltlich nahe bei den menschlichen Grundbedürfnissen sind. Es wird empfohlen, nicht direkte Verbindungen zwischen Verhalten und Bedürfnissen zu machen, da eine solche einfache Zuordnung empirisch nicht haltbar wäre und die Essenz der Plananalyse – die eigentlichen Pläne, die spezifisches Verhalten »motivieren« – verpasst wird. Der Nutzen für die motivorientierte Beziehungsgestaltung ist erhöht, wenn die Pläne möglichst patientengerecht, verhaltensnah und spezifisch formuliert sind. Um patientengerecht vorzugehen, orientiert sich der Therapeut am Motiv in der Planstruktur, das so »tief wie möglich« und so »hoch wie nötig« liegt (F. Caspar, persönliche Kommunikation).

3.3 Relevanz der Plananalyse für die Persönlichkeitsstörungen

Die Relevanz der plananalytischen Fallkonzeption für die Psychotherapie der Persönlichkeitsstörung ist hoch (Kramer et al., 2024). Die Verbindung zwischen der rigorosen Beobachtung von Verhalten und Erfahrungen (ohne gleich »psychologische Labels und Konstrukte« anzubieten, die den Kern der Instrumentalität für einzelne Patienten verpassen würden) und der systematischen Hypothesenbildung der zugrundeliegenden Zusammenhänge beim Patienten (mit hoher Überlappung der erschlossenen Inhalte zwischen den ausgebildeten Therapeuten sehr unterschiedlicher Obedienz) macht aus der Plananalyse eine ideale Methode, um die Reflektion des Therapeuten anzuregen. Ein gesundes Reflektieren auf Therapeuten ist gerade in der Psychotherapie der Persönlichkeitsstörungen wichtig, zusammen mit dem Fokus auf die konstruktive Beziehungsgestaltung.

Was besonders hilfreich in diesem Kontext ist, ist die Differenzierung zwischen problematischem interpersonalem Verhalten und den Motiven, die unproblematisch sind. So kann jede Patientenmanifestation dahingehend analysiert werden, ob sie entweder als problematisches Verhalten gilt (der therapeutischen Veränderung im Weg stehend), oder ob es sich um motiv-nahe Aspekte handelt (die therapeutische Veränderung fördernd). Forschung konnte zeigen, dass diese Differenzierung nicht nur einen hohen Wert für die Differenzierung von verschiedenen Prozessen hat (Kramer & Sachse, 2013), sondern auch die Basis für eine verstärkte therapeutische Kooperation legt (Kramer, Kolly et al., 2014; Kramer, Flückiger et al., 2014). Diese Forschung konnte zeigen, dass eine individualisierte Version – basierend auf der Plananalyse – der psychiatrischen Intervention einen kleinen bis mittelgradigen zusätzlichen Effekt auf die kurzfristige Symptomreduktion produziert. Zusätzlich konnte gezeigt werden, dass in individualisierten Therapien die therapeutische Allianz progressiv immer positiver eingeschätzt wird (insbesondere durch den Therapeuten). Diese Resultate sind kompatibel mit der breiteren Literatur zu den Effekten der individualisierten Therapien im Rahmen von Fallkonzeptionen (Kramer, 2020). Insbesondere in der Psychotherapie mit schwerwiegender psychischen Störungen wird beobachtet, dass eine detaillierte Fallkonzeption nicht nur einen Effekt auf die

Symptomreduktion hat, sondern auch für die Psychotherapeuten einen Nutzen darstellt (z. B. Ghaderi, 2015). Modellbildung hilft dem Therapeuten, unterschiedlich erscheinende klinische Symptome und interpersonale Verhalten der Patienten korrekt einzuordnen und zu verstehen. Eine Fallkonzeption unterstützt die Empathiefähigkeit beim Therapeuten (Eells, 2022) und unterstützt den therapeutischen Prozess direkt (Kramer, 2019). Insbesondere kann man davon ausgehen, dass Patienten, welche von Therapeuten behandelt werden, die eine Fallkonzeption gemacht haben, sich als Individuum gesehen und korrekt wahrgenommen fühlen, was einen direkten Einfluss auf die Vertrauenswürdigkeit des Therapeuten hat und die therapeutische Kooperation unterstützt.

3.4 Prototypische Planstrukturen für Persönlichkeitsstörungen und wie man sie nutzen kann

Fallkonzeptionen zu erstellen hat viele Vorteile, insbesondere in Behandlungen von komplexen psychischen Störungen. Trotzdem bleibt es in der klinischen Praxis eher selten, dass Psychotherapeuten, außer im Rahmen der Ausbildung und Supervision, Fallkonzeptionen systematisch anwenden. Dies kann verschiedene Gründe haben. Womöglich ist der Zeitdruck in der Praxis so hoch, dass Therapeuten oft vereinfachte Modelle nutzen, um zu intervenieren, auch wenn dies suboptimale Effekte zeigt.

Um die Ausbildung in plananalytischen Fallkonzeptionen zu unterstützen, und auch um Therapeuten zu unterstützen, die unter Zeitdruck arbeiten müssen, gibt es für mehrere klinische Störungen prototypische Planstrukturen, die man nutzen kann. Auch wenn viele Fallkonzeptionsmethoden individualisiert vorgehen, kann es durchaus hilfreich sein, eine empirisch fundierte Planstruktur bereits als Vorlage zu haben und so sich die Frage zu stellen, inwiefern der individuelle Patient nun von dieser Vorlage abweicht.

Im Bereich der Persönlichkeitsstörungen existieren zwei publizierte Planstrukturen, die als solche Vorlagen herangezogen werden können, diejenige für die Borderline-Persönlichkeitsstörung und diejenige für die narzisstische Persönlichkeitsstörung. Bei der prototypischen Planstruktur der Borderline-Persönlichkeitsstörung konnten qualitative Analysen zeigen, dass Pläne grundsätzlich in zwei Untergruppen aufgeteilt werden können, diejenigen, die dem Oberziel dienen, Hilfe und Unterstützung zu erlangen und diejenigen, die dem Oberziel dienen, die Kontrolle zu bewahren und sich selbst zu beschützen. Zum Beispiel kann der Plan »Präsentiere dich als Opfer« dem Oberplan dienen »Stell sicher, dass der Therapeut sich für dich engagiert«, welcher wiederum dem Oberplan dient »Vermeide, dich zu unterwerfen«, welcher womöglich dazu dient, die »therapeutische Beziehung zu kontrollieren«. Dieser Strang von Plänen konnte beiden Untertypen der BPS zugeordnet werden (Berthoud et al., 2013).

Für die Narzisstische Persönlichkeitsstörung wurde ebenfalls eine prototypische Planstruktur erstellt (Grandjean et al., 2021). Es fällt auf, dass in dieser qualitativen Analyse sehr viele Vermeidungspläne auftauchen und viele, die den Selbstwert, die Aktivierung von Gefühlen und eine mögliche Schwäche betreffen. Interessanterweise konnte statistisch gezeigt werden, dass Individuen, welche den Plan »Sei stark!« eine verminderte Ausprägung von spezifischen narzisstischen Problemen aufweisen. Solche selbstwerterhöhenden Pläne können einen protektiven Faktor in der Dynamik der narzisstischen Persönlichkeitsstörung darstellen.

Diese prototypischen Planstrukturen sind gruppenbasierte Aggregate, die nicht direkt an den einzelnen Patienten mit dieser Diagnose angewandt werden können. Eine idiographische Formulierung ist nötig. Um es dem Therapeuten aber zu erleichtern, kann es durchaus hilfreich sein, diese Planstrukturen als Vorlage zu nehmen, und sie jeweils an den einzelnen Patienten anzupassen.

3.5 Nutzen der Plananalyse im Kontext einer wirkfaktorenorientierten Psychotherapie

Da die Plananalyse vor allen Dingen eine Methode und weniger eine Therapietheorie darstellt, eignet sie sich besonders in einem empirisch fundierten Rahmen, wie dem einer wirkfaktorenorientierten Psychotherapie (Grawe, 2004). Durch ihre hohe Kompatibilität mit vielen Psychotherapieansätzen und Interventionen und ihrer hohen Relevanz für die Behandlung der Persönlichkeitsstörung, kann es sich aufdrängen, dass der Therapeut am Anfang der Therapie Weichen aufgrund der Plananalyse stellt. Zudem kann die Plananalyse gerade bei Patientenprofilen mit hohem Antagonismus und schwacher Zielorientiertheit hilfreich sein (Kramer, 2019). Eine strukturierte Fallkonzeption basierend auf der Plananalyse kann helfen, an zentralen Entscheidungsmomenten »richtig« zu entscheiden, insbesondere, um den Wirkfaktor als Therapiefokus auszuwählen, a) der für den Patienten am leichtesten zugängig ist, b) der mit der funktionalen Domäne zusammenhängt, für die der Leidensdruck beim Patienten am höchsten ist, und c) der den größten Therapieerfolg verspricht. Sobald eine funktionale Domäne mit dem korrespondierenden Wirkmechanismus identifiziert ist, kann die Plananalyse zudem helfen, die möglich instrumentellen Probleme in der therapeutischen Beziehung frühzeitig zu identifizieren und so Allianzabbrüchen zumindest teilweise vorzubeugen. Durch die Wahrnehmung des Patienten, dass er durch den Therapeuten besonders ernst – und auf individueller Ebene – willkommen geheißen wird in der Therapie, kann es gelingen, dass der Patient einen wenig aktivierten externalen Fokus in der therapeutischen Beziehung hat und sich stattdessen auf seine eigene Innenwelt (im Sinne eines internalen Fokus) besser konzentrieren kann.

Der Therapeut, der basierend auf den Informationen, die er in der Fallkonzeption gewonnen hatte, die motivorientierte Beziehungsgestaltung proaktiv implementiert, wird gemäß der Annahme des Modells beim Patienten die motivationale Basis seines external orientierten Verhaltens entziehen: Es ist nicht mehr nötig für den Patienten, gewisse (problematische und veränderungshindernde) interpersonale Verhalten zu zeigen, zumindest im Rahmen der therapeutischen Interaktion mit diesem Therapeuten (Grawe, 1992; Caspar, 2019). In der empirischen Literatur finden sich Hinweise darauf, dass diese Prozesse gerade bei den Persönlichkeitsstörungen genau so stattfinden. Kramer (2021) konnte im Rahmen einer randomisiert-kontrollierten Studie zeigen, dass die Ausprägung der Komplementarität des Therapeuten (insbesondere der non-verbalen und para-verbalen Aspekte), wenn in Interaktion mit einem Patienten mit einer Borderline-Persönlichkeitsstörung die Reduktion der Symptome und die Verbesserung der therapeutischen Allianz über die Therapie vorhersagt. Caspar et al. (2005) entdeckten einen analogen Zusammenhang im Rahmen von stationären interpersonalen Psychotherapien der Depression, und Kramer, Rosciano et al. (2011) konnten einen analogen Effekt aufzeigen im Rahmen der psychodynamischen Psychotherapie, aber nur für die Untergruppe von Patienten mit einer Depression und komorbiden Persönlichkeitsstörungen. Ein Psychotherapeut, der individualisiert konzeptualisiert und interveniert, hat nicht nur die Möglichkeit, einen komplexen Fall korrekt einzuordnen, sondern auch die therapeutische Beziehung proaktiv so zu gestalten, dass sie für den Patienten besonders veränderungsfördernd ist.

Die Fallkonzeption ist nicht nur am Anfang der Therapie zentral (Eells, 2022). Da diese therapeutische Aktivität wohl in adaptiven Funktionen der menschlichen Interaktion fußt – in den Symbolisierungsprozessen (Kramer, 2019) –, begleitet sie sozusagen den ganzen therapeutischen Prozess, vom ersten Telefonkontakt bis zu den letzten Interaktionsmomenten der Psychotherapie. Das eingangs etablierte hypothetische Modell des Therapeuten, das zu a) Entscheiden in Bezug auf die Bearbeitung einer spezifischen funktionalen Domäne führt, und das zu b) eine proaktive motivorientierte Beziehungsgestaltung impliziert, wird in jedem Kontakt durch Feedback von afferenten Informationen revidiert. Diese Informationen werden dynamisch in das Modell integriert, was womöglich die ganze Planstruktur ändern kann, oder kleinere Anpassungen erfordert. Diese Anpassungen führen wiederum dazu, dass der therapeutische Fokus geändert werden kann. So rückt zum Beispiel nach einer gewissen Anzahl Sitzungen die erst behandelte funktionale Domäne in den Hintergrund rückt (und ist genügend gut behandelt) und eine andere funktionale Domäne wird womöglich zentral. Diese Anpassungen führen auch dazu, dass der Therapeut womöglich Brüche in der therapeutischen Allianz richtig einordnen kann und diese folglich prioritär bearbeiten kann.

Im zweiten Teil dieses Werkes (Kapitel 4–10)), wechseln klinische Illustrationen der frei erfundenen Psychotherapie von Enrico mit den wissenschaftlich-klinischen Erklärungen ab. Diese sollen den oben ausgeführten theoretischen Hintergrund weiterentwickeln. Jedes Kapitel erläutert eine funktionale Domäne, wobei ein zusätzliches Kapitel die Fallkonzeption erklärt und ein weiteres Kapitel den therapeutischen Nutzen von Brüchen in der therapeutischen Allianz diskutieren soll. Der

Schluss des Buches (Teil III) beschreibt das Ende der Therapie mit Enrico, und bietet einen Ausblick in die Zukunft der wirkfaktorenorientierten Psychotherapie an.

Teil II

4 Start der Therapie und Fallkonzeption

4.1 Fallbeispiel: »Ich war noch nie bei einer Therapeutin«

Es ist Montagmorgen. Silvia schließt die Tür ihrer Praxis auf und stellt die Tasche auf die Ablage. Der Telefonbeantworter blinkt mit einer neuen Nachricht. Silvia holt sich einen Kaffee aus der Küche, bevor sie sich an den Bürotisch setzt. Nach einem schönen, aber auch anstrengenden Familienwochenende, liegt heute ein voller Tag vor ihr. Es kommen auch zwei neue Klienten, eine Frau Mitte Dreißig und ein Mann Mitte Zwanzig, beide hatten schon vor Monaten telefonisch Kontakt aufgenommen. Da sich das Anliegen des jungen Mannes dringlich anhörte, sie aber keine früheren Termine anbieten konnte, hatte sie ihm schon einmal die Telefonnummer der Universitätsambulanz als alternative Anlaufstelle gegeben. Er ist ihr erster Termin heute.

Punkt neun Uhr öffnet Silvia die Praxistür und geht zum Wartezimmer. Ein junger Mann, sportlich-elegant gekleidet, kurzes schwarzes Haar und kurzer Bart, schaut auf.

Am Telefon hatte der neue Klient Enrico Gomez (25 Jahre) kundgetan, dass er eigentlich nur anrufe, weil seine Freundin ihn dazu »verknurrt« hätte, sonst »würde sie ihn verlassen«. Silvia tut es leid, dass Enrico so lange auf ein Gespräch warten musste.

»Herr Gomez.«

»Ja, das bin ich.«

»Ich bin Frau Fischer. Bitte kommen Sie.«

Im Therapieraum angekommen, lädt Silvia Enrico ein: »Bitte setzen Sie sich.«

»Danke.«

Enrico und Silvia setzen sich in zwei sich gegenüberstehenden schwarzen Ledersessel.

»Herr Gomez, willkommen. Als sie mich vor etwa drei Monaten kontaktiert haben, hatte ich den Eindruck, es sei dringend. Schön, dass es nun geklappt hat und sie hier sind. Wie kann ich Ihnen helfen?«, eröffnet Silvia die Sitzung.

»Nun ja, ich habe mich nun so durchgeschlagen die ganze Zeit, aber nun geht es nicht mehr anders: ich brauche Hilfe und bin froh, dass Sie mich heute sehen können. Es geht darum, dass meine Freundin mich unter Druck setzt. Sie meint, ich soll mich ändern, sonst würde sie mich verlassen. Bis jetzt bleibt sie bei mir, aber ich glaube sie meint es ernst. Und das halte ich fast nicht aus. Es ist alles so schwierig geworden in der letzten Zeit, auch am Job.«

Pause. Silvia lehnt sich nach vorne auf ihrem Sessel.

»Das klingt so. Was ist denn besonders schwierig in der letzten Zeit?«

»Mir wurde gekündigt. Ich habe zwei Jahre in einer Bank gearbeitet, das war mein erster Job gleich nach dem Studium. Nun ist alles aus!«

Enrico drückt diese Sätze aus sich heraus und es wird klar, dass ihn die Situation belastet.

»Ja, das hört sich schwierig an. Möchten Sie etwas dazu sagen, wie es zu der Kündigung kam? Und ich habe auch gehört, dass es Konflikte mit Ihrer Freundin gibt.«

»Ja, ich weiß gar nicht wo anfangen, es ist alles so schwierig. Aber um Ihre Frage zu beantworten: Ich habe mein Studium vor zwei Jahren abgeschlossen, Betriebswirtschaft, und konnte dann gleich eine Stelle in der Bank antreten, wo ich ein Praktikum gemacht hatte. Das war wirklich super. So einfach hatte ich es mir nicht erträumen lassen! Der Chef hat mich eines Tages angerufen und gefragt: ›Bist du interessiert?‹. Klar war ich das. Und es war alles gut und es stimmte alles für mich. Bis ein neuer Kollege ins Team kam, vor etwa acht Monaten. Der ist so dominant und hat mir, um es kurz zu sagen, meine Arbeit weggenommen. Der sollte bestraft werden, finde ich.«

Silvia hört aufmerksam zu. Bei Enricos letzter Äußerung nimmt sie ein gewisses Unwohlsein bei sich selbst wahr. Sie bemerkt, dass es ihr nach dieser Aussage schwerer fällt, so empathisch und zugewandt zu bleiben, wie sie das möchte, aber sie gibt sich Mühe.

Enrico redet schnell.

»Es war so, ich war ja Mitarbeiter bei den neuen Geschäften und verantwortlich für die Verhandlungen einzelner neuer Verträge mit den Partnern. Das Problem war, dass der Neue all das schon in seiner früheren Stelle gemacht hatte und nun, als er ankam, diese Aufgaben gleich übernehmen wollte, auch wenn das nicht direkt seine Mission war. Irgendwie hat er es geschafft, die Abteilungsleiterin zu überzeugen, dass er diese Aufgaben nun übernehmen musste und ich blieb da auf der Strecke, oder besser gesagt, ich verlor meine Unabhängigkeit und Bernhard, so heißt er, begann, mir Aufgaben zu delegieren. Das geht gar nicht! Ich habe meinen Beruf gelernt und brauche keinen Bernhard, der mir vorschreibt, was ich zu tun habe!«

»Mhm verstehe«. Silvia versteht, was gesagt wird und hat gleichzeitig ein mulmiges Gefühl im Bauch. Ihr wird bewusst, dass die die Geschichte einerseits an Fahrt aufnimmt und andererseits viel unklar bleibt.

»Das hat mir ganz schön zu Gemüte geschlagen. Es war immer schwieriger für mich, mich zu konzentrieren und Freude an der Arbeit zu haben. Mit der Zeit wurde mir alles egal. Scheißegal. Tut mir leid für die Sprache, aber so fühl ich mich.«

Enricos Worte überschlagen sich und es wird klar, dass dieses Thema für ihn schwierig und sehr wichtig ist. Das könnte der Grund sein, warum er Hilfe sucht, denkt sich Silvia.

»Ja, verstehe«.

»Dann kann ich mir ja gleich die Kugel geben.«

»Was meinen Sie?« Silvia schluckt leer und zieht sich auf ihrem Sessel etwas zurück.

»Nein, ich mein nicht, dass ich jetzt suizidal oder so etwas bin. Ich habe einfach die Schnauze voll, und zwar gestrichen voll«, wettert Enrico.

»Verstehe. Es scheint, dass da ganz viel Frustration da ist für Sie. Das alles ist sehr intensiv, auch jetzt gerade, wenn Sie davon sprechen. Konnten Sie diese Frustration mit Ihrer Abteilungsleiterin besprechen?«

»Ja und nein. Ich hab's ihr gesagt, klar, und ich habe ihr auch gesagt, dass ich das nicht OK finde. Leider hat sich danach aber nicht viel geändert. Dann bin eben depressiv geworden und habe immer mehr gefehlt an der Arbeit. Das war die schlimmste Zeit. Ich hatte das Gefühl, ich arbeite in der Hölle, mit dem Typ. Der wollte mich einfach fertigmachen. Nun bin ich seit mehreren Monaten krankgeschrieben, vom Hausarzt, und die Kündigungsfrist ist abgelaufen, so habe ich letzte Woche den Brief erhalten. Ich bin am Ende. Zum Glück bin ich jetzt hier bei Ihnen. Sie können mir bestimmt helfen.«

Silvia hält Blickkontakt mit Enrico. »Ja, es ist gut, dass Sie da sind. Es ist wertvoll, dass Sie so genau und detailliert beschreiben, wie frustrierend das Alles für Sie ist. Ich kann das so vollkommen nachvollziehen.«

Silvia merkt, dass ihr Enrico leidtut und die Situation sie berührt. Gleichzeitig regt sich in ihr ein Zwischenton und sie überlegt: »Stimmt das eigentlich? Kann ich seine Situation wirklich nachvollziehen? Ich selbst war nach dem Psychologiestudium ohne Unterbrechung angestellt, bis ich mich dann hier in der Praxis niedergelassen habe.«

Silvia kommentiert: »Es klingt so, als war dieser Job an der Bank für Sie ganz schön wichtig und hat Ihnen das Gefühl gegeben, einen passenden Einstieg in das eigene Berufsleben zu haben. Trotzdem ist es anders gekommen als geplant, mit diesem neuen Kollegen, und ich nehme Ihre immense Frustration und all Ihre Gefühle wahr. Ich verstehe das. Das tut sehr weh.«

»Ne, Sie verstehen mich nicht. Ich finde es ist ungerecht. Ich finde der Bernhard gehört in die Psychotherapie, nicht ich. Der tickt ganz schräg. Der hat mich völlig zerstört.«

Silvia schluckt und hält Blickkontakt.

»Mhm, ja, und nun sind Sie da. Möchten Sie versuchen, mit mir zusammen erst mal zu verstehen, was da alles passiert ist, dass es nun soweit gekommen ist, und zu verstehen, welchen Anteil Bernhard und welchen Anteil Sie tragen?«

»Ja, schon.«

»Gut. Ich finde das wichtig.«

»Mhm.«

Pause.

Silvia holt etwas weiter aus. »Ich wollte auch nochmal darauf zurückkommen, dass Sie nur hier sind, weil Ihre Freundin Sie unter Druck gesetzt hat, wie Sie gesagt haben. Wie ist das genau abgelaufen und wie verstehen Sie das?«

»Ach ja, meine Freundin Elsa und ich kennen uns seit dem Studium und sind nun auch schon mehrere Jahre ein Paar, wir wohnen auch zusammen. Wir haben auch viele gemeinsame Interessen, aber in den letzten sechs Monaten kriselte es eben zwischen uns. Ich weiß, das hat vor allem mit meiner Instabilität zu tun, dem Trinken, meinen Gemütsschwankungen, die hatte ich zwar auch schon vor der

Depression, und manchmal auch Wutausbrüche, und eben auch, was im Job so los war. Alles zusammen ist einfach zu viel für uns. Sie hat gesagt, dass sie das nicht mehr mitmacht, wenn ich nicht professionelle Hilfe anfordere. Deshalb bin ich hier.«

»Sie haben soeben sehr viele Details beschrieben und ich möchte noch etwas genauer wissen, was da genau geschieht. Können Sie mir von einer Situation erzählen, wo diese Probleme, zum Beispiel die Wut, besonders intensiv sind für Sie?«

Enrico seufzt und erzählt.

»Ja, neulich ging es eben darum, dass Elsa mir gesagt hat, dass sie meine Stimmungslagen nicht mehr aushält und dass es höchste Zeit ist, dass ich eine Therapie mache. Am Abend vorher war ich auf einer Party mit Freunden, hatte leider zu viel getrunken und bin leider in keinem besonders gloriosen Zustand nach Hause gekommen. Wir waren gerade am Frühstückstisch und ich war gar nicht vorbereitet, so etwas hören zu müssen, war auch noch müde und erschöpft vom Vorabend. Ich weiß nicht mehr genau, was ich gedacht habe, aber ich erinnere mich, dass ich Elsa, meine Freundin, fragend angeschaut habe, worauf sie meinte, dass sie wirklich genug hätte von meinen ›Tieflagen‹, wie sie sie nennt. Ich habe versucht, zu verstehen, was sie genau stört, aber das war nicht so klar und ich spürte diese Wut in mir aufsteigen, die ich immer habe, wenn etwas sinnlos scheint, oder kein Ausweg da ist. Elsa hat weitergemacht und begonnen vom Alkohol zu reden, da wurde es mir zu viel und ich bin explodiert. Ich war so wütend, dass ich das ganze Geschirr hätte kaputtschlagen können, was ich beinahe auch gemacht hätte, wenn mich nicht zu dem Zeitpunkt mein Telefon geklingelt hätte. Ich glaube, ich habe Elsa auch beleidigt und verbal schlecht behandelt, aber ich erinnere mich nicht mehr so genau daran. Es tut mir so leid!« (Pause. Zu dem Zeitpunkt schaut Enrico verwirrt auf den Boden, dann zur lichtdurchfluteten Fensterwand der Praxis.)

»Ich habe danach mit Stefan, meinem besten Freund, telefoniert, der auch gerade Zoff hatte mit seiner Freundin. Mit ihm zu sprechen, half mir irgendwie mich wieder zu beruhigen und Schlimmeres in dieser Situation abzuwenden. Es hätte wirklich noch schlimmer kommen können, so wie es auch schon war. «

Silvia hört aufmerksam zu, stellt ein paar zusätzliche Fragen zu der Situation am Frühstückstisch und reflektiert Enricos wahrgenommene Ausweglosigkeit in dieser Situation, die wohl zu dem Wutanfall beigetragen hat. Sie will die Situation möglichst genau verstehen. Dabei fühlt sich Silvia innerlich etwas schwer und benommen, beeindruckt vom Schweregrad der Situation und gleichzeitig auch hoffnungsvoll, dass dieser junge Mann nun vor ihr sitzt mit Reuegefühlen und Änderungsmotivation. Enrico möchte offensichtlich seine Beziehung mit Elsa zu retten und auch sein Leben in Bahnen lenken, die er sich wünscht und die ihm förderlich sind.

Am Ende dieser Erstsitzung fragt Enrico: »Sie haben mich ja ganz viel gefragt, darf ich Sie nun auch noch etwas fragen?«

Silvia entgegnet: »Aber natürlich. Ich werde sehen, ob ich Ihre Frage beantworten kann.«

»Wie haben Sie sich entschieden, Psychotherapeutin zu werden?«

Silvia ist etwas überrascht über diese direkte Frage und muss erst mal leer schlucken. Nach einer kurzen Pause sagt sie: »Ich danke Ihnen für Ihr Interesse an meinem Werdegang. Das finde ich toll. Zu Ihrer Frage: Ich wollte Menschen schon immer verstehen und ihnen helfen. Wenn ich helfen kann, etwas zu bewegen, tue ich das sehr gerne. Ich stehe am Morgen gerne auf und freue mich auf jeden neuen Tag hier in der Praxis.«

Enrico rutscht im Sessel zurück und lächelt entspannt.

Silvia zittert innerlich. Was sie über sich gesagt hat, stimmt alles für sie, inhaltlich, aber war es richtig, es so und nicht anders zu sagen? Hätte sie noch mehr sagen sollen, oder weniger? Sie zögert, und fragt:

»Und wie war diese erste Sitzung für Sie?«

»Na eigentlich ganz gut. Wissen Sie, ich war noch nie bei einer Therapeutin. Deshalb weiß ich nicht so genau, was man da so macht. Aber Ihr Stil gefällt mir.«

Silvia nimmt bei Enrico den Hauch einer Traurigkeit wahr und im nächsten Augenblick wischt er sich auch eine Träne aus seinem Augenwinkel und schaut etwas verlegen auf den Boden.

Pause.

Silvia kommentiert: »Sie sind heute Morgen hier hergekommen und Sie haben mir viel Wichtiges anvertraut, und ich sehe, dass Sie das berührt. Ich kann das nachvollziehen. Ich denke, dass Therapie Ihnen helfen könnte. Wir werden das nächste Mal noch etwas genauer betrachten, bei welchen Aspekten ich Ihnen helfen kann.«

Enrico schaut Silvia in die Augen und schweigt.

Pause.

»Vielen Dank, Frau Fischer.«

»Danke fürs Kommen. Wir sehen uns nächsten Montag.«

Silvia verabschiedet sich von Enrico.

Wieder allein spürt Silvia die Schwere, die scheinbare Ausweglosigkeit, die Impulsivität, die Traurigkeit von Enricos Lebensgeschichte und seiner aktuellen Situation, seine Tränen. Was hat er erlebt, dass er nun so, und nicht anders, die Realität wahrnimmt und interpretiert? Dass nun in diesem Jahr alles so ausweglos scheint für ihn. Und ein Grauen überkommt sie als Nachklang des Ausdrucks »sich die Kugel geben«. »Da bin ich zu schnell darüber hinweg, das war wohl ein Versäumnis«, sagt sich Silvia und beißt sich auf die Lippen. In Gedanken reflektierend versucht Silvia sich schließlich Notizen zu dieser Erstsitzung zu machen.

4.2 Einordnung: Fallkonzeption

In diesem Kapitel sollen die zentralen Verhaltensweisen und Erfahrungen, die nach der Erstsitzung mit Enrico bekannt sind, diskutiert und in einer Fallkonzeption, unter Einbezug der Plananalyse, verstanden werden. Dabei sollten die auf Grundlage des präsentierten klinischen Materials aufgestellten Hypothesen als eben solche Hypothesen und durchaus kritisch betrachtet werden. Die Verfeinerung der Fallkonzeption bräuchte direkte klinische Beobachtung (durch Video-Aufnahmen in der Supervision nach der Sitzung, oder durch direktes Feedback an die Psychotherapeutin in Form einer Bug-in-the-Ear/-Eye Supervision). So oder so werden hier nur grundsätzlich mögliche Erklärungen für das Verhalten und die Erfahrungen Enricos angeführt.

Die Erstsitzung repräsentiert einen klinischen Entscheidungsmoment, mit einer maximalen Anzahl Freiheitsgrade. Non-verbale und para-verbale Aspekte der Interaktion dämmen diese Freiheitsgrade im Laufe des Erstkontaktes ein, was entweder eine für den Patienten genügend beruhigende Situation ergibt oder beim Patienten zu einem Störgefühl führen kann, was wiederum dazu führen kann, dass der Patient »entscheidet«, wohl nicht immer bewusst, nicht wiederzukommen. Aus der Forschung ist bekannt, dass etliche psychologische Behandlungen nach der Erstsitzung abgebrochen werden und diese Prozesse sind noch nicht genau verstanden. Verbale, para-verbale und non-verbale Responsivität des Therapeuten als Antwort auf die Patientenmanifestationen in der Erstsitzung sind hochrelevant, um die weitere Kooperation vorherzusagen, was gerade bei Patienten mit einer Persönlichkeitsstörung gilt (Culina et al., 2023). Die Erstsitzung scheint voll von Fallstricken zu sein.

Eine Fallkonzeption kann helfen, diese Fallstricke zu erkennen und proaktiv zu umgehen. Zu Enricos Situation in seiner Erstsitzung, ist schon eine ganze Menge bekannt. Er fühlt sich zur Psychotherapie gedrängt (von seiner Freundin Elsa, durch seine berufliche Situation) und gleichzeitig drückt er intrinsische Motivation aus und meint, er sei »froh, hier zu sein« und manifestiert eine positive Erwartung an die Therapeutin und die Psychotherapie. Enrico drückt sogar eine idealisierende Haltung aus, indem er sagt, Frau Fischer könnte ihm sicher helfen.

Im Laufe dieses Erstgesprächs beschreibt der Patient mehrere Symptome, welche womöglich kompatibel mit den Symptomen der Borderline-Persönlichkeitsstörung sind. Auch wenn zu dem Zeitpunkt noch nicht genügend Informationen vorliegen, lässt sich festhalten, dass diese Diagnose im Laufe des therapeutischen Prozesses womöglich gestellt wird. Gemäß der ICD-Diagnostik müssten man wohl annehmen – sofern die relevanten Symptome sich in weiteren Gesprächen bestätigen –, dass Enrico eine schwerwiegende Persönlichkeitsstörung präsentiert, wobei die folgenden Trait-Domänen betroffen sind: hohe negative Affektivität, hohe Desinhibition und hoher Antagonismus (keine nennenswerten Probleme im Trait-Bereich der Anankastia und der Distanziertheit) und mehrere Symptome einer Borderline-Persönlichkeitsstörung präsent. Möglicherweise sollte die Therapeutin die komorbide Depression und Alkoholabhängigkeit diagnostizieren (oder zumindest differenzialdiagnostisch diskutieren).

Das Erste, was über Enricos Geschichte gelernt wird, ist, dass ihm gekündigt worden ist, und dass er dies auf Bernhards Verhalten zurückführt, insbesondere dessen Dominanz. Laut Enrico verwehre Bernhard ihm seine Aufgaben und seine Vorgesetzte habe dies nicht richtig wahrgenommen. Diese Situation habe zu Enricos Krankheit und längerer Krankschreibung sowie der anschließenden Kündigung geführt. Aus einer plananalytischen Perspektive muss gefragt werden, wozu diese Erzählung Enrico dienen könnte. Ein möglicher verhaltensnaher Plan wäre (formuliert im Imperativ an sich selbst) »Externalisiere den Grund für die Entlassung«, oder auch »Präsentiere dich als unschuldig«, oder »Zeig (der Therapeutin, oder jemand anderem), was du alles durchmachen musstest«. Diese Unterpläne haben möglicherweise als Motiv, »Präsentiere dich als Opfer der Umstände«, was dem Patienten weiterhin helfen kann, seinen Selbstwert stabil zu halten (als weiterer Oberplan »Halte den Selbstwert aufrecht«), oder möglicherweise zu vermeiden, als Verlierer dazustehen (und als weiterer Oberplan »Vermeide, als Verlierer dazustehen«; für die methodischen Details, vgl. Caspar, 2019).

In Zusammenhang mit Bernhards Verhalten kann man zusätzlich lernen, dass der Patient sehr wütend auf seinen Kollegen ist, was unter anderem durch seinen Ausspruch deutlich wird, Bernhard müsse eigentlich »in die Psychotherapie«, respektive, ›in die Klapsmühle‹ (impliziert im Satz »der tickt ja ganz schräg«). Es stellt sich an der Stelle die Frage, ob diese Wut und deren Ausdruck instrumental ist (d. h. ein bestimmtes Motiv zugrunde liegend hat) oder ob sie als Reaktion auf die große Frustration im Zusammenhang mit seiner Stelle an der Bank zu verstehen ist (was wiederum Aufschluss geben kann über zentrale Pläne in der Fallkonzeption). Dieser Unterschied ist wichtig, und in der vorliegenden Situation leuchten beide Erklärungen ein. Falls der Ausdruck der intensiven Wut einen instrumentellen Charakter hat, stellt sich die Frage, wozu dieser Ausdruck wohl Enrico dienen soll. Es könnte sein, dass der Patient einen Plan hat wie »Zeig dich unnachgiebig«, oder »Zeig dich kämpferisch«, insbesondere im Rahmen der Entlassung. Diesen Plänen könnten wiederum Motive wie »Bleib dir treu«, oder »Verteidige deine Identität« zugrunde liegen. Abermals geht es wohl darum, in Enricos Plananalyse den Selbstwert zu stützen (als oberstes Motiv »Erhalte den Selbstwert«), und durch das Durchsetzen seiner »Linie« in seinen Augen als »stark« dazustehen (»Präsentiere dich als stark und unnachgiebig«).

Aus dem Erstgespräch geht hervor, dass Enrico eine konfliktreiche Beziehung mit seiner Freundin Elsa unterhält. Es ist Elsa, die Enrico dazu bringt, eine Psychotherapeutin zu konsultieren. Laut Enrico konditioniert Elsa die Paarbeziehung mit der psychotherapeutischen Konsultation. Dies ist nicht selten der Fall in der Klinik der Persönlichkeitsstörungen und es ist auch interessant, dass Enrico damit die Sitzung eröffnet (dann aber spontan zum Thema der Entlassung übergeht). Aus plananalytischer Sicht drängt sich die Hypothese auf, dass in diesen ersten Minuten des Kontaktes zwischen der Psychotherapeutin und ihm, Enrico sich in seinem bisherigen Selbstbild bedroht fühlt, jetzt, da er der Psychotherapeutin direkt gegenübersitzt. Um den Eindruck zu vermeiden, eine Person zu sein, die »psychisch krank« ist oder sonst wie psychotherapeutische Behandlung benötige, spricht er von seiner Freundin und der Beziehung mit ihr. Implizit mag das für ihn bedeuten, dass die größte Verantwortung seiner Probleme in der Freundin, oder zumindest in der Paarbeziehung, zu suchen ist. Ein Plan wie »Eröffne die Sitzung mit der problematischen Paarbeziehung« kann auf die Vermeidung von Verantwortungsübernahme hindeuten (»Vermeide, voll und ganz Verantwortung für deine Probleme zu übernehmen«). Dies könnte wiederum bezwecken, das bedrohte Selbstbild aufrecht zu erhalten und sich als Person zu präsentieren, die trotz allem die Situation unter Kontrolle hat (das oberstes Motiv wäre dann beispielsweise »Bleib in der Kontrolle«).

Aus der Beschreibung der Erstsitzung geht recht deutlich hervor, dass Enrico eine starke Änderungsmotivation besitzt. Der Kontrast zwischen der Komplexität der Symptomatik und dieser Motivation ist es wohl, so kann spekuliert werden, was Silvia so emotional berührt, wenn sie an Enrico denkt (zum Beispiel nach Abschluss der Sitzung). Diese Änderungsmotivation kann im Rahmen der Plananalyse mit Plänen wie »Zeig, dass du Veränderung anstrebst«, »Zeig dich motiviert«, »Unterstreiche, dass du zur Therapie kommen willst« erschlossen werden. Diese Pläne können dem Patienten dazu dienen, Veränderung anzustreben (»Strebe reale Veränderung an«), und auch sicherzustellen, dass die Therapeutin ihm beiseite steht (»Stell sicher, dass die Psychotherapeutin auf deiner Seite steht«). Diese Pläne können als Ressourcen angesehen werden, welche möglicherweise aktiviert werden können.

Enricos Schlussfrage, warum Silvia Psychotherapeutin geworden ist, ist interessant. Es drängt sich die Überlegung auf, ob diese Frage eine instrumentelle Funktion einnimmt oder nicht. Es kann sein, dass es sich dabei um ein authentisches Interesse an der Person der Psychotherapeutin ist – was nicht selten vorkommt. Möglich ist auch, dass es sich dabei um ein Verhalten handelt, mit dem der Patient persönliche Informationen über die Psychotherapeutin in Erfahrung bringen will, um die sie als ebenbürtigen Menschen zu »erschließen« und ihr folglich ihre Kompetenz absprechen zu können. Mehr Informationen über die non-verbalen Aspekte der Kommunikation – und der emotionalen Erfahrung der Psychotherapeutin – zu dem Zeitpunkt – wären nötig, um diese Frage genau zu beantworten.

Diese Elemente der plananalytischen Fallkonzeption, hier nur kurz zusammengefasst, beinhalten alle Implikationen für die Therapieplanung und die motivorientierte Beziehungsgestaltung. Bei der Selbstdarstellung als Opfer der Umstände, handelt es sich gemäß Sachse et al. (2010) um ein Interaktionsspiel, welches nicht direkt durch den Therapeuten bekräftigt oder verstärkt werden darf, sondern therapeutische Veränderung verhindert. Motive dieses Plans sind möglicherweise in der Suche nach Selbstwerterhaltung zu finden, wozu der Therapeut einen komplementären therapeutischen Plan entwickeln kann. Diese motivorientierte Beziehungsgestaltung (Caspar, 2022) würde in Enricos Fall bedeuten, dass die Therapeutin die aktivierte Selbstdarstellung des Selbst als Opfer neutral hinnimmt (keine Verstärkung durch etwaige besondere Aufmerksamkeit), gleichwohl aber das akzeptable Motiv »Halte den Selbstwert aufrecht« (oder ein anderes akzeptables Motiv, das genügend hoch in der Hierarchie von Enricos Planstruktur steht, aber gleichzeitig ausreichend spezifisch ist) bedient.

Hilfreich für den Therapeuten ist hierbei ein komplementärer Therapeutenplan (formuliert im Imperativ an sich selbst, den Therapeuten): »Unterstütze den Selbstwert des Patienten«. Diesem Oberplan kann der Therapeut danach spezifische Verhalten zuordnen, je nach therapeutischer Situation.

Bei Enrico wäre es zum Beispiel nützlich, die Bemühungen des Patienten zu unterstreichen, aber auch die Tatsache, dass er nach Abschluss seiner Ausbildung in der Bank sehr rasch eine Anstellung gefunden hat, was für seine Kompetenz und Intelligenz sprechen kann.

Durch solche Interventionen, die an der Stelle eine ressourcenorientierte Funktion haben, kann der Therapeut die (akzeptablen) Motive des Patienten stabilisieren, ohne dabei das (problematische) Interaktionsspiel des Patienten zu verstärken. Bei Enricos Fallbeispiel kann die Therapeutin natürlich zusätzlich empathisch mit der Frustration (als erlebnisbasierten Konsequenz des Problems) mitschwingen und die verzwickte Lage des Patienten am Arbeitsplatz empathisch reflektieren. Eine solche

Intervention ist zwar nicht spezifisch motivorientiert, hilft aber auch der Tatsache, dass der Patient Vertrauen in die Therapeutin fasst und überzeugt ist, sie sei auf seiner Seite. Silvia hat in dieser Erstsitzung das empathische Mitschwingen und Reflektieren sehr gut implementiert, jedoch fehlt es an gezielten motivorientierten Interventionen. An der Stelle, wo es um die Selbstdarstellung als Opfer geht, wäre es zusätzlich indiziert, dem Patienten so früh wie möglich den Gedanken anzubieten, dass er trotz all dieser aktuellen Frustration die Stelle bei der Bank durch eigenes Können erhalten hatte (was komplementär zum Plan »Halte den Selbstwert aufrecht« wäre). Eine derartige Intervention früh in dieser Narrative platziert, könnte als Konsequenz haben, dass Enrico sich wirklich wahrgenommen fühlt und nicht das Gefühl hat, er müsse die Therapeutin von seinem Leid überzeugen. Stattdessen könnte der Patient seine Aufmerksamkeit stärker auf seine inneren Prozesse richten, die das Interaktionsspiel mitdeterminieren (z. B. dem Gefühl der Frustration nachgehen und mehr explizieren).

Es ist möglich, dass die Tatsache, dass Silvia diese motivorientierten Interventionen an der Stelle nicht nutzt, zur Folge hat, dass der Patient, wie in der Erstsitzung dargestellt, noch intensivere Inhalte heraufbeschwört, und Bernhard als »psychotherapiewürdig« beschreibt. Dieser Absatz ist eine interessante Illustration dessen, was Sachse (2003) eine »externale Perspektive« nennt. Dabei ist das Narrativ des Patienten implizit auf die Therapeutin ausgerichtet und die Inhalte selbst (ob Bernhard Psychotherapie braucht oder nicht) sind zweitrangig: Vorrangig ist, dass der Patient in seinem Selbstwert von der Therapeutin unterstützt wird und davon überzeugt ist, dass die Therapeutin auf seiner Seite ist. Gemäß Sachse (2003) ist der Patient auf der Beziehungs- nicht auf der Inhaltsebene: Nötig wird an der Stelle, dass die Therapeutin ebenfalls auf die Beziehungsebene wechselt (was sie teilweise auch tut), statt die Inhalte zu bearbeiten. Diese Differenzierung ist sehr zentral, da – wie in den Ausführungen zu Enricos Plananalyse festgestellt werden konnte – hier wohl identitäre Aspekte betroffen sind. Es wäre interessant, wenn sich diese Hypothese bestätigen sollte, und würde nahelegen die unklaren Aspekte von Enricos Identität in weiteren Sitzungen zu explorieren und zu verstehen. Die Fallkonzeption hilft hier, eine Auslegeordnung von Enricos Problemen zu machen und gleichzeitig Erklärungen zu entwickeln, wie verschiedene Prozesse instrumentell zusammenhängen können.

Es kann – in Anlehnung an Sachse et al. (2010) – spekuliert werden, dass Enricos Sensibilität hinsichtlich seines Selbstwerts eine mögliche Folge langjähriger emotionaler Vernachlässigung ist, im Rahmen derer Enrico keine explizite Anerkennung erfahren hat und es ihm daher nicht gelungen ist, sich anerkannt zu fühlen. Die therapeutische Beziehung könnte der erste Moment in seinem Leben sein, in dem er explizit diese Anerkennung erfahren kann, ohne dabei eine gewisse Leistung zu erbringen, und so das Gefühl entwickeln kann, so okay zu sein, wie er ist. In diesem Sinne hat die motivorientierte Beziehungsgestaltung die Funktion, eine emotional korrigierende Erfahrung in einem Patienten zu provozieren (Castonguay & Hill, 2012; Lane, 2024), welche die negativen Erinnerungsstrukturen an mögliche Traumata und Vernachlässigungen direkt auflösen, oder zumindest in einen neuen Kontext stellen, helfen.

Die Eröffnung der Erstsitzung mit dem Erwähnen der Freundin ist interessant. Im Rahmen der plananalytischen Fallkonzeption wurde dies als Mittel interpretiert, um Verantwortung abzugeben, was dem Patienten helfen könnte, grundsätzlich etwas Kontrolle zu behalten. Diese Kontrolle ist wichtig gerade in der aktuellen Situation des Hilfesuchens, die dem Selbstbild des Patienten, als jemanden, der bis dahin alles selbst gelöst hat, stark widerspricht. Aus Sicht der motivorientierten Beziehungsgestaltung gilt es hier, behutsam diese Oberpläne zu stützen und explizit zu bedienen. Es kann beziehungsfördernd sein, grundsätzlich eine normalisierende Haltung einzunehmen und dies explizit auszusprechen. Implizit gelingt Silvia dies bereits ganz gut, wünschenswert wären allerdings mehr explizite Aussagen, wie z. B.: »Es wirkt so als hätten Sie in Ihrem Leben Vieles alleine geschafft. Nun stellt sich eine Hürde und es ist vielleicht hilfreich, neue Kompetenzen zu erarbeiten, um diese Hürde etwas leichter überwinden zu können.« Dabei normalisiert die Therapeutin das Beanspruchen von therapeutischer Hilfe und gleichzeitig entmystifiziert sie die Psychotherapie bei einem Patienten, der explizit angibt, er sei noch nie bei einer Psychotherapeutin gewesen und wisse nicht genau, was er erwarten könne. Gleichzeitig entidealisiert eine solche Intervention das Hilfsangebot und die Psychotherapeutin als Person: Es ist von Anfang an für den Patienten klar, dass er die Hürde in seinem Leben selbst überwinden muss, und die Therapeutin ihn im besten Fall nur darauf vorbereiten bzw. ihm dabei helfen kann (sie kann aber nicht die Last »wegzaubern«). Dadurch ist eine solche Intervention auch allianzfördernd: Der Patient lernt sofort, in welchen Bereichen er Hilfe erwarten kann, und er erhält eine implizite Einladung, seine therapeutischen Ziele genau zu klären. Diese Aspekte sind besonders in Behandlungen von Patienten mit Persönlichkeitsstörungen wichtig.

Es ist interessant, dass die zwei zentralen Probleme, die Enrico detailreich beschreibt (die Entlassung und die Paarproblematik), erstens mit seiner Persönlichkeitsproblematik zusammenhängen und zweitens in der Erstsitzung mit einer externalen Perspektive beschrieben werden. Diese externale Perspektive gilt es zu erkennen und zu verstehen, um weitere, tiefere Veränderungsprozesse später in der Therapie anregen zu können. Externale Perspektive bedeutet (Sachse, 2003), dass es Enrico nicht primär um die Inhalte geht, sondern um ein spezifisches Beziehungsangebot gegenüber seiner Psychotherapeutin. Die Erstsitzung wird somit zum zentralen Entscheidungspunkt der Psychotherapie. Schafft es die Psychotherapeutin, ausreichend motivorientiert zu sein, um den Patienten davon zu überzeugen, a) dass dies ein Ort ist, an dem er als Person willkommen ist, b) dass sie entsprechenden Kompetenzen als Therapeutin mitbringt, um ihm helfen zu können?

Enricos hohe Änderungsmotivation fällt auf. Es ist nicht üblich, dass PatientInnen so explizit Veränderung wünschen, wobei gesehen werden konnte, dass sich in dieser Erstsitzung Veränderungsmotivation und Beziehungsmotivation vermischen. Ein noch stärker motivorientiertes Vorgehen seitens der Psychotherapeutin wäre in dieser Erstsitzung sinnvoll gewesen. Veränderungsmotivation gilt es in der Therapie immer zu unterstützen, wenn die Veränderung im Sinne der Therapieziele ist. In der Erstsitzung sind noch keine Therapieziele erarbeitet worden, wodurch diese Ressourcenaktivierung etwas komplizierter ist. Dennoch kann die Therapeutin sich entscheiden, diese aktivierten Annäherungstendenzen und -pläne explizit zu unterstützen, z. B., indem sie sagt: »Wenn Sie sich für Therapie entscheiden, finde ich essenziell, dass Sie genau diesen Aspekt willentlich ändern möchten. Das scheint mir ganz wichtig zu sein.« Diese Formulierung lässt dem Patienten immer noch die Möglichkeit, sich nicht zu engagieren, wird aber womöglich dieses Engagement stützen, da er bereits die Unterstützung wahrnimmt. Zudem kann man davon ausgehen, dass jede ressourcenorientierte Intervention einen immediaten positiven Effekt auf den Patienten hat, was gerade in der Erstsitzung, in welcher ja häufig ganz viel negative Gefühle da sind, sehr wichtig ist.

Um genau zu differenzieren, welcher Aspekt eine Ressource für den Patienten darstellt, und welcher ein reales Problem, und um zu vermeiden in gesellschaftlich determinierte Plausibilitätsfallen zu tappen, ist es unabdingbar, eine Fallkonzeption zu erstellen. Nur eine detaillierte Fallkonzeption kann dem Therapeuten helfen, diese Differenzierung vorzunehmen (Kramer, 2019). Zentrale Prozessvariablen für die Psychotherapie können ansatzweise auch im Rahmen der Eingangsabklärung und bei Assessments wichtig sein. Die dabei gewonnenen Informationen können durchaus in der Fallkonzeption Eingang finden. Zudem ist es aber unabdingbar, insbesondere für eine plananalytische Fallkonzeption, die Gesamtinteraktion zwischen Patienten und Therapeut zu kennen, und somit Video- und Audiomaterial zu nutzen.

In den weiteren Kapiteln wird die Fallkonzeption und motivorientierte Beziehungsgestaltung weiterhin mitdiskutiert, da die therapeutische Aufgabe des Verstehens der Patientenproblematik nicht auf die Erstsitzung begrenzt ist. Insbesondere wenn es um Allianzbrüche und andere schwierige Interaktionssituationen geht, kann eine Plananalyse sehr hilfreich sein. So werden die hier diskutierten Inhalte wieder aufgegriffen und weiter vertieft.

Das beschriebene Fallbeispiel stellt über die Kapitel keine Sitzung-für-Sitzung Illustration dar, sondern steht fast willkürlich im Zeitgespann der Psychotherapie, aber in der Abfolge des Buches. So fehlen im vorliegenden Buch verschiedene zentrale Aspekte, die in anderen Werken beschrieben werden, zum Beispiel die Ziel- und Mitteldefinition sowie eventuelle Verabredungen für Notfallkontakte und Regelung zur telefonischen Kontaktaufnahme (z. B. bei Linehan, 1993, oder Gunderson & Links, 2014). Diese und andere Aspekte wurden willentlich ausgelassen, da es sich beim vorliegenden Aufsatz nicht um einen neuen Therapieansatz handelt, jedoch einer kreativen Weiterentwicklung von evidenzbasierten Therapieprinzipien, die jahrelang mit Patienten mit Persönlichkeitsstörungen erprobt wurden. Dabei soll ein Fokus auf die funktionalen Domänen in Persönlichkeitsstörungen und die Wirkfaktoren, die womöglich zentral in allen Psychotherapien der Persönlichkeitsstörungen agieren, gelegt werden.

Zentral und prioritär in einer wirkfaktorenorientierten Perspektive ist der Fokus auf die funktionalen Domänen, wie sie der Patient im Prozess (und im täglichen Leben) aufzeigt. Sekundär sind die verschiedenen therapeutischen Interventionen, die diese Prozesse anstoßen und unterstützen. Diese Überlegung fußt auf der empirischen Realität, dass die therapeutischen Techniken allein womöglich eine geringere Rolle in der Vorhersage von Therapieresultaten spielen als allgemein angenommen (Wampold et al., 2015), die größten Anteile kommen den Therapiebeziehungs- und Patientenvariablen zu. Diese stringente Anwendung der empirischen Sachlage im vorliegenden Buch führt dazu, dass es sich hier nicht um ein »Manual« handelt, sondern um eine »Perspektive«, die den Fokus auf die Patientenprozesse zu legen sucht. Somit ist es an vielen Stellen (aber nicht überall) sekundär, welche Interventionen genau benutzt werden. Aufgrund der Ausbildung des Autors werden im vorliegenden Werk vor allem Interventionen beschrieben, die mit einer klärungsorientierten und verhaltenstherapeutischen Vorgehensweise im breitesten Sinne kompatibel sind. Es ist gut möglich, dass die klinischen Teile ganz anders ausformuliert wären, wenn ein technischer Fokus auf andere Therapieverfahren gelegt worden wäre. Nur die Forschung aus einer integrativen Psychotherapieperspektive wird in Zukunft zeigen können, was der genaue Anteil spezifischer Interventionen zum Therapieresultat bei Persönlichkeitsstörungen ist.

5 Umgang mit Emotionsdysregulation

5.1 Fallbeispiel: »Ich konnte mich einfach nicht kontrollieren!«

Es regnet. Silvia sitzt an ihrem Schreibtisch und studiert Enricos Akte. Heute findet die achte Sitzung statt und sie hat sich notiert, dass die Intensität von Enricos Emotionen in den Sitzungen und wohl auch außerhalb, noch sehr hoch ist und daran gearbeitet werden soll.

Punkt neun klingelt es, Silvia öffnet die Praxistüre. »Guten Tag, Frau Fischer!«. »Guten Tag, Herr Gomez« erwidert Silvia, »bitte, treten Sie ein!«.

Enrico lässt sich in den Ledersessel fallen und hätte wohl die Sitzung unmittelbar begonnen, allerdings startet Silvia regelmäßig zunächst mit einer Wahrnehmungsübung. Momente der Stille. Nur der Lärm der Tropfen ist in dem Praxisraum zu vernehmen. Silvia führt Enrico durch eine Atemübung. Sie atmet mit, beobachtet ihre eigenen Körperempfindungen und nimmt gleichzeitig aus dem Augenwinkel den jungen Mann wahr, Augen geschlossen und unrasiert, der ihren Worten folgt. Silvia lächelt leicht und nimmt ihren Optimismus für diese Sitzung wahr.

Nachdem die Inhalte der Sitzung kurz besprochen und strukturiert worden sind, platzt Enrico heraus: »Ja, also am Wochenende war es wieder mal schwierig für mich, wie Sie im Fragebogen gesehen haben. Ich konnte mich einfach nicht kontrollieren! Und habe mich wieder selbst verletzt, ich habe auf dem Oberschenkel geritzt. Da bin ich ja gar nicht stolz drauf!« Enrico schweigt und dreht den Kopf kurz weg, um Silvia gleich darauf wieder in die Augen zu schauen, fast so, als ob er von Silvia eine Bestätigung erwarten würde, dass er trotz allem eine gute Person ist.

»Ich finde es gut, dass Sie dies so direkt ansprechen, und mir ist es ganz wichtig zu verstehen, was da genau passiert ist. Sind Sie einverstanden, diese Situation etwas genauer mit mir zu betrachten, so dass wir sie wirklich verstehen können?«

»Ja, klar. Eben, stolz bin nicht darauf und es weiß eigentlich auch keiner, außer Ihnen, dass ich das regelmäßig mache.«

»Ja, ich stelle mir vor, dass dieses Verhalten ganz viel bei Ihnen auslöst. Kann es sein, dass Sie es verstecken, weil Sie sich dafür schämen?«

»Ja, schon«. Enrico blickt auf den Boden, dann wieder in Richtung Therapeutin.

»Ja, das verstehe ich. Deshalb sage ich ja, dass ich es gut finde, dass Sie dies hier so direkt ansprechen. Erzählen Sie doch einmal, wie es denn am Wochenende so weit gekommen?«

»Es war am Samstagabend als ich heimgekommen bin, so um 1:00 Uhr habe ich mich selbstverletzt. Es waren zwei bis drei Schnitte mit dem Taschenmesser auf dem rechten Oberschenkel, es hat geblutet. An dem Abend war ich mit einer Gruppe Freunden unterwegs gewesen, wir hatten alle ein bisschen getrunken, aber wirklich keine extreme Sache. Elsa, meine Freundin, hatte den Abend mit ihren Freundinnen verbracht, so wie sie es hin und wieder tut. Sie war um 1:00 Uhr morgens also noch nicht daheim, sonst wäre das Ganze wohl ganz anders ausgegangen!«

Silvia hört aufmerksam macht sich Notizen.

»Ich glaube, was mich am meisten beschäftigt hat an dem Abend war ein Moment, als wir noch beim Essen im Restaurant auf Stefans Chef gestoßen sind. Mein Freund Stefan hat ja eine neue Stelle und als sein Chef zu uns an den Tisch gekommen ist und kurz mit uns gesprochen und auch gewitzelt hat, wirkte es so, als hätte er einen echt coolen Chef. Als dieser wieder gegangen war, kam das Gespräch plötzlich auf mich und die Tatsache, dass nicht so viel Glück habe mit dem Chef und den Mitarbeitern. Die Gruppe – wir sind alle gute Freunde aus dem Studium – weiß, dass ich seit längerer Zeit nicht arbeite, aber sie kennen keine Details. Da hat Dominik, einer meiner Freunde, mich gefragt, ob ich nun wieder in meiner alten Position arbeite oder ob ich etwas Neues gefunden habe. Ich musste antworten, dass ich im Moment arbeitslos bin und habe daraufhin geschwiegen. Was ich noch verstanden habe, ist, dass Dominik meinte, es sei ja einfach, einen neuen Job zu finden, gerade in unserer Branche', und dass das sicher auch für mich gelte!«

Silvia hört zu und stellt ab und zu eine Frage:»Wie ist es Ihnen denn ergangen, als Dominik das Jobfinden für Sie als etwas ‚Einfaches' einstufte?«

»In dem Moment?« »Ja.« »Weiß gar nicht. Im Nachhinein fand ich seinen Kommentar deplatziert und absolut nicht hilfreich. Es ist nicht ‚einfach', sondern eben schwierig, finde ich! Ich weiß nicht genau, wie ich mich zu dem Zeitpunkt gefühlt habe, aber der Gedanke, dass es ‚einfach' sei, und dass ich nicht mal das Einfache schaffe, hat danach in meinem Kopf weitergesponnen. Es hat mich sozusagen gepackt und nicht mehr losgelassen.«

»Das ist wichtig. Wie ist es Ihnen denn genau ergangen, als Dominik Ihnen gesagt hat, es sei ‚einfach'?«

»Eben, so ein mulmiges Gefühl hatte ich, welches mir erst später bewusst geworden ist. Ich bringe es erst jetzt mit diesem Gedanken und dieser Diskussion im Restaurant überhaupt in Verbindung. Ich habe den Gedanken voll und ganz auf mich bezogen und mir da gesagt, ‚wenn ich nicht mal etwas Einfaches schaffe, dass schaff ich wohl nichts!' Ich habe mich als ‚Nichts' gefühlt. Als jemanden, der keinen Wert hat und den man auf die Seite schieben kann ohne Konsequenzen.«

»Das ist wichtig, was Sie jetzt gerade sagen«, interveniert Silvia, indem sie sich leicht nach vorne neigt. Silvia fasst Enricos Worte zusammen und versucht, weitere Details der Situation zu verstehen.

»Es scheint zu sein, dass diese Situation bei Ihnen ein intensives Gefühl hervorruft, nichts wert zu sein, vielleicht ein Niemand zu sein. «

»Ja, so ist es. Nur war mir dem vorher nicht so bewusst«.

»Ja, und bei Ihnen ist es dann so, dass Sie in dem Gefühl stecken bleiben und nichts anderes mehr Platz hat.«

»Genau, ich fühle mich voll von dem Gefühl, nichts wert zu sein, und auch vom Gedanken eingenommen, dass ich nicht mal Einfaches schaffe. Im Laufe des Abends konnte ich das Gefühl ein bisschen wegstecken, aber wie Sie auch sagen, das Grundgefühl war immer noch dasselbe mulmige, beschämende. Wir sind dann als Gruppe noch etwas trinken gegangen und der Abend war eigentlich nicht schlecht. Die Stimmung war gut, aber innerlich fühlte ich mich allein und zurückgestoßen, irgendwie anders und ausgegrenzt. Ich war mir dessen bewusst und habe mich absichtlich auf das Gegenteil konzentriert. Ich bin auf meine Freunde an dem Abend zugegangen, habe auch Diskussionsthemen angerissen.«

»Das finde ich gut. Sie haben diese Gedanken und Gefühle im zweiten Teil des Abends offensichtlich gut wahrgenommen und konnten auch einige Kompetenzen mit Auswirkungen auf Ihr Empfinden, die wir schon behandelt haben, einsetzen, zum Beispiel gegenteilige Handlungen. Und was passierte dann?«

»Ja, die Intensität des mulmigen Gefühls legte sich auch im zweiten Teil des Abends, aber wurde wieder stärker, als ich mit dem Fahrrad nach Hause gefahren bin. Da war ich angespannt und die Gedanken kreisten um mein Versagen. Das war nicht schön, wirklich nicht. Zuhause angekommen, war ich der Panikattacke nahe. Mein Körper war völlig angespannt und mein Gehirn fang auch schon an, über Selbstverletzung zu fantasieren. Ich kenne den Zustand; wenn ich so weit bin, gibt es fast kein Zurück mehr. Ich habe das Messer genommen und mich geschnitten. Mit dem Austreten des Bluts entspannte sich meine Denkmaschine – ein ‚Reset' auf Null sozusagen und alles konnte von vorne anfangen… Ich bin ja gar nicht stolz drauf.«

»Sie haben diese Szene nun ganz detailliert beschrieben und ich finde, Sie nehmen Ihren Körper und die Veränderungen im Körper sehr gut wahr«, kommentiert Silvia. »Und Sie wissen ja, dass sich dies immer ähnlich abspielt und dieses Gedankenkreisen um Ihr Versagen, zusammen mit der Scham, ist ein wichtiger Vorbote der intensiven emotionalen Aktivierung und des Risikos der Selbstverletzung ist. Und Sie wissen auch, dass nicht alle Kompetenzen zu jedem Zeitpunkt der Kette der Ereignisse wirksam sein werden. Wenn Sie im Restaurant das mulmige Gefühl zum ersten Mal wahrnehmen, können Sie gewisse Kompetenzen nutzen und wenn Sie den Drang zur Selbstverletzung und die hohe innere Anspannung um 1:00 Uhr morgens zuhause verspüren, sind gewisse andere Kompetenzen nötig. Möchten Sie herausfinden, welche Kompetenzen zu welchem Zeitpunkt dieser Sequenz möglich wären?« fragt Silvia.

Enrico rutscht im Sessel umher. »Ja, klar. Dafür bin ich ja da.«

Silvia lächelt und sagt: »Ja, dafür sind Sie da. Und ich finde es gut, dass Sie da sind. Dann können wir dies wirklich einmal gründlich betrachten.«

»Mir scheint, dass sich eine Möglichkeit, Kompetenzen anzuwenden, bereits im Restaurant eröffnet, als Dominik den Kommentar zur ‚einfachen' Aufgabe, einen Job zu finden, abgibt. Sie hören den Kommentar, fühlen sich zurückgewiesen, vielleicht schon da invalidiert als Person, und denken sofort, Sie hätten nichts wirklich anzubieten oder seien nichts wert. Es wirkt, als finden diese Reaktionen alle nicht bewusst statt und Sie haben genau beschrieben, wie Sie sich fühlten, insbesondere im Verlauf des zweiten Teils des Abends. Eine bewusste Wahrnehmung dieses aufkommenden mulmigen Gefühls scheint wichtig zu sein, bereits, wenn Sie noch mit Dominik interagieren, was meinen Sie?« wendet sich Silvia an Enrico.

»Ja, das stimmt.«

»Wie könnten Sie diese Wahrnehmung in dieser Situation schulen?«

»Ich denke, so wie ich das in anderen Situationen auch mache, nämlich einmal tief atmen und sozusagen einen ‚Schritt zurückgehen', indem ich erst einmal beobachte. Was sagt Dominik? Wie reagiere ich und wie reagiert mein Körper jetzt gerade darauf?« schlägt Enrico vor.

Silvia lächelt und freut sich darüber, wie gut ihr Klient die gestellte Aufgabe angeht. Es ist nicht einfach für Enrico, sich auf diese beschämenden Inhalte zu konzentrieren, aber er tut es doch. Dies löst in Silvia ein warmes Gefühl aus, das in Einklang mit ihrem eingangs verspürten Optimismus in Bezug auf Enricos Vorankommen steht. Sie beschließt, dieses eigene Gefühl in der therapeutischen Interaktion zu einem passenden Zeitpunkt anzusprechen, aber nun möchte sie sich auf die vom Klienten angerissene Situation konzentrieren.

»Ja, ich finde es gut, genau da innezuhalten, wie Sie das vorschlagen. Und dann? Was wäre nötig, um das Gedankenkreisen zu unterbrechen?«

Enrico fährt fort: »Wenn ich meinen Körper in der Interaktion mit Dominik so beobachte, insbesondere als Dominik sagt, dass es ‚einfach' sei, dann nehme ich auch erste Gedanken wahr. »Ich bin nichts«, »mich kann man ohne Konsequenzen wegstoßen « und so weiter. Dies sind die Gedanken, die mich dann fest im Griff haben. Wenn ich das unterbrechen will, und das will ich schlussendlich, kann ich auch wieder versuchen diese Gedanken wahrzunehmen und mir zu sagen, aha, da ist der Gedanke wieder, da mache ich jetzt einen Punkt und unterbreche ihn bewusst.«

Enrico stockt.

Silvia schaut Enrico an. »Ja, und funktioniert das?«

Enrico: »Nein, eben nicht!« und klingt frustriert.

Silvia holt etwas aus und meint: »Ich finde, Sie nutzen die Kompetenz ‚Unterbrechen des Gedankenkreisens' schon ganz gut, allerdings habe ich den Eindruck, dass ein Element fehlt. Nachdem Nach der bewussten Unterbrechung der Gedanken ist es wichtig, sich bewusst auf eine neue Aktivität zu konzentrieren, so dass Ihre Aufmerksamkeit auf etwas Anderes gelenkt wird. Ansonsten ist es schwierig, das Gedankenkreisen wirklich wirksam zu stoppen.«

»Ja, stimmt, das habe ich vergessen. Und ich habe es am Samstagabend sicher nicht gemacht. Aber das ergibt Sinn und ich habe das in anderen Situationen beobachtet. Wenn ich mich bewusst für eine Strategie entscheide und sie durchziehe, dann wirkt sie auch. Wenn ich es nur halb mache und nach der Hälfte aufgebe, ist meistens alles für die Katz.«

»Ich weiß nicht, ob es gänzlich ‚für die Katz' ist, aber in der Interaktion mit Dominik wäre es in jedem Fall wichtig, diese Wahrnehmung zu schulen, und die Stopp-Kompetenz vollständig zu nutzen, sobald diese Gedanken auftauchen. Sind Sie bereit, dies in der nächsten Woche auszuprobieren, wenn Sie eine schwierige Interaktion haben werden?«

Enrico erwidert: »Ich möchte es probieren, ich weiß aber nicht, ob es funktioniert«.

Silvia: »Ja. Das ist letztlich eine empirische Frage. Wir wissen, dass diese Strategien bei vielen Menschen mit ähnlichen Problemen gut funktionieren, ihre Aufmerksamkeit auf etwas Anderes als den aktuellen Stressauslöser zu leiten, was aber natürlich nicht bedeutet, dass diese Strategien bei Ihnen (immer) funktionieren. Ich schlage vor, genau das nun gemeinsam diese Woche herauszufinden. Denken Sie, dass etwas mit dieser Hausaufgabe interferieren könnte, zum Beispiel, dass Sie sie vergessen?« fragt Silvia.

»Ich werde es versuchen, aber ich denke, es wäre gut, wenn ich mir jetzt direkt eine Notiz auf meinem Telefon mache und eine Erinnerung einstelle. Auf diese Weise werde ich im Verlauf der Woche daran erinnert und werde es bestimmt machen.« Enrico schaut Silvia fragend an.

Silvia erwidert: »Ich finde das eine tolle Idee. Machen Sie das gerne jetzt gleich.«

Während Enrico sein Smartphone zückt, lehnt sich Silvia in ihrem Sessel zurück und lauscht dem Trommeln der Regentropfen.

Silvia leitet zum zweiten Teil über und sagt: »Nun haben wir ja mögliche Kompetenzen in der Interaktion mit Dominik unter die Lupe genommen. Und es gäbe noch viele andere Kompetenzen, aber mir ist es ein Anliegen, dass wir nochmals näher betrachten, was für Möglichkeiten bestehen, wenn Sie bereits den Drang verspüren, sich selbst zu verletzen, wie in Ihrer Erzählung nachts um 1:00 Uhr. Sie sagten, Sie hätten da kaum andere Handlungsoptionen. Wie intensiv war denn Ihre innere Spannung, als Sie zu diesem Zeitpunkt nach Hause gekommen sind, auf einer Skala von 1 bis 10?«

Enrico zögert und meint: »Wohl etwa 8 von 10«.

Silvia kommentiert: »Das ist sehr intensiv«.

Enrico bejaht und schweigt.

Nach einer kurzen Pause interveniert Silvia: Wie ist es denn für Sie in dem Moment, wenn Ihre innere Spannung bereits auf 8 steht, sozusagen im roten Bereich?«

Enrico schweigt weiter. Er senkt den Kopf und scheint dem Trommeln der Regentropfen zuzuhören. Dann sagt er: »Es ist wie mit dem Alkohol trinken. Zu dem Zeitpunkt, also als meine innere Spannung auf 8 war, sah ich die Selbstverletzung bereits als Lösung, sozusagen ‚Er-lösung' vor dem inneren Auge. Das hat einen verwirrenden Einfluss auf meinen Körper. Anspannung der Höhe 8 ist nicht nur rein negative Anspannung, sondern hat auch positive Anteile im Sinne einer Vorfreude. Ich hasse mich, wenn ich das sage.«

Silvia: »Das passierte an besagtem Samstagnacht und jetzt auch wieder, dass Sie sich ‚hassen', wie Sie es ausdrücken. Sie beobachten hier nicht, sondern urteilen scharf. Das ist außerordentlich intensiv und ich kann mir die Intensität durch Ihre Schilderung annähernd vorstellen, wenn ich Ihnen zuhöre. Wie kommen Sie wieder in Bereiche der Anspannung, die auszuhalten ist?«

Enrico schweigt wieder. Tränen laufen über seine Wangen und sein Blick ist gesenkt, auf den Teppich gerichtet. Silvia beobachtet ihn markiert die Wichtigkeit dieser Tränen.

Enrico holt Luft: »Es ist wichtig für mich, ja, und ich will es nicht mehr. Deshalb bin ich hier.«

Silvia bekräftigt: »Ich sehe das und es ist gut, sind Sie da sind und das alles einbringen, inklusive Ihrer Tränen. Etwas berührt Sie gerade ganz stark.«

Enrico weint.

Silvia bleibt zugewandt, unterstützend, und wartet ab.

Mit gestärkter Stimme formuliert Enrico: »Ich möchte etwas finden, das meine Aufmerksamkeit in der Situation wirksam umlenkt und dem Drang etwas entgegenhält. Was könnte das sein?«

Silvia bestärkt ihn: »Ihr Frage ist super! Ich stelle mir vor, dass es mehrere Möglichkeiten gibt, die funktionieren könnten.«

Enrico blickt auf und Silvia in die Augen: »Denken Sie? Welche denn?«

»Grundsätzlich geht es ja darum, die Intensität der Anspannung zu reduzieren. Sie können die Möglichkeiten der »Krisen-Kompetenzen« nutzen: Temperatur ändern, intensive körperliche Aktivität und/oder progressive Muskelentspannung. Konkret könnte das so aussehen, dass Sie zum Beispiel mit Hilfe von etwas sehr Kaltem oder Warmem die Temperatur eines Körperteils radikal verändern. Manche meiner Klientinnen oder Klienten nehmen dazu beispielsweise Eiswürfel oder ähnliches in die Hände. Haben Sie Eiswürfel im Gefrierfach zuhause?«, schlägt Silvia vor.

»Ja!«

Silvia fährt fort: »Weiter schwören einige Klienten auf intensive körperliche Aktivität, zum Beispiel Treppen steigen. In welchem Stock wohnen Sie?«

»Im zweiten, aber gleich neben dem Haus gibt es ein Hochhaus.«

»Super, Sie könnten also entweder bei Ihnen im Haus oder im benachbarten Hochhaus so schnell wie möglich bis ganz oben rennen und wieder zurück. Wie wäre das?«

»Das sind zweimal acht Stockwerke, also im Ganzen sagen wir 350 Stufen! Also Sie meinen, ich soll morgens um eins 350 Stufen joggen?« Enricos Augen leuchten verspielt.

»Ja, was hält Sie zurück?«

Enrico schweigt. »Frau Fischer, Sie haben mich gerade auf eine geniale Idee gebracht. Ich renne ja sehr gerne und das müssen Sie mir nicht zweimal sagen. Das mache ich heute Abend gleich.« Enrico lacht dabei.

Silvia erklärt: »Durch die intensive Aktivität muss Ihr Körper alle Aufmerksamkeit auf diese Aktivität lenken, was die Grundidee dieser Kompetenz ist. Probieren Sie es aus! Und schließlich nutzen viele Klientinnen oder Klienten auch Atemübungen, ähnlich wie diese, die wir auch schon zusammen geübt haben. Wir können sie gerne jetzt nochmal revidieren.«

Die Sitzung endet mit Abmachungen und Wahrnehmungsübungen und in einer optimistischen Atmosphäre. »Bis nächsten Montag. Ich werde Ihnen die Neuigkeiten mitteilen, Frau Fischer!«

Silvia nickt lächelnd. »Auf Wiedersehen.«

Nachdem Silvia die Praxistür geschlossen hat, lässt sie sich in den Therapeutensessel fallen. Sie spürt, wie eine Schwere sie verlässt und einer gewissen Leichtigkeit Platz macht. Gleichzeitig schießen ihr Tränen in die Augen. Etwas in der Interaktion mit Enrico berührt sie und es geht über den Optimismus hinaus, den sie zu Beginn und während der Sitzung verspürt hatte. Vieles in der Geschichte dieses jungen Mannes bleibt ihr noch verborgen. Was hat Enrico erlebt, dass er mit so intensiver Scham auf diese Situationen reagiert? Wie kommt es, dass er sich selbst so stark kritisiert und ‚hasst'? Und woher kommt das selbstverletzende Verhalten?

5.2 Besprechung: Auf dem Weg von der Emotionsdysregulation zur emotionalen Balance

In der achten Sitzung mit Enrico wird die funktionale Domäne der Emotionsdysregulation behandelt und es wird deutlich, dass die Therapie bereits diesen Wirkfaktor als Behandlungsfokus aktiv nutzt. Der Hauptfocus liegt auf Enricos selbstverletzendem Verhalten und es kommen dialektisch-behaviorale Strategien (DBT) zum Einsatz (Linehan, 1993).

Dysregulierte Emotionserfahrung sind zentral für PatientInnen mit einer Persönlichkeitsstörung. Es ist bekannt, dass diese v. a. im Rahmen von interpersonal relevanten Situationen, zum Beispiel mit besonders nahestehenden Personen, oder wenn negative bzw. traumatische, Erinnerungen ausgelöst werden, getriggert werden. Veränderung des emotionalen Respondierens auf diese Situationen ist in vielen Fällen ein zentrales Ziel der Intervention. So konnten für mehrere Psychotherapieformen gezeigt werden, dass Emotionsveränderung stattfindet und relevant für den weiteren Psychotherapieprozess und die Symptomveränderung am Schluss der Therapie ist (Daros et al., 2021; Peluso et al., 2018; Samson et al., 2024; Sonderland et al., 2023). Dabei wurde die Verbesserung der emotionalen Verarbeitung, die emotionale Wahrnehmung und die emotionale Transformation studiert.

In einer Metaanalyse diskutieren Rudge und Kollegen (2020) verhaltenstherapeutische Studien, die gezeigt haben, inwiefern emotionale Veränderung zentral in der Behandlung der Borderline-Persönlichkeitsstörung ist, insbesondere das effektive Nutzen von Emotionsregulationskompetenzen im alltäglichen Leben durch die Patienten. Eine der untersuchten Studie (McMain et al., 2013), hatte zeigen können, dass Patient, die eine psychiatrische Behandlung und eine dialektisch-verhaltenstherapeutische Behandlung erhalten hatten, negativen und positiven Affekt wirksam ausbalancieren lernten. Diese Veränderung sagte die Symptomveränderung am Schluss der Therapie voraus. In einer weiteren Studie konnten Neacsiu et al. (2010) zeigen, dass sich die selbsteingeschätzten Kompetenzen der Patienten in ihrem tagtäglichen Legen verbesserten – d. h. öfters angewandt wurden – und diese die Verminderung der Frequenz der selbstschädigenden Verhalten mediierten. Dieses Modell war nicht signifikant für emotionsbezogene Resultate der Therapie, insbesondere der Ausdruck und die Inhibition von Wut, was die Studie von Kramer et al. (2016) motivierte. In dieser randomisierten kontrollierten Studie zur Untersuchung der Wirksamkeit der DBT Skills-Gruppentherapie wurden – gemäß einer emotionsfokussierten Perspektive – zwei unterschiedliche Typen von Wut analysiert, zurückweisende Wut und assertive Wut. Assertive Wut designiert den Ausdruck adaptiver Formen von Wut und Ärger, die zum Ziel haben, die identitätsbezogenen Bedürfnisse auszudrücken und so zum Beispiel Grenzen protektiv zu ziehen. Es konnte gezeigt werden, dass die Frequenz assertiver Wut sich erhöhte, während die zurückweisende Wut über die Zeit der Therapie stabil blieb. Diese Veränderung der assertiven Wut mediierte die Verbesserung der Integration der Patienten in ihrem sozialen Netzwerk und unterstützte deren psychosoziale Rehabilitation. In einer sekundären Analyse dieser Studie wurden die Coping-Kompetenzen direkt in der

Sitzung evaluiert (Kramer, 2017) und es konnte gezeigt werden, dass die Frequenz von produktivem Coping erhöht und die Frequenz von unproduktivem Coping durch Therapie vermindert wurde. Diese Veränderungen standen im Zusammenhang mit der Symptomveränderung am Schluss der Therapie.

Die obengenannten Studien hatten einen spezifischen Fokus auf verhaltenstherapeutische Interventionen und es bleibt die offene Frage, ob die erlangten Coping-Kompetenzen in der Therapiesitzung auch für psychodynamische Modelle relevant sind. Kramer et al. (2017) konnten zeigen, dass insbesondere behaviorale Aspekte der Emotionsregulation in der Sitzung sich sehr früh in psychiatrisch-psychodynamischen Therapien verändern (zwischen Sitzung 1 und 5) und dass diese Reduktion in behavioraler Emotionsregulation die Symptomreduktion zwischen Sitzung 5 und 10 mediierte. Diese Studie ist bislang eine der wenigen im Bereich der Psychotherapie, die die Wirkmechanismen zeitlich abgeschlossen (zeitlich getrennt von der Veränderung der Symptome) evaluiert.

Die Anwendung von Mindfulness- und Distresstoleranztechniken ist zentral in der dialektisch behavioralen Therapie und wurde von Zeifman et al. (2020) studiert. In dieser Studie konnten die Forscher zeigen, dass der erhöhte Nutzen dieser beiden Kompetenzen im tagtäglichen Leben die Resultate der Psychotherapie mediierte, dies im Kontext der Behandlung der Borderline-Persönlichkeitsstörung. Mindfulness beschreibt die Fähigkeit, im Hier und Jetzt die körpereigenen Regungen differenziert wahrzunehmen und einzuordnen. Wahrnehmungskompetenzen sind ganz besonders am Anfang des Weges von einer Emotionsdysregulation zu einer emotionalen Balance zentral. Bevor irgendein weiterer Schritt gemacht werden kann, sollte der Patient seine Selbstwahrnehmung im Rahmen der stressreichen Situationen seines alltäglichen Lebens effizient schulen. Das emotionale Bewusstsein, die fein abgestimmte Wahrnehmung physiologischer Indizien emotionaler Erfahrung im Hier und Jetzt, der Nutzen dieser Informationen für die Symbolisierung und die Konzeptualisierung von Emotionen können in vieler Hinsicht als zentraler Eintrittsprozess in die salutogene Veränderung angesehen werden (Kramer, 2024; Kramer et al., 2024; Kramer et al., submittert).

Es ist interessant zu beobachten, dass die oben diskutierten emotionalen Veränderungen ebenfalls in Studien zu Tage treten, welche neurobiologische Methoden nutzen. Veränderungen in zentralen neuronalen Netzwerken, mit denen emotionale Antworten in Zusammenhang stehen, wurden bei Patienten mit einer Borderline-Persönlichkeitsstörung in Psychotherapie gefunden. Marceau et al. (2018) konnten in einer Metaanalyse zeigen, dass Gehirnregionen, die mit exekutiver Kontrolle und Emotionsregulation in Zusammenhang gebracht werden, sich über die Therapie hinweg verändern und diese Veränderung die Symptomveränderung erklärt. Eine verbesserte Konnektivität zwischen präfrontalen Strukturen und dem limbischen System wurde spezifisch im Rahmen der Borderline-Persönlichkeitsstörung gezeigt (Schmitt et al., 2016; vgl. Grandjean et al., 2023). Kramer et al. (2018) konnten zeigen, dass Veränderungen in Strukturen zu erwarten sind, welche das Selbst und komplexe Aufgaben regulieren. All diese Studien zeigen, wie wichtig das Erreichen emotionaler Balance in der Psychotherapie der Borderline-Persönlichkeitsstörung ist.

Emotionale Balance beinhaltet nicht nur Emotionsregulation, sondern auch die Wahrnehmung der Emotion, die Erfahrung der Emotion und die Transformation der Emotion (Greenberg & Pascual-Leone, 2006). Emotionale Transformation bedeutet, dass Veränderung einer spezifischen Sequenz folgt und so einem Muster entspricht. Bei der Auflösung problematischer Erfahrungen sieht dies folgendermaßen aus: Globaler Distress → Erleben von zentralen Ängsten und Scham → primärer Schmerz und Traurigkeit → assertive Wut (Pascual-Leone, 2018). Berthoud et al. (2017) konnten bei der Borderline-Persönlichkeitsstörung zeigen, dass die – in der psychotherapeutischen Sitzung erfahrene – reduzierte Frequenz von globalem Distress die Reduktion in interpersonalen Problemen erklärte. Dieses Resultat wurde im Rahmen von psychodynamisch-psychiatrischer Therapie beobachtet. Es ist bemerkenswert, dass alle anderen studierten emotionalen Zustände häufiger wurden über die Zeit der Therapie. In zwei Studien (Kramer et al., 2016, 2018) konnte gezeigt werden, dass emotionale Transformation nicht nur bei der Borderline-Persönlichkeitsstörung zu Wirkmechanismen beiträgt, sondern auch im Rahmen der breiteren Symptomatik der Persönlichkeitsstörungen relevant ist (insbesondere für die Reduktion der Symptome der narzisstischen und histrionischen Persönlichkeitsstörungen).

In Enricos Fallbeispiels fördert die Therapeutin den Wirkmechanismus der emotionalen Balance, indem sie Interventionen der DBT nutzt. Als Ziel dieses Teils der Therapie wurde vorgängig vermutlich vereinbart, die intensive Emotionalität des Patienten in eine bessere Balance zu bringen und insbesondere die Frequenz selbstschädigenden Verhaltens auf Null zu reduzieren. Um dieses Ziel verfolgen zu können, ist es nötig, dass der Patient täglich eine Selbstbeobachtungsaufgabe erledigt und die Tagebuchfragen der DBT täglich beantwortet (Linehan, 1993). Dabei geht es um das Berichten von selbstschädigendem (und suizidalem) Verhalten und von den Impulsen, sich in solchem Verhalten zu engagieren. Zudem werden Intensitäten der Emotionszustände täglich abgefragt (Traurigkeit, Angst, Scham und Schuld, Freude). Diese Hausaufgabe hilft der Therapeutin zu Beginn jeder Sitzung die Sitzung zu strukturieren und auf prioritäre Zielverhalten zu achten. In der achten Sitzung mit Enrico lässt sich erkennen, dass der Patient offensichtlich diesen Fragebogen mitgebracht hat (oder der Therapeutin per E-Mail zugesendet hat). Was fehlt, ist, dass die Therapeutin proaktiv die Sitzung nach den Prioritäten strukturiert. Trotzdem fokalisiert sie die Sitzung auf ein hochprioritäres zentrales Verhalten (das selbstschädigende Verhalten am Wochenende). Darüber hinaus hätte die Therapeutin erfragen können, ob der Patient die Agenda der Sitzung um zusätzliche Themen ergänzen möchte.

Eine weitere therapeutische Strategie, um emotionale Balance zu fördern, ist das Einsetzen von Mindfulness. Silvia startete und beendete die Therapiesitzung mit einer einfachen Wahrnehmungsübung. Dies kann mit dem Patienten vereinbart werden und ist vor allem hilfreich, wenn Patienten Schwierigkeiten bei der Wahrnehmung der Emotionen vorweisen. Die Fallkonzeption von Enrico zeigt, dass seine Emotionswahrnehmung besonders in gewissen Situationen eingeschränkt ist, somit ist diese Strategie in den frühen Therapiesitzungen eine hilfreiche Übung für diesen Patienten. Zudem kann eine solche Übung dem Patienten helfen, sich auf die Sitzung zu konzentrieren, vor allem bei Aufmerksamkeitsdefiziten (die hier wahrscheinlich nicht vorliegen). Wahrnehmung von Emotionen im Hier und Jetzt ist eine Grundkompetenz, und somit Voraussetzung für alle weiteren Schritte, die nötig sind, um später eine emotionale Balance herstellen zu können. Es ist deshalb für viele Patienten mit einer Persönlichkeitsstörung sinnvoll, solche Wahrnehmungsübungen früh im Prozess einzuführen. Die Übungen haben oftmals eine diagnostische Funktion und helfen der Therapeutin bei der Einschätzung der effektiven Fähigkeiten des Patienten, sich selbst wahrzunehmen. Je nachdem wie differenziert das Feedback ausfällt, das der Patient nach so einer Übung geben kann, kann die Therapeutin entscheiden, ob die Wahrnehmungsfähigkeit der Emotionen genügend groß ist, oder ob sie gezielt geschult werden sollte. Besteht die Notwendigkeit zur Schulung, ist es absolut sinnvoll, solche Übungen auch als Hausaufgabe zu nutzen, um den Lerneffekt so generalisierend wie möglich auszugestalten. Natürlich ist es ideal, wenn diese Wahrnehmungskompetenzen im Rahmen eines DBT-Programms erlernt werden können oder zumindest der Patient in einer DBT Skillsgruppe teilnehmen kann, so dass nicht alle Therapieaufgaben bei der Psychotherapeutin liegen (bei Enrico wissen wir nicht, ob Gruppentherapie parallel zur Individualtherapie stattfindet).

Nachdem das prioritäre Zielverhalten identifiziert ist, engagiert sich Silvia in einer Kettenanalyse (Koerner, 2012; Linehan, 1993). Aus dem Kontext verstehen wir, dass der Patient solche Kettenanalysen schon gemacht hatte. Der Nutzen der Kettenanalyse im Fördern von emotionaler Balance ist nicht nur, eine bestimmte Situation genau zu verstehen, sondern dem Patienten eine Methode an die Hand zu geben, die er womöglich in vielen weiteren emotional relevanten Situationen generalisierend anwenden kann. Der Patient soll am Schluss der Therapie fähig sein, selbst Kettenanalysen durchzuführen und so viele seiner Probleme eigenständig zu lösen (Sonley & Choi-Kain, 2021).

Kettenanalysen wurden genau im Rahmen der DBT für die Borderline-Persönlichkeitsstörung entwickelt, aber sind von ganz besonderer Relevanz, wenn es darum geht emotionale Balance als Wirkmechanismus zu nutzen (Kramer, Levy, McMain, 2024). Darüber hinaus können sie auch im Rahmen von psychodynamischen Therapien zur Anwendung kommen (Sonley et al., 2021), wenn es darum geht, emotional intensive Momente zu verstehen, die konstituierenden Elemente auseinander zu nehmen und Veränderung proaktiv zu implementieren. Viele dieser Kettenanalysen, wenn nicht sogar alle, fokalisieren auf interpersonal hoch relevante Interaktionssituationen. Somit ist es für alle Psychotherapeuten, die mit Persönlichkeitsstörungen arbeiten, hilfreich, die Technik der Kettenanalyse fundiert zu kennen und neue emotionale Kompetenzen, die eine verbesserte Balance in der Erfahrung fördern können, dem Patienten anbieten zu können.

Der Ablauf der Kettenanalyse ist im Fallbeispiel relativ gut illustriert. Die Therapeutin hält am prioritären Zielverhalten (selbstschädigendes Verhalten) fest und erstellt die determinierenden Faktoren, die zu diesem Verhalten geführt haben. Dabei differenziert sie zwischen auslösendem Ereignis (die interpersonale Situation im Restaurant, wo ein Freund des Patienten es als ‚einfach' abgetan hat, einen Job zu finden, was beim Patienten eine immediate emotionale Reaktion hervorruft) und den Vulnerabilitätsfaktoren. Bezüglich der Vulnerabilitätsfaktoren lässt das Fallbeispiel Anspielungen erkennen, aber man hätte sich mehr Details gewünscht, was denn den Patienten am beschriebenen Tag besonders sensibel auf Kritik reagieren ließ (z. B. Schlafverhalten am Tag/Vortag, Konsum von Alkohol oder Drogen, körperliche Beeinträchtigung, bestimmte Persönlichkeitsstile oder andere potenziell relevante stabile Personenmerkmale). Die Interaktion solcher Elemente mit dem auslösenden Ereignis sollte plausibel zu einer Serie von Mikroereignissen führen, die am Schluss das problematische Verhalten erklären.

Aus der Fallkonzeption mittels der Plananalyse geht hervor, dass Enrico ein geschwächtes Selbstbild hat und auch eine Vorgeschichte mit Alkoholabhängigkeit. Diese Vulnerabilitätsfaktoren interagieren mit der Situation, in welcher Dominik beiläufig erwähnt, es sei ‚einfach', eine neue Stelle zu finden. Die Konstellation löst beim Patienten eine Scham aus, die womöglich nahe bei den zentralen emotionalen Schemata ist (gemäß Greenberg, 2019) und so eine emotionale Vulnerabilität bei Enrico darstellt. Auch wenn der Patient ganz viele Strategien schon implementiert hat, um dieses Gefühl einzudämmen – er konnte sich beispielsweise gut kontrollieren, bis er nachts nach Hause kam –, bleibt dieses zugrundeliegende Gefühl der Scham nicht wahrgenommen und somit bis zu einem gewissen Punkt nicht kontrollierbar. Die Therapeutin lenkt den Fokus auf Details, fördert so eine genaue Wahrnehmung dieses Gefühls in jedem einzelnen Moment und schließt die fehlenden Glieder der Kette. Dabei kann durchaus ein Teil des in der Situation erlebten Gefühls in der Sitzung (re-)aktiviert werden, was eine therapeutische Möglichkeit bietet, sich diesem zu stellen (im Sinne einer Exposition nach verhaltensorientiertem Ansatz), oder die genaue Bedeutungszuschreibung aus dem aktivierten Gefühl zu gewinnen (im Sinne eines Focusing nach emotionsfokussiertem Ansatz). Silvia ist da weder in die eine noch in andere Richtung vertieft weitergegangen (es wäre aber durchaus indiziert gewesen).

Ein wichtiger Aspekt jeder Kettenanalyse ist das Herausarbeiten der immediaten, kurzfristigen und langfristigen Konsequenzen des problematischen Verhaltens (hier das selbstschädigende Verhalten). Im Beispiel waren die immediaten Konsequenzen sehr gut beschrieben (»Denkmaschine auf Null«), jedoch wurden die kurz- und längerfristigen Konsequenzen nur angedeutet (womöglich hat die hohe Änderungsmotivation des Patienten mit diesen Konsequenzen zu tun). Das sollte feiner herausgearbeitet werden. Die immediaten Konsequenzen sind häufig diejenigen, die die Aufrechterhaltung des problematischen Verhaltens erklären (und eine körperlich verankerte Konditionierung möglich macht, so dass der Patient bereits im Restaurant, als er die Scham wahrnahm, sozusagen als Coping-Reaktion versuchte, dieses Gefühl durch Gedanken an eine spätere Selbstverletzung zu beruhigen).

Ein wichtiger Aspekt der Kettenanalyse ist, dass sie gleichzeitig Problemanalyse und Lösungsanalyse darstellt. Silvia hat dies relativ kompetent implementiert und einigermaßen rasch nach bestimmten Lösungen an bestimmten Stellen der Kette gefragt. Dies soll dem Patienten helfen, zu lernen, was er wann genau hätte anders machen können, um emotionale Balance herzustellen. Dies sollte in kollaborativer Art und Weise geschehen und möglichst auf den eigenen Ideen des Patienten aufbauen, welche durch Suggestionen der Psychotherapeutin ergänzt werden können. An dieser Stelle hätte Silvia weniger direktiv auftreten und ihre eigenen Ideen zunächst zurückhalten können, um die Kreativität des Patienten mehr zu nutzen.

Wo die Therapeutin diese Aufgabe der Lösungsanalyse besonders gut erfüllt, ist beim Coaching der Kompetenz der Selbstunterbrechung von Gedankenkreisen. Der Patient wird zuerst eingeladen, zu erklären, was er machen könnte, um die kreisenden negativen Gedanken zu unterbrechen. Die Therapeutin lässt ihn erklären und fragt, wie wirksam die Strategie war, woraufhin der Patient ehrlich zugibt, dass sie nicht wirksam war. Die Therapeutin validiert die Tatsache, dass der Patient das Selbstunterbrechen (in Form der STOP-Kompetenz in der DBT) nutzt und unterstreicht, dass ein Element fehlt. Anhand eines Beispiels ergänzt sie in einem kurzen Moment der Psychoedukation direkt.

So ein Coaching ist in vielen Fällen hilfreich, da es sehr nahe beim Problem des Patienten ist, und die neue Information so von ihm als hochrelevant eingeschätzt wird und direkt genutzt werden kann. Eine elaborierte Erklärung ohne Beispiel hätte wahrscheinlich einen geringeren Impact auf die Generalisierung der Kompetenz des Patienten im Alltag. Die Therapeutin nutzt die Gelegenheit und beauftragt den Patienten, diese spezifische Kompetenz unter der Woche einzuüben. Auch wenn der Patient hiermit einverstanden ist, fragt Silvia korrekterweise nach, ob etwas an der Durchführung dieser Aufgabe hindern könnte. So fokussiert sie auf mögliche Probleme in der Implementierung neuer Kompetenzen. Da diese Probleme häufig und normal sind und nicht alle Patienten gut damit umgehen können, ist die proaktive Herangehensweise sinnvoll. Das antizipierte Problem des möglichen »Vergessens« der Hausaufgabe wird mit dem Setzen einer Erinnerung oder eines Weckers im Smartphone gelöst.

Der letzte Teil der Sitzung beschreibt die antizipierte Krisenintervention in der Situation, wenn der Patient bereits kurz vor der Selbstverletzung steht, allein um 1:00 Uhr morgens, mit all seinen intensiven Gefühlen. Die TIPP-Kompetenzen der DBT (Linehan, 2015) werden diskutiert und der Patient scheint besonders vom Vorschlag der körperlichen Aktivität angetan zu sein. Dies ist zwar eine weitere Lösungsstrategie ist, jedoch stellt sie nur eine Notbremse dar und prioritär sollte der Therapeut in früheren Stadien der Sequenz intervenieren und nach Lösungen suchen. Für Enrico ist es allerdings hilfreich, auch so spät in der Kette noch effektive Strategien zu kennen, die relativ einfach zu implementieren sind (das intensive Treppensteigen kann von diesem Patienten offensichtlich besonders gut angenommen und in seinem Lebensumfeld umgesetzt werden).

Es ist interessant, dass der Patient genau zu dem Zeitpunkt, als die Therapeutin diese Krisenkompetenzen bespricht, zu weinen beginnt. Die Therapeutin gibt Enrico den Raum, den er braucht, um diese Erfahrung zu erleben, aber bleibt bei dem Ausdruck der Emotion und stimuliert relativ wenig Symbolisierung. Auch wenn dieser knappe Umgang mit Emotionsausdruck zu dem späten Zeitpunkt in der Therapiesitzung wohl angebracht war, wäre es hilfreich für den Patienten, etwas mehr Informationen aufgrund seiner affektiven Antwort zu gewinnen. Momente des Weinens sind häufig keine sekundären, die man als Patient oder als Therapeutin durchstehen muss – im Gegenteil, darin werden zentrale Aspekte des Erlebens ausgedrückt. Carryer und Greenberg (2011) konnten zeigen, dass es am hilfreichsten für die Symptomveränderung ist, wenn Patienten ungefähr 25 % der totalen Sitzungszeit in einer optimalen Emotionsaktivierung sind (bei Enrico kann der Moment des Weinens als solcher eingestuft werden). Interessanterweise konnte dieselbe

Studie zeigen, dass negativer Outcome mit unvollendetem Ausdruck von Emotionen in der Sitzung assoziiert, ist: Der Patient, der eine kurze emotionale Aktivierung hat und diese gleich »wegwischt«, oder der Patient, der eine Emotion ausdrückt, welche durch den Therapeuten »unterdrückt« wird, zum Beispiel durch exzessives Normalisieren, durch Themawechseln oder durch Fokussieren auf (externale) interpersonale Aspekte statt auf die Emotion. Diese Aspekte sind besonders zentral in vulnerablen Patientenpräsentationen (wie bei Enrico).

Als Enrico zu weinen beginnt, interveniert Silvia mit Blick auf die vom Patienten geäußerte starke Selbstkritik mit sehr intensiven Emotionen (»Ich hasse mich selbst«). Silvias Intervention hat zum Ziel, die Intensität und Destruktivität dieses Selbsthasses zu klären. Indem sie dies tut, kann es sein, dass der Patient die Erfahrung macht, dass a) er sich selbst durch den Selbsthass zerstört und b) da ein anderer Mensch ist (die Therapeutin), die es nicht zulässt, dass er sich so aktiv hasst. Die Wahrnehmung dieser Elemente durch den Patienten kann dazu geführt haben, dass Enrico zu weinen beginnt. Es ist möglich, dass Enrico zu dem Zeitpunkt eine korrigierende emotionale Erfahrung macht, dass zum ersten Mal in seinem Leben jemand da ist, der ihm hilft, seine Ziele zu verwirklichen, was ihn tieftraurig stimmt. Für diese Interpretation spricht sein affirmatives und optimistisches Statement nach diesem Moment des Weinens, das seine Änderungsmotivation mithilfe von Psychotherapie bekräftigt. Da Silvia diesen Moment aber nicht genau exploriert hat, bleibt unklar, was Enrico genau berührt hat.

Die achte Sitzung endet in einer optimistischen Grundstimmung, zumindest in der Wahrnehmung der Psychotherapeutin. Es ist wichtig, dass dieser Optimismus sich bereits ansatzweise durch die ganze Sitzung durchgezogen hatte, trotz der schwerwiegenden Inhalte. Es kann sein, dass eine spezifische Beziehungsnachricht des Therapeuten an den Patienten, diejenige eines realistischen Optimismus, bei jeder effektiven Psychotherapie mitschwingen muss – implizit als Teil der Beziehungsbotschaft und explizit in homöopathischer Frequenz von gezielten Interventionen.

6 Umgang mit Brüchen in der therapeutischen Allianz

6.1 Fallbeispiel: »Diese Therapie passt mir nicht!«

Silvia kommt in die Praxis. Sie ist spät dran heute. Sie lädt Enrico in den Therapieraum ein und beide setzen sich. »Guten Morgen Herr Gomez. Ich möchte mich bei Ihnen entschuldigen; Sie mussten heute Morgen auf mich warten.«

Enrico schaut Silvia in die Augen und lächelt: »Kein Problem. Sie sind ja auch nur ein Mensch.«

Silvia merkt, dass diese knappe Antwort sie irritiert, ohne zu wissen, weshalb; sie geht aber darüber hinweg und startet die Sitzung mit der nun wöchentlichen Wahrnehmungsübung und dem Aufstellen der Struktur der Sitzung.

Es stellt sich heraus, dass Enrico zwar die Hausaufgaben der vorangehenden Sitzung erledigt hat, allerdings in einer für ihn untypischen nachlässigen Art und Weise: Er hat den Fragebogen ausgefüllt, allerdings den Teil zu den Selbstverletzungen offen gelassen. Dies hat zur Folge, dass Silvia diese Information nachträglich erfragen muss. Dabei stellt sich heraus, dass Enrico zwar mehrmals in der Woche den Drang verspürt hatte, sich selbst zu verletzen, es aber geschafft hatte, sich nichts anzutun. Auch das Inventar derjenigen Kompetenzen, die Enrico in der vergangenen Woche benutzt hatte, fehlt im Fragebogen.

Diese verschiedenen Aspekte nimmt Silvia einzeln auf und versucht zu verstehen, was es ihrem Klienten in dieser Woche besonders schwierig gemacht hat, sich an die Abmachungen der Therapie zu halten. Bislang ist es Enrico nicht schwergefallen, Vereinbarungen einzuhalten. Diese Veränderung in der mittlerweile 10. Sitzung gilt es nun gründlich zu verstehen.

Enrico erklärt: »Ich war diese Woche irgendwie zerstreut. Ich hatte mehr Mühe, mich auf die Therapie zu konzentrieren und Sie haben recht, ich habe die Hausaufgaben nicht genau gleich gut gemacht wie die anderen Male.«

Silvia kommentiert: »Ja, so ist es. Mir fällt insbesondere auf, dass viele Aspekte des Fragebogens nicht vollständig ausgefüllt sind – das kenne ich sonst nicht von Ihnen. Diese Woche, so sagen Sie, waren Sie zerstreut. Meinen Sie, dass Ihre Zerstreutheit etwas mit diesen fehlenden Daten im Fragebogen zu hat?«

Enrico schaut Silvia an und schweigt. »Nein, das glaube ich nicht.«

Pause.

Die Pause fühlt sich für Silvia unangenehm an. Es kommt ihr so vor, als stimme irgendetwas nicht, aber es ist schwierig für sie, dieses Gefühl auf den Punkt zu bringen. Gerade hat sie versucht, ein Verhalten des Klienten auf den Punkt zu bringen, woraufhin Enrico sie auflaufen ließ. Zumindest fühlt es sich für Silvia so

an. Aber was ist los? Nimmt Enrico es ihr übel, dass sie zu spät kam? Silvia wirft Enrico verstohlen einen Blick zu, die Blicke der beiden treffen sich kurz, anschließend sehen beide sofort zu Boden.
Pause.
Silvia hat das Gefühl, dass sie die Kontrolle der Sitzung verliert. »Vielleicht ist das zu spekulativ«, denkt sie, »im Moment sagt ja keiner etwas«, dennoch kommt ihr die aktuelle, fast knisternde, Stille so vor, als liege ein möglicher Machtkampf in der Luft. Silvia entscheidet sich, ihren Eindruck zu teilen.
»Ich weiß nicht, wie es Ihnen geht, aber mir fällt auf, dass wir heute aneinander vorbeireden. Sie sagen etwas und irgendwie schaffe ich es nicht, das Gesagte genau zu verstehen. Wie geht es Ihnen damit?«
Enrico bewegt sich auf dem Sessel und seufzt. Er richtet sich auf und sagt: »Ich weiß nicht so recht. Sie sind ja die Therapeutin und ich bin ja nur da, um Hilfe zu erfragen. Und nun wollen Sie von mir wissen, wie es mir damit geht. Eigentlich sollten Sie das ja wissen, finde ich! Grundsätzlich bin ich mir nicht so sicher, ob mir das alles wirklich etwas bringt. Diese Therapie passt mir nicht!«
Stille.
Silvia schluckt und überlegt. Nach einer kurzen Pause entgegnet sie: »Ich finde es sehr gut, dass Sie dies so klar formulieren. Es scheint für Sie grundsätzlich so zu sein, dass Sie von dieser Therapie etwas anderes erwarten als das, was Sie erhalten. Das finde ich sehr klar und wir sollten das diskutieren. Was an dieser Therapie passt Ihnen nicht?«
Stille.
Ein Telefon gibt einen schrillen Klingelton ab. Silvia erschrickt und merkt an Enricos Bewegungen, dass es sich um sein Telefon handelt. Er fischt sein Smartphone aus der Lederjackentasche und geht ran.
»Ich bin's ja. Ja. Ja und du? Nein, ich kann jetzt grade nicht, bin grade bei… bei der Ärztin. Nein, Mama, du musst keine Angst haben, ich bin nicht krank. Alles gut. Ich ruf dich zurück, Okay. In einer halben Stunde, okay? Ja. Also bis gleich!«
Enrico verstaut das Telefon, das erneut schrill klingelt. Verärgert schaut Enrico Silvia an. »Diesen Anruf nehme ich jetzt nicht ab. Mir reicht's!« Enrico schreit fast, hantiert mit dem Smartphone und schiebt es sicher in die Jackentasche zurück. Sichtlich aufgebracht blickt er wieder zu Silvia und sagt knapp »Tut mir leid«. Dann schweigt er.
Silvia ist sichtlich verwirrt über den Telefonanruf, der unweigerlich die Diskussion über die therapeutische Interaktion kurzgeschlossen hatte. Sie denkt, es bleibt ihr nichts anderes übrig, als ihren früheren Eindruck nochmals mit Enrico zu teilen.
»Wir hatten vor dem Telefonanruf gerade ein wichtiges Thema angesprochen und darauf möchte ich gerne zurückkommen. Vorher aber eine kurze Bitte: Mir wäre es wichtig, wenn wir uns darauf einigen könnten, dass Sie, wenn das möglich ist, während der Sitzung keine Telefongespräche annehmen. Wäre das für Sie in Ordnung?«
»Mhm. Und wenn es dringend ist? Ich meine, manchmal ist es dringend, dann müssen Sie ja auch ans Telefon gehen. Nehme ich jedenfalls an.«
Silvia beißt sich auf die Lippen. Sie bereut es gleich, dass sie das Telefonthema eröffnet hat, in der Mitte der Diskussion zu der therapeutischen Interaktion und

deren Nutzen für den Klienten. Das Thema bezüglich des Nutzens der Therapie sollte natürlich vorgehen. Die Telefonregelungen können warten.

»Sie haben recht, es gibt Situationen, die sind dringend, für Sie und für mich, aber im Allgemeinen sollten wir wohl versuchen beim Thema der Therapie zu bleiben und nicht von Telefonaten abgelenkt zu werden. Stimmt das für Sie so?« Silvia ist beinahe stolz auf ihre elegante Formulierung.

»Ist okay für mich. Aber was ist denn eigentlich das Thema heute? Jetzt sitze ich schon 20 Minuten da, und ich weiß gar nicht, was ich heute hier mache.«

Silvia verspürt ein Stechen in der Brust. Die unterschwellige Kritik von Enrico fühlt sich an, wie von langsamen Flammen hingerichtet zu werden. »Vielleicht ein zu starkes Bild«, denkt Silvia, aber so fühlt es sich momentan einfach an.

»Es ist uns beiden aufgefallen, dass das Zusammenarbeiten heute schwierig für uns beide ist. Wir haben es jeweils mit unterschiedlichen Worten ausgedrückt, aber mir scheint, da sind wir uns einig.«

»Wir sind uns einig, nicht einig zu sein. Das hört sich wie ein unmöglicher Friedensvertrag im 20. Jahrhundert an« wirft Enrico ein, nicht ohne Ironie in der Stimme. Sein Smartphone fällt auf den Teppich. Enrico lässt es liegen.

Silvia verspürt wieder den Schmerz, der in diesem Moment ein grundsätzliches Missverstehen und eine unmissverständliche Distanz mit Enrico repräsentiert. Sie würde am liebsten laut aufseufzen, was sie natürlich unterlässt.

»Friedensverträge und Kriegsbeile beiseite. Tatsache ist, dass wir zwei heute Schwierigkeiten miteinander haben, und ich frage mich, ob Ihnen das auch auffällt.«

Enrico seufzt und meint: »Ja, schon. Irgendwie habe ich das Gefühl, dass Sie damit sagen wollen, ich sei schuld daran und ich sollte mich mehr anstrengen, oder so etwas.«

Silvia überlegt und kommentiert: »Das ist wichtig, was Sie jetzt sagen. Sie sagen nämlich, dass Sie die Unstimmigkeiten zwischen uns beiden ebenfalls wahrnehmen. Sie sagen auch, dass Sie bereits Ideen haben, woher diese Unstimmigkeiten rühren könnten. Sie sagen, dass Sie annehmen, dass ich Sie für diese Unstimmigkeiten verantwortlich machen würde. Ich finde das interessant, dass Sie dies annehmen und ausdrücken. Ich habe dies ja nicht gesagt und nicht im Geringsten über Sie gedacht. Für mich wäre es wichtig festzuhalten, um was es denn hier wirklich geht. Möchten Sie das reflektieren?«

Enrico denkt kurz nach, dann nickt er und bekennt: »Ja, gerne, ich finde das schon auch wichtig.« Er bückt sich und packt das Telefon in seine Lederjackentasche.

»Schön! Das bedeutet, dass Sie diese Unstimmigkeiten wichtig finden. Um was geht es denn Ihrer Meinung nach? Es wäre schön, wenn Sie beginnen. Ich werde im Anschluss natürlich auch meine Sicht ergänzen.«

Enrico denkt nach und antwortet: »Ja, das kann ich gerne machen. Ich denke, dass wir uns hier nicht verstehen, weil wir noch nicht auf den Grund der Dinge vorgedrungen sind. Im Moment scheint alles ziemlich oberflächlich. Die Übungen, die wir machen, sind zwar nützlich, ich erreiche meine Ziele, verletze mich weniger und habe auch viel weniger Suizidgedanken, obwohl es erst so wenig Sitzungen waren. Das ist irgendwie beeindruckend. Aber irgendwie finde ich die Therapie, wie soll ich sagen, mhm, einfach langweilig und ein bisschen mühsam. Für mich fehlt irgendwie etwas. Ich war ja vorher noch nie in Therapie und irgendwie stelle ich mir vor, dass Sie viel mehr einbringen müssten. Immer muss ich alles erzählen und ich habe das Gefühl, dass Sie irgendwie nicht auf mich eingehen.« Pause. »Es fällt mir noch schwer, das genau auf den Punkt zu bringen.« Enrico scheint angespannt zu sein und schaut Silvia mit etwas Angst in die Augen, während er diese Aspekte beschreibt.

Silvia entgegnet in beruhigendem Ton: »Ich finde, Sie machen das super. Was Sie gerade gesagt haben, ist sehr klar und leuchtet mir ein. Sie sagen ganz klar, dass die Therapie zwar wirke, was Ihnen aber fehle, ist mehr Zuwendung von mir. Ich frage mich, ob Sie manchmal sogar das Gefühl haben, alles allein stemmen zu müssen und dass ich gar nichts für Sie mache?«

»Genau so ist es. Sie bringen es auf den Punkt!«

Silvia hakt nach: »Okay, dann würde mich besonders interessieren, ob es Ihnen jetzt im Moment auch gerade so geht. Gehen Sie mal in sich, ob das stimmt oder nicht.«

Enrico ist etwas überrascht und überlegt kurz: »Jetzt gerade ist es nicht so. Ich habe gerade das Gefühl, dass Sie mich ernst nehmen und dass ich nur etwas andeuten muss, und Sie begreifen es. Also im Moment fühle ich mich sehr gut aufgehoben, aber...«

Silvia unterbricht und hakt nach: »Tut mir leid wegen der Unterbrechung, aber ich finde das gerade außerordentlich wichtig. Sie fühlen sich bei mir, oder möglicherweise auch bei jemand anderem, der für Sie in irgendeiner Form wichtig ist, aufgehoben, wenn diese andere Person ihnen sozusagen die Gedanken korrekt von den Lippen abliest. Ist das so?«

»Ja, so kann man das sagen.«

»Ok, dann halten wir das mal so fest. Sie wollten aber noch was anderes ergänzen.«

»Ja, ich wollte sagen, gerade vorhin, vor etwa zehn Minuten, als wir besprochen hatten, was mir in der Therapie fehlt, fand ich Sie, wie soll ich sagen? Ich fand Sie irgendwie kalt.«

Silvia hält fest: »Als wir unsere Unstimmigkeiten angesprochen haben, fanden Sie mich kalt, aber jetzt nicht mehr. Mhm. Können Sie das noch ein bisschen mehr beschreiben? Wie ist denn kalt für Sie?«

Enrico wendet sich ab und blickt auf den Teppich: »Ich wollte jetzt nicht sagen, dass Sie eine kalte Person sind. Wirklich nicht. Aber manchmal habe ich eben das Gefühl...«

»Bleiben Sie beim Beschreiben. Können Sie mir sagen, was genau Sie bei mir als »kalt« wahrgenommen haben, als wir unsere Unstimmigkeiten diskutiert haben?«

Enrico zögert und sagt: »Ihre Stimme. Irgendwie kam Ihre Stimme bei mir so an, als sei es Ihnen egal, ob wir uns verstehen oder nicht... Und das...ich weiß nicht, Sie sind ja Psychotherapeutin und ich bezahle Sie dafür, dass Sie nett zu mir sind. Ich habe neulich mit einem Kumpel etwas überlegt, das Ihnen nicht gefallen wird.«

Silvia zeigt sich interessiert: »Was meinen Sie? Das ist bestimmt wichtig.«

Enrico zögert lange und sagt: »Ich hatte den schrägen Gedankengang, ich könnte Ihnen ein bisschen mehr Honorar bezahlen, damit Sie ein bisschen netter zu mir sind, und wenn ich zum Beispiel die Hausaufgaben mal nicht gemacht habe, mir nicht alle diese mühseligen Fragen stellen. Schräge Idee, ich weiß, aber irgendwie gar nicht abwegig. Wäre das sinnvoll?«

Silvia ist überrascht. Diese offene Frage, so ehrlich formuliert, hat ihr in all den Jahren als praktizierende Psychotherapeutin noch kein Klient gestellt. Ihre Rolle als Therapeutin und ihre ethischen Standards als Mensch verbieten ihr eine derartige Verhandlung natürlich, auch wenn sie Enricos Überlegungen nachvollziehen kann. Sie entgegnet: »Jetzt überraschen Sie mich aber voll und ganz, Herr Gomez.« Und fügt schmunzelnd hinzu: »Ich muss zugeben, ich kann Ihren Gedankengang nachvollziehen. Denken wir es mal durch und nehmen an, ich würde das machen. Das würde ja bedeuten, dass meine Aktivität einzig und allein vom Geld bestimmt wäre. Dies hätte zur Folge, dass ich Ihnen möglicherweise hilfreiche Interventionen verweigern und nur diejenigen Interventionen anbieten würde, die Ihnen unmittelbar ein gutes Gefühl geben, auch wenn diese langfristig keinen oder sogar einen negativen Effekt hätten. Ich würde Ihnen sozusagen pro Rata Ihres Geldeinsatzes eine »Feel-Good-Therapie« anbieten, auch wenn ich wüsste, dass dies langfristig mit Schäden für Sie verbunden wäre. Mhm.«

Enrico lacht laut und befreit, als er dieser Überzeichnung seiner Idee zuhört. Silvia lächelt und fährt fort: »Dann stellt sich eine interessante Frage: Unabhängig von meiner Position, wollen Sie eine »Feel-Good-Therapie« oder wollen Sie Ihr reales Leben unter Kontrolle kriegen?«

Enrico lacht wiederum befreit auf und sagt: »Sie bringen es auf den Punkt. Natürlich will ich mein Leben verändern. Es ist einfach verdammt hart, das zu tun. Aber irgendwie fühle ich mich jetzt ein bisschen näher bei Ihnen und Sie erscheinen nicht mehr so kalt wie am Anfang der Sitzung heute!«

Silvia gesteht ein: »Ja, Herr Gomez. Ich bin zu spät gekommen und habe somit wohl zu dem Unbehagen zwischen uns beigetragen. Ich glaube, dass ich Ihnen besonders gute und hilfreiche Minuten Therapie anbieten wollte, nachdem ich zu spät gekommen bin. Ich habe mich folglich vermutlich unter Druck gesetzt und so aktiv, und ohne das zu wollen, unsere Unstimmigkeiten negativ beeinflusst.«

Enrico: »Ich finde es irgendwie cool, dass Sie, nachdem sie jahrelang Psychotherapie studiert haben, mit all Ihren Diplomen, die Sie hier aufhängen, einen Fehler eingestehen. Ich finde das...« Enrico stockt, seine Stimme überschlägt sich, er schweigt, die Lippen aufeinandergepresst und auf den Boden blickend.

Silvia beobachtet aufmerksam, was passiert und kommentiert sachte: »Ja, bleiben Sie dabei, das ist wichtig«. Enricos Augen werden feucht und es ist ihm unmöglich weiterzusprechen. »Bleiben Sie dabei, da ist etwas ganz Wichtiges passiert gerade«, äußert Silvia sachte.

Stille.

Während sie Enrico im Ausdruck seiner Traurigkeit unterstützt, verspürt Silvia, wie ihre eigenen Augen feucht werden. Ihre eigene Stimme versagt für zwei Sekunden, Silvia schluckt und atmet tief ein.

»Bleiben Sie bei den Tränen. Was bedeuten Ihre Tränen jetzt im Moment?«

Enrico versucht es und meint: »... Sie erlauben es mir, dass ich auch Fehler machen darf und eingestehen darf. Ich merke, das löst ganz viel aus in mir. Das bedeutet, dass ich so wie ich bin in Ordnung bin und dass ich nichts Spezielles leisten muss. Und es heißt auch, dass ich verzeihen kann, wenn Sie oder jemand anderes einen Fehler macht. All das ist schwierig für mich, da ich das in meiner Familie in der Form nie zulassen durfte.«

Silvia unterstreicht: »Ich finde das ganz wichtig und wir kommen auf das Thema wohl wieder zurück. Aber wir hatten heute Unstimmigkeiten, Missverständnisse zwischen uns, die dazu geführt haben, dass Sie mich als kalt und wenig zugewandt erfahren haben, insbesondere in der Art und Weise, wie ich mit Ihnen gesprochen habe. Ich habe selbst gesagt, dass ich mich durch mein Zuspätkommen wohl unter Druck gesetzt und so zum Missstand beigetragen habe. In unserer Diskussion sind wir darauf gekommen, dass Sie sich selbst ebenfalls unter Druck setzen. Die Tatsachen, Fehler zuzugeben und wahrzunehmen, ebenso wie dass die Zuwendung der Psychotherapeutin nicht käuflich ist, sondern einfach da ist, sind wichtig. Es stimmt Sie traurig, dass Sie diese Erfahrungen in Ihrer Familie noch nie so machen durften, aber Sie merken heute, sie sind essenziell für Sie. Und ich möchte noch eines ergänzen: Meine Zuneigung Ihnen gegenüber im Rahmen der Therapie ist immer gleich, sie hat nichts mit meiner Rolle oder meinem Honorar zu tun. Als ich Ihre Trauer gespürt habe, sind mir selbst fast Tränen gekommen, vermutlich, weil mir Ihre Situation wichtig ist – weil mir Ihr langfristiges Wohlbefinden wichtig ist.«

Lange Stille. Nur leises Weinen ist wahrzunehmen.

Enrico schaut Silvia an: »Ich habe das Gefühl, heute viel gelernt zu haben. Danke Ihnen für Ihre Ehrlichkeit.«

Die Sitzung neigt sich dem Ende zu. Silvia fühlt sich erfrischt und voller Energie, als sie sich von Enrico verabschiedet. Sie zieht die Tür zu und bleibt einen Moment allein stehen. Silvia kostet den Nachgeschmack der Frische, die diese Sitzung bei ihr hinterlassen hat. Wie eine frische Brise, die über einen Bergsee bläst, nicht zu kalt, nicht zu warm, sondern genau richtig und aufweckend.

6.2 Besprechung: Beziehungskrisen konstruktiv nutzen

Beziehungskrisen und Allianzbrüche sind häufige klinische Situationen in der Praxis von Persönlichkeitsstörungen. Auch wenn sie für Psychotherapeuten häufig eine Herausforderung darstellen, bieten sie einige Chancen. Von Vorteil ist beispielsweise, dass die Aufmerksamkeit des Therapeuten und des Patienten schnell auf den gleichen Tatbestand gerichtet sind und dass der Patient bereits in relevanten Inhalten aktiviert ist. Nützlich ist darüber hinaus, dass sich dem Therapeuten zum Zeitpunkt der Krise direkt eine Gelegenheit offeriert, eine Antwort auf den Ausdruck des Patienten zu formulieren und diesem so womöglich eine korrigierende Beziehungserfahrung ermöglicht. Gleichzeitig ist es häufig so, dass bei solchen Beziehungskrisen und Allianzabbrüchen beide, der Therapeut und der Patient, einen Beitrag zu der Situation geleistet haben, und beide somit aktiv involviert sein können, um die Krise aufzulösen und sie besser zu verstehen. Schließlich sind solche Krisen eine Gelegenheit, zentrale Inhalte des Patienten genau zu verstehen, was in der Konsequenz nicht selten neue Möglichkeiten der Klärung eröffnet.

Die Psychotherapieforschung zeigt, dass eine positive therapeutische Allianz im Allgemeinen mit dem Resultat der Psychotherapie zusammenhängt, was ebenfalls für Patienten mit einer Persönlichkeitsstörung zutrifft (Flückiger et al., 2018). Auch wenn die Korrelation mittelgroß (r = .27) ist, kann man beobachten, dass die Varianz dieser Korrelation für Therapiestudien bei der Borderline-Persönlichkeitsstörung stark variiert. Das bedeutet, dass in einigen Studien die Kooperation mit den Symptomveränderung eng verbunden ist, und in anderen Studien gar kein Zusammenhang zwischen Kooperation und Symptomveränderung existiert. Gründe für diese Inkonsistenzen können die hohe Moment-für-Moment Fluktuation der therapeutischen Allianz sowie generell die therapeutische Kooperation dieser Patienten sein. An der Stelle stellt sich die grundsätzliche Frage, was ein allgemeiner Score, der einmal pro Monat oder einmal pro Woche erhoben wird, wirklich repräsentiert. Stellt er bei dieser Population von Patienten wirklich einen Wert dar, der valide die therapeutische Allianz abbildet? Allgemein sind die Sitzung-für-Sitzung Fluktuationen bei den Persönlichkeitsstörungen hoch (Hirsh et al., 2012; Kramer et al., 2014), so wie auch die Fluktuationen. Gerade diese sehr kurzfristigen und manchmal mikroskopisch kleinen Veränderungen, sind klinisch hochrelevant und sollten mehr studiert werden. Zum Beispiel ist es möglich, die therapeutische Kooperation als mentale Zustände zu betrachten, die von einem Moment zum nächsten Änderungen vorweisen (Levy et al., 2010). Es ist auch möglich, die therapeutische Allianz im Rahmen von potenziellen therapeutischen Brüchen zu untersuchen und so die Details genauer zu beschreiben (Boritz et al., 2018; Cash et al., 2018; Nadel et al., submittiert). Insbesondere werden die sogenannten Konfrontations- und Vermeidungsbrüche unterschieden, wobei die letzteren bei der Borderline-Persönlichkeitsstörung häufiger vorkommen, aber auch schwieriger zu erkennen und behandeln sind. Schließlich kann man die Responsivität (»Responsiveness«) des Therapeuten beobachten und genauer charakterisieren (Culina et al., 2023; Kramer, 2021). Gemeint ist hier die dynamische Feinabstimmung des Therapeuten auf den Patienten. All diese Aspekte können zu den globalen Werten der therapeutischen Allianz beitragen und vor allem das klinische Verständnis verbessern.

In diesem Sinne lässt sich festhalten, dass Brüche in der therapeutischen Kooperation bei Patienten mit Persönlichkeitsstörungen häufig vorkommen und optimale Gelegenheiten darstellen, interpersonale Annahmen mit den Patienten zu diskutieren und bestenfalls zu hinterfragen, und die aktuelle Interaktion vor dem Hintergrund biografischer Lernerfahrungen zu verstehen. Die Brüche in der therapeutischen Allianz zu reparieren ist Teil jeder guten Psychotherapie. In einer Metaanalyse wurde die Präsenz einer Persönlichkeitsstörung als Moderatorvariable in der Auflösung von Therapieallianzabbrüchen oder -krisen für die Erklärung von Symptomveränderung analysiert (Eubanks et al., 2018): Bei Patienten mit einer Persönlichkeitsstörung scheint der Zusammenhang zwischen Auflösung der Krise und Symptomveränderung nicht so stark zu sein, wie bei Patienten mit anderen psychischen Störungen (wo ein signifikanter Effekt nachgewiesen wurde). Was bedeutet dies? Es kann sein, dass es für Patienten mit Persönlichkeitsstörungen als Störungen der Beziehung zwar für das Fortfahren des Prozesses der Psychotherapie wichtig sein kann, Brüche zu beheben und zu besprechen – im Sinne einer Auflösung der Krise. Während diese therapeutische Intervention zentral für den direkt darauffolgenden Prozess ist, ist sie für die eigentliche therapeutische Veränderung, die zeitlich viel später, nämlich ganz am Ende der Therapie, gemessen wird, nicht direkt relevant. Da die therapeutische Allianz so zentral ist für den Therapieprozess, ist es doch hochrelevant, diese Situationen der Allianzbrüche in der einen oder anderen Form im Prozess aufzugreifen.

Der Zusammenhang zwischen der Bearbeitung von Kooperationsbrüchen und der Symptomveränderung scheint bei Persönlichkeitsstörungen komplexer zu sein als gedacht und es ist ratsam, das eigentliche Verhalten der Patienten genau zu beobachten und zu verstehen zu versuchen. Zum Beispiel konnte gezeigt werden, dass bei Patienten, die Feindseligkeit in der Erstsitzung ausdrücken, der weitere Prozess der Psychotherapie hiervon beeinflusst wird (Anderson et al., 2012). Culina et al. (2023) fanden für die Behandlungen von Patienten mit einer Borderline-Persönlichkeitsstörung heraus, dass die allgemeine Responsivität in der Erstsitzung als Antwort auf den Ausdruck von Emotionen beim Patienten den weiteren Therapieverlauf beeinflusst bei (Caspar, 2019; Kramer, 2021). Wenn es darum geht, die Responsivität als Beziehungsvariable des Therapeuten genau zu untersuchen, muss erwähnt werden, dass diese vom eigentlichen individuellen Verhalten des Patienten in der Situation abhängig ist. Es sollte folglich von einer »individualisierten« Responsivität (Kramer, 2021) gesprochen werden. Das bedeutet, dass der Therapeut aufgrund einer Fallkonzeption individuell und situationsbezogen entscheiden muss, zu welchem emotionalen Ausdruck er sich responsiv verhält (und zu welchen Patientenverhalten nicht). Hier kann eine Fallkonzeption helfen.

Eine individuelle Herangehensweise an Beziehungskrisen und wie diese konstruktiv in der Therapie genutzt werden können, soll im Folgenden vorgestellt werden.

Es ist interessant zu beobachten, dass in der 10. Sitzung von Enricos Psychotherapie offensichtlich weiterhin nach dem DBT-Modell gearbeitet wird und als funktionale Domäne die emotionale Dysregulation bearbeitet wird. Auch wenn diese Sitzung im Rahmen des expliziten Wirkmechanismus »Fördern der emotionalen Balance« stattfindet, ist nun doch diese aktuelle Beziehungskrise prioritär, da sie mit dem eigentlichen Therapiefokus interferiert. Wenn die Therapeutin diese Krise nicht besprechen würde und einfach ein stur nach Manual vorgehen würde, hätte dies womöglich einen Therapieabbruch zur Folge oder würde zumindest eine noch größere Beziehungskrise nach sich ziehen. Stattdessen schafft es die Therapeutin in dieser Sitzung, eine weitere Beziehungskrise elegant abzuwenden. Somit ist ein erster Entscheidungsmoment das Wechseln des zu bearbeitenden Wirkfaktors. Hier geht es nun nicht mehr direkt um die Erarbeitung einer emotionalen Balance, sondern um das therapeutische Nutzen einer Beziehungskrise.

Die Sitzung startet mit dem Zuspätkommen der Psychotherapeutin und ihrer Entschuldigung diesbezüglich. Der Patient entschuldigt sie explizit, indem er sagt: »Sie sind auch nur ein Mensch.« Die Absicht hinter diesem Satz ist unklar, was möglicherweise auch die Irritation seitens der Therapeutin erklärt. Sylvia möchte ihre Arbeit – wie sie später selbst unterstreicht – besonders gut machen. Dies legt nahe, dass sie die implizite Idee von sich selbst hat über der Norm eines »normalen« Menschen zu stehen. Es ist daher gut möglich, dass sie über das Wörtchen »nur«

stolpert oder Enricos leichtfertige Erklärung insgesamt zu salopp für sie ist – eine leichte Kränkung ist aus dieser Perspektive durchaus nachvollziehbar.

Direkt zu Beginn stellt sich heraus, dass Enrico die Hausaufgaben nicht vollumfänglich erledigt hat. Auf Nachfrage erklärt er dies mit einem Infragestellen der generellen Sinnhaftigkeit der Therapie. Es ist gut möglich, dass die Therapeutin aufgrund ihres Zuspätkommens generell etwas sensibler auf Kritik reagiert (zumal sie sich dies ja offenbar selbst vorwirft) und die Kritik formuliert durch den Patienten einen weiterer Entscheidungsmoment der Therapie darstellt. Silvia entscheidet sich, zu explorieren, um inhaltlich das mangelnde Ausfüllen des Fragebogens zu verstehen. Als sie versucht, eine Hypothese zu formulieren (im Zusammenhang mit der Zerstreutheit), blockiert der Patient ab (»Nein«) und lässt die Therapeutin ihrer Wahrnehmung nach »auflaufen«. Es kann sein, dass diese Intervention, die ja nicht die therapeutische Beziehung anspricht, sondern eine Hausaufgabe (d. h. etwas Inhaltliches), für den Patienten nicht stimmig war und es nötig gewesen wäre, an dieser Stelle mit der therapeutischen Intervention bereits auf die Beziehungsebene zu wechseln (Sachse & Breil, 2018). Um konsistent mit den Prinzipien der motivorientierten Beziehungsgestaltung zu bleiben, hätte Silvia in dieser Situation auf die zugrundeliegenden (akzeptablen) Motive fokussieren können, um die aktivierten Pläne des Patienten genau zu verstehen und entsprechend intervenieren zu können. Es wird nicht ganz klar, welche Pläne hinter dem Verhalten »Insistiert, dass die Hypothese der Therapeutin falsch ist« stehen. Es könnte sein, dass dies mit einem der Pläne »Weise Interpretationen zurück«, »Zeig, dass du eigene Ideen hast«, »Verteidige deine Ideen«, oder »Bleib autonom/selbstbestimmend« interferiert. Konsistent mit dem letzten Plan sollte sich die Therapeutin explizit daran erinnern, dass es wichtig ist, dass der Patient selbst mögliche Erklärungen prüft und um auf diese Weise die für ihn stimmige auszuwählen und weiterzukommen. So eine Intervention würde komplementär zu seinem Motiv nach Selbstbestimmtheit funktionieren und Enrico den Raum geben, gewisse bearbeitete Inhalte – wenn nötig – zurückzuweisen.

Schließlich entscheidet sich die Therapeutin, inmitten der »knisternden« Stille, die problematische Interaktion anzusprechen. Es ist fraglich, ob der Zeitpunkt wirklich optimal ist, da der Patient nicht per se in einem Therapieabbruch ist, sondern eher in einem Moment der Stille oder des Reflektierens. Der ausgewählte Moment scheint eher mit der emotionalen Innenwelt der Therapeutin zu tun zu haben. Auch wenn es grundsätzlich sinnvoll ist, ein solches Unwohlsein, wie Silvia es bei sich wahrnimmt, direkt anzusprechen, ist es suboptimal dies inmitten der Stille des Patienten zu tun.

Um zu vermeiden, dass die Intervention als losgelöst von der Erfahrung des Patienten erfolgt, wäre es sinnvoll, sie direkt an einer Interaktion festzumachen, die gerade passiert ist. Die Formulierung der Therapeutin wirkt euphemistisch im Vergleich zu den intensiven Emotionen, die sie aktuell zu durchleben scheint (es ist von »Kontrolle verlieren« die Rede). In dieser problematischen Interaktion geht es nicht nur um ein »aneinander vorbei Reden«, wie Silvia dies beschreibt, sondern um eine grundsätzlich unterschiedliche Wahrnehmung. Diese gilt es zu erkennen, zu explizieren, aufzuarbeiten und zu revidieren.

Auch wenn die Therapeutin dies vorerst nicht tut, sondern scheinbar eher spontan interveniert, kommt der Patient schließlich doch auf das Essenzielle zu sprechen: seine Zweifel an der Wirksamkeit der Therapie bzw. seine Gefühle, dass aktuell etwas »fehle«. . Die Therapeutin nimmt diese Kritik als Kritik wahr (vgl. Sachse & Breil, 2018) und konnotiert deren Ausdruck erst mal positiv (»Ich finde es gut, dass Sie dies so klar formulieren«). Dies hilft beiden Interagierenden, eine empathische und sichere interpersonale Basis zu schaffen. Sie legen dadurch inhaltlich fest, worauf sich beide einigen können, was es ermöglicht, weitere Aspekte zu explorieren.

Als das Telefon des Patienten klingelt – wohl im ungeeignetsten Augenblick –, fokussiert die Therapeutin auf das Verhalten des Patienten, auch wenn die Beziehungskrise zu diesem Zeitpunkt noch nicht bewältigt ist. Silvia merkt, dass dieser wechselnde Fokus den Patienten überfordert und sie gut beraten wäre, bei der eigentlichen Beziehungskrise zu bleiben. Die Beziehungskrise geht tiefer als der mangelnde Respekt hinsichtlich der aktuellen Interaktion durch das Annehmen des Telefonats und sollte somit prioritär fertig bearbeitet werden. Es ist durchaus möglich, dass beide Interaktionsverhalten miteinander verbunden sind und trotzdem ist es bei diesem Patienten empfehlenswert, zunächst bei der grundsätzlichen Beziehungskrise zu bleiben und nicht den Fokus zu ändern. Der wechselnde Fokus kann durch den Patienten als invalidierend wahrgenommen werden und seine Wahrnehmung einer »kalten«, vielleicht dominanten, Psychotherapeutin bestärken. Gerade inmitten einer Beziehungskrise ist es wichtig, vorsichtig, feinfühlig und individuell responsiv vorzugehen, da beide Interaktionspartner häufig dazu neigen, ihre Wahrnehmungen durch die kognitive Verzerrung des Bestätigungsfehlers (»confirmation bias«) zu untermauern. Das bedeutet, dass nur wahrgenommen wird, was mit der akut aktivierten Grundannahme übereinstimmt, wogegen Inkonsistenzen eine höhere Aufnahmeschwelle haben.

Trotz der impliziten Intensivierung der Beziehungskrise bleiben in der aktuellen Situation beide Interaktionspartner einander zugewandt und geben sich gegenseitig die Chance, die Beziehungskrise aufzulösen. Enrico hört aus Silvias Nachfrage hinsichtlich der aktuellen gemeinsamen Beziehungskrise einen Schuldvorwurf heraus. Er aktiviert seine interpersonalen Muster, was seine Wahrnehmung der Realität beeinflusst und sich in seiner Äußerung der Therapeutin gegenüber niederschlägt – er macht so gesehen alles richtig. An der Stelle ist die Intervention der Therapeutin besonders motivorientiert. Sie konnotiert die Aussage des Patienten wieder positiv und reflektiert seine Annahme. Sie stellt klar, dass sie dies keinesfalls über den Patienten gedacht habe und eröffnet die Möglichkeit der gemeinsamen Klärung. Diese Einladung wirkt auf den Patienten offensichtlich entwaffnend und er erwidert, nach kurzem Überlegen, dass er es ebenfalls verstehen möchte. Beide Interaktionspartner arbeiten nun wieder zusammen und definieren einen gemeinsamen Arbeitsfokus. Man kann sagen, dass dies eine Teilauflösung der Beziehungskrise darstellt.

Es ist nur eine Teilauflösung, denn der Patient taucht in der Folge in seine Motivklärung ein, elaboriert die Kritik und versucht sein Unbehagen auf den Punkt zu bringen (und arbeitet somit vollends in Richtung Auflösung). Enrico äußert, dass er die Therapeutin manchmal, zum Beispiel zu Beginn der aktuellen Sitzung, als

»kalt« und zu wenig zugewandt erlebe. Die Therapeutin bleibt dabei explizit zugewandt, validiert die Wahrnehmungen des Patienten explizit in sehr schöner Weise. Dies führt dazu, dass der Patient sich sicher fühlt, seinen Gedankengang zum Thema höheres Honorar für mehr Zuneigung und Wärme offenzulegen. Enrico markiert seine Überlegung von Anfang an bereits als »schrägen« Gedankengang. Trotzdem spinnt die Therapeutin, nicht ohne Humor, den Gedankengang mit ihm weiter und validiert so seine Perspektive implizit. Diese Verspieltheit auf beiden Seiten soll zu einer kompletten Resolution der Beziehungskrise und zu einer vertieften Verbindung zwischen den beiden Interaktionspartner führen.

Die Therapeutin führt den »schrägen« Gedankengang, ohne Wertung ad absurdum, indem sie den Patienten vor die Wahl stellt, ob er Feel-good-Therapie oder grundsätzliche Veränderung im Leben möchte. Sehr behutsam nutzt die Silvia hier die Veränderungen der Kooperation innerhalb der Sitzungen, um die Wahrnehmung des Patienten zu schulen. »Wie kalt erscheine ich jetzt gerade?«, »Ist das anders als vor 10 Minuten?«, »Können Sie das ›kalt‹, das Sie bei mir wahrnehmen, genau beschreiben?« sind an dieser Stelle sinnvolle Interventionen, die von der Therapeutin erfolgreich genutzt werden. Diese Therapeutin weiß, dass die Wahrnehmung der eigenen Reaktionen im aktuellen Moment den Prozess verlangsamt und eine internale Perspektive beim Patienten im Hier und Jetzt fördert. Auch wenn eine der Fragen darauf ausgerichtet ist, die »Kälte« der Therapeutin zu beschreiben, bleibt der Patient doch bei seiner Wahrnehmung und distanziert sich von der interpersonal-externalen Perspektive (»Sie sollten es doch wissen, Sie sind die Therapeutin«, oder ähnlich).

Als der Patient die Wahrnehmungsübung durchführt, nutzt die Therapeutin den Moment, um eine persönliche Offenbarung bezüglich ihrer eigenen Gefühle und vermeintlichen Fehler im Laufe der Sitzung, zu machen. Die Themen des Fehlereingestehens und der gegenseitigen Akzeptanz als Menschen sind zentral für diesen Patienten. Aus der Fallkonzeption geht hervor, dass Enrico mit verschiedenen Mitteln versucht, seine negativen Gefühle, insbesondere Scham und Schuld, zu vermeiden und auch verhindern will, schwach dazustehen, da dies nicht seinem Selbstbild entspricht. Dies zeigt sich auch in der Aktivierung der Kritik an der Therapeutin, wenn er anfänglich äußert, dass die Therapeutin ja alles besser wissen sollte. Zu dem Zeitpunkt, als der Patient beginnt, eine internale Perspektive einzunehmen, zeigt sich diese imaginiert dominante und als kalt wahrgenommene Psychotherapeutin als verletzbar und fehlbar. Somit modelliert sie in eleganter Weise, was der Patient noch nie zuvor erlebt hat: Es ist okay, einen Fehler zu machen, da man ihn eingestehen und sich versöhnen kann. Dies berührt den Enrico so stark, dass er weinen muss, und ihm die Stimme versagt. Es kann sein, dass sich hier, als Teil der kompletten Auflösung des therapeutischen Allianzbruchs, eine korrigierende emotionale Erfahrung beim Patienten einstellt. Seine Kommentare dazu sind explizit und deuten auf so einen korrigierenden Prozess hin.

Am Beispiel der 10. Sitzung wurde die Bearbeitung und die Schritt-für-Schritt Auflösung einer Beziehungskrise illustriert. Beziehungskrisen sind momentanes Rückzugs- oder Angriffsverhalten von Patienten in der therapeutischen Beziehung. Wenn solche Situationen auftauchen, kann man prägnant sagen, dass der Patient an dieser Stelle »alles richtig macht«, und somit die Erfahrung des Patienten durch den

Therapeuten absolut validiert werden kann (ohne dass der Therapeut inhaltlich mit der Kritik des Patienten einverstanden sein muss). Die Auflösung der Beziehungskrise ist nicht immer einfach und erfolgt meistens in mehreren Schritten. Dabei ist häufig ein zentraler Meilenstein im Prozess die Internalisierung der Perspektive. Diese kann der Therapeut proaktiv mit wiederholten Wahrnehmungsübungen zum Hier und Jetzt stimulieren. Die Körperwahrnehmung zu trainieren, zusammen mit Atemübungen und einer Schulung der Wahrnehmung von Emotionen kann auch Teil dieser Intervention sein.

Was im zweiten Teil der Sitzung mit Enrico besonders schön aufgezeigt wurde, ist die responsive, augenblicklich leicht humorvolle Haltung der Psychotherapeutin, die an spezifischen Plänen des Patienten orientiert war, und zum Ziel hatte, beim Patienten die Beziehungskrise insofern produktiv zu nutzen, dass der Patient eine neue korrigierende emotionale Erfahrung machen kann. Es kann spekuliert werden, ob bei Enrico bestimmte interpersonale Muster oder Schemata, aktiviert waren, die auf negativen oder traumatischen Erinnerungen fußen. Diese Aktivierung spielt sich typischerweise im Rahmen der psychotherapeutischen Beziehung ab, da diese nicht nur Annäherungstendenzen, sondern auch Vermeidungstendenzen aktiviert. Die korrigierende Erfahrung ist inhaltlich diametral den alten Schemata gegenübergestellt. Zudem sind diese Schemata im Hier und Jetzt aktiviert. Diese beiden Bedingungen (die Aktivierung und die neue Erfahrung) werden in der Literatur zur Gedächtnisrekonsolidierung diskutiert als nötige Aspekte, um eine korrigierende Erfahrung zu machen, welche die alte Erfahrungsinhalte aktiv verändern kann (Lane, 2024). Eine weitere Bedingung ist die wiederholte Übung der neuen Gedächtnisinhalte. Aus diesem letzten Grund kann deshalb davon ausgegangen werden, dass gerade in gut funktionierenden Psychotherapien bei Patienten mit vielen negativen Vorerfahrungen (wie das bei Persönlichkeitsstörungen häufig der Fall ist), viele solcher Beziehungskrisen auftauchen, die immer wieder potenziell hochproduktive Momente der Auflösung darstellen und dementsprechend vom Psychotherapeuten genutzt werden können und sollen.

7 Umgang mit impulsivem Verhalten

7.1 Fallbeispiel: »Wenn ich getrunken habe, ist alles so anders«

Die Kirchglocke läutet. Es ist neun Uhr morgens. Silvia sitzt ruhig am Schreibtisch und wartet auf ihren ersten Klienten. Sonst ist Enrico pünktlich, aber heute scheint er offensichtlich nicht da zu sein. Silvia hört die Nachrichten auf dem Anrufbeantworter ab: Nichts von Enrico.

Silvia wirft einen Blick auf ihre Notizen der letzten Sitzung und versucht zu verstehen, ob etwas vorgefallen ist, das erklären würde, warum Enrico dieses Mal zu spät kommt. Auch nichts.

Nach einer gewissen Zeit des Wartens vernimmt sie schnelle Schritte im Flur und das Klingeln der automatischen Türklingel. Silvia steht auf und begibt sich zum Wartezimmer der Praxis.

»Herr Gomez, guten Morgen, kommen Sie, bitte«. Enrico ist zwanzig Minuten zu spät.

»Heute würde ich gerne einmal erzählen, wie es dazu gekommen ist, dass ich diese Probleme mit meiner Freundin habe. Es war so, wir hatten ja diesen Urlaub vor ein paar Monaten und da waren wir mit einem befreundeten Paar auf Lanzarote. Dort hat es angefangen.« beginnt Enrico wie aus der Pistole geschossen, kaum hat er sich in den Ledersessel fallen lassen.

Silvia unterbricht sachte, aber entschlossen. »Ich muss Sie kurz unterbrechen, Herr Gomez. Wir kommen gleich dazu, ich finde diese Frage zu Ihrer Freundin sehr wichtig. Aber mir ist es ein Anliegen, heute damit zu starten, dass Sie 20 Minuten zu spät gekommen sind. Es ist toll, dass Sie da sind! Darf ich nachfragen, wie es zu der Verspätung gekommen ist? Was ist passiert, dass Sie, der ja immer so pünktlich ist, heute zu spät gekommen sind?«

Enrico senkt den Kopf und schweigt. Er bewegt sich etwas geniert auf dem Sessel hin und her und schaut dann Silvia an. »Sie können froh sein, dass ich überhaupt da bin!«, sagt er und schweigt.

»Ja, das bin ich. Ich finde es toll, dass Sie da sind und ich merke gerade, dass es für Sie offensichtlich heute Morgen besonders schwierig gewesen ist, hierher zu kommen. Deshalb finde ich es eben besonders bemerkenswert, dass Sie es trotz allem geschafft haben. Was ist denn passiert?«

»Mein Wochenende ist krass im Eimer gelandet«, sagt Enrico kurzangebunden und schweigt abermals. Stille.

Silvia versucht, Enricos mehrdeutigen Satz auf sich wirken zu lassen, ohne die Aufmerksamkeit von ihm ab zu lassen. Er scheint sich unwohl zu fühlen, sieht müde aus und jetzt fällt Silvia auf, dass der untere Teil seiner Jeans an mehreren Stellen zerrissen und von Schlamm verspritzt ist. Auch seine Turnschuhe sind voller Schlamm, was ungewohnt ist für diesen Klienten.

Silvia entscheidet sich, ihren Eindruck anzusprechen.

»Ich merke gerade, dass heute Morgen etwas anders ist als sonst. Sie sind zu spät und scheinen ein ermüdendes Wochenende gehabt zu haben, Stichwort ‚im Eimer gelandet'! Ich sehe auch, dass ihre Jeans nicht wie sonst sauber sind, sondern schlammverschmutzt und zerrissen. Was steckt dahinter?« fragt Silvia und kommt sich wie eine Privatdetektivin auf Spurensuche vor.

Enrico schaut unverzüglich auf seine Hose und zischt ein kaum hörbares »Scheiße!«.

Schweigen.

Silvia entscheidet sich dafür, erst mal zuzuwarten. Der Klient ist gekommen, aber etwas ist passiert. In Gedanken spielt sie verschiedene Möglichkeiten durch und sie versucht eine direkte, akzeptierende und warme Haltung einzunehmen: »Ja, etwas scheint passiert zu sein. Wollen Sie mir mehr davon erzählen?«

»Ja, ich muss wohl.«

»Nein, müssen tun Sie nichts. Ich biete Ihnen aber an, zu verstehen, was in Ihrem Leben nicht so gut läuft. Und das, was am Wochenende passiert ist, scheint mir wichtig zu sein, da Sie nun mehrmals anklang, dass sie das belastet.«

»Ja. Am Samstag war ich auf der Abschiedsparty eines Freundes, der nach Amerika auswandert. Er hat dort in San Francisco eine Stelle gefunden, wirklich toll für ihn. Er hatte die Party in einer Waldhütte organisiert und etwa 50 Leute eingeladen. Meine Freundin und ich sind etwas zu früh dort angekommen und halfen ein wenig bei dem Aufbau der Tische und so weiter. Der Abend war sehr schön und wir haben es genossen. Ich muss zugeben, dass ich auch etwas traurig war, Klaus nicht mehr so regelmäßig zu sehen, wenn er nun geht. Um es kurz zu machen, mit einer Gruppe von Freunden haben wir über die Stränge geschlagen und zu viel getrunken, ganz unterschiedlichen Alkohol, bis in die frühen Morgenstunden. Und wenn ich getrunken habe, ist alles so anders…« Enrico verstummt und blickt auf seine zerrissene Jeans, dann auf den Teppich.

»Ja, ich sehe, dass Sie dies beschäftigt. Was meinen Sie genau, wenn Sie sagen, es ist alles so anders?«

Stille.

»Ich … es hat sich einen Konflikt zwischen ein paar Kumpels ergeben. Wenn ich getrunken habe, – das kenne ich von mir –, dann kann ich auch mal angriffslustig werden, ja, leider. Ich habe nie jemanden geschlagen oder so, aber einfach verbal.«

Enrico verstummt.

Silvia versucht zu verstehen. ›Also Sie sagen, wenn Sie Alkohol getrunken haben, dann kann es sein, dass sie andere verbal angreifen, stimmt das?«

»Ja, so ist es. Ich bin nicht stolz darauf, aber so ist es.«

»Ich finde es gut, dass Sie das sagen, Herr Gomez. Und offensichtlich sind Sie sich dem Problem bewusst. Ich kann mir vorstellen, dass es nicht einfach für Sie ist.

Möchten Sie mir noch ein bisschen mehr erzählen, was am Samstagabend noch passiert ist?«

»Ja, meine Freundin war schon weg und viele der Gäste waren gegangen und wir waren noch etwa fünf oder sechs um den Holztisch, es war schön warm im Wald. Es war bestimmt schon nach Mitternacht, als ein Kollege eine Flasche Wodka aufmachte und uns einschenkte. Ich muss zugeben, dass ich da schon einiges getrunken hatte und mir alles, was danach passiert ist, am nächsten Tag erzählt worden ist. Ich erinnere mich erst wieder daran, dass ich in der Waldhütte auf dem Holzboden aufgewacht bin; alles hat mir wehgetan und mir war schlecht. Es war schon Sonntagnachmittag.«

»Was wissen Sie denn, was in der Nacht passiert ist?«

»Na ja, ich habe verstanden, dass ich wohl noch einiges getrunken und dann den einen Freund wegen seiner beginnenden Glatze ausgelacht habe. Scheinbar habe ich gar nicht mehr abgelassen, wäre frech und gemein zu ihm gewesen. Ich schäme mich ja so. Mir wurde berichtet, dass ich mich gar nicht hätte beruhigen wollen woraufhin man mich schließlich in die Waldhütte gebracht hätte, damit ich etwas Schlaf kriege. Mein bester Freund war da bei mir und hat mir danach alles erzählt. Er hat bestimmt alles getan, dass es nicht mehr eskaliert. Ich bin ihm ja so dankbar.«

»Der Stefan.«

»Ja, der Stefan. Gestern habe ich dann mit Elsa, meiner Freundin, telefoniert und alles erzählt. Sie war schockiert und meinte, sie brauche eine Pause von mir. Sie meinte, sie könne mich an dem Tag nicht sehen und so musste ich gestern Abend bei Stefan übernachten und heute Morgen bin ich direkt hergekommen. Daher meine dreckige Kleidung, ich war ja noch gar nicht zuhause seither zum Umziehen. Es tut mir ja so leid. Ich habe das Gefühl, dass Sie mir helfen können, deshalb bin ich da, aber ich weiß nicht wie.«

Silvia ist gerührt durch Enricos Transparenz und Vertrauen in die Therapie, und in sie als Psychotherapeutin. »Ich finde es wirklich gut, dass Sie das alles so offen erzählen, und jetzt verstehe ich viel besser, was passiert ist und was es mit den dreckigen Turnschuhen und der zerrissenen Jeans auf sich hat. Es scheint so, als hätten Sie da in der Nacht von Samstag auf Sonntag ganz viele Entscheidungen von einer Minute zur nächsten getroffen, die Sie am Schluss dann in den bekannten Zustand versetzt haben, den Sie wohl mit als »im Eimer gelandet« beschrieben haben.«

»Ja, so ist es.«

»Dann wäre es ja sehr wichtig, wenn wir gemeinsam zu verstehen versuchen, in welchem Moment Sie warum bzw. aufgrund von welcher Information und mit welchem Ziel im Kopf Sie entschieden und gehandelt haben.«

»Ja, stimmt. Haben Sie eine Idee?«

Silvia überlegt kurz und sagt. »Sie sagen ja, Sie kennen Ihr Verhalten, diese verbalen Aggressionen, wenn Sie getrunken haben, somit wäre es möglich, noch früher am Abend in der Sequenz zu antizipieren und andere Entscheidungen zu treffen, bevor es zu spät ist.«

»Ja, das macht Sinn.«

»Zum Beispiel frage ich mich, wie es dazu gekommen ist, dass Elsa allein heimgegangen ist. Wann war das und wie haben Sie, oder Elsa, oder gemeinsam, diese Entscheidung getroffen?«

»Das war etwa um Mitternacht. Sie kam zu mir, umarmte mich und flüsterte mir ins Ohr,
sie sei müde und möchte nun gehen.«

Silvia hakt nach: »Ja, und was ging da in Ihnen vor und was haben Sie darauf geantwortet?«

»Ehrlich gesagt, habe ich nur mit einem Ohr zugehört. Ich habe es zwar wahrgenommen, aber hatte schon entschieden, dass ich bleiben werde.«

»Ah, interessant. Also, fast wie eine zweigeteilte Aufmerksamkeit, einerseits auf Elsas Flüstern und ihren Wunsch zu gehen gerichtet, andererseits auf Sie selbst und Ihren inneren Zustand. Also einmal: »gehen wir jetzt« und einmal »ich bleibe noch«. War beim zweiten Aspekt, Ihrem Inneren, auch schon klar »dann kann ich noch trinken«.

Enrico senkt den Kopf und schweigt. Schließlich sagt er kurz »ja«.

»Ja, und ich merke, dass alles ist nicht so einfach für Sie, und dieses Verhalten löst ganz viel Scham bei Ihnen aus, ich sehe das. Aber an dem Zeitpunkt um Mitternacht ist etwas passiert in Ihnen, wo wir unsere ganze Aufmerksamkeit hinlenken wollen, da ist ein Entscheidungsmoment, und wir können, wenn Sie möchten, versuchen, Alternativen zu entwickeln.«

»Ja, gerne. So kann es nicht weitergehen, das weiß ich. Meine Freundin wird mich sicher verlassen, wenn ich jetzt nichts ändere.«

»Ja, ich verstehe. Aber was wären zu dem Zeitpunkt um Mitternacht Alternativen zu diesem zwiespältigen Zustand, den Sie beschreiben? Wie ginge es Ihnen in dem Moment?«

»Ich war angespannt und wollte nur, dass dieser Zustand aufhört. So blieb ich bei meinem inneren Wunsch, am Tisch zu bleiben und war mir zu dem Zeitpunkt schon bewusst, dass es im Suff enden könnte sowie in der Aggressivität und Impulsivität.«

»Ja, scheint so, und Sie kennen Ihre Schwächen sehr gut. Das finde ich bemerkenswert, wirklich.« Silvia schaut Enrico direkt in die Augen. Silvia ist sich unsicher, ob sie selbst ihre Schwächen ebenfalls so offen ansprechen könnte und empfindet tiefen Respekt für Enrico.

Sie kommentiert: »Die Entscheidung da zu bleiben, war scheinbar dadurch motiviert, die innere Anspannung zu reduzieren, die Sie empfanden, als Ihre Freundin Sie liebevoll umarmte und Ihnen ins Ohr flüsterte, sie wolle gehen.«

Enrico: »Sie bringen es auf den Punkt. So stark.«

Silvia fährt unbeirrt fort: »Und der Rest ist Geschichte. Wäre es denn zu diesem Zeitpunkt für Sie möglich gewesen oder auch künftig, ganz bewusst diese beiden Teile des Konfliktes wahrzunehmen und dabei zu bleiben, auch die Anspannung wahrzunehmen und dabei zu bleiben.

»Ja, ich glaube, das kann ich.«

»Wie ist es denn jetzt gerade, spüren Sie diese Anspannung aktuell ebenfalls, wenn Sie darüber sprechen?«

Enrico: »Ja, ein bisschen, ich kann es hier im Hals spüren, es ist wie ein Kragen, der zu eng ist oder so ähnlich.«

»Sehr schön. Bleiben Sie bei dieser Anspannung jetzt grade, sie ist wichtig. Atmen Sie in Ihrem Rhythmus«, instruiert Silvia.

Enrico atmet bewusst und schließt die Augen. Stille.

»Sehr gut, können Sie beschreiben, was gerade passiert?«, fragt Silvia.

»Ich kann den Kontrast gut wahrnehmen. Meine Freundin, die mich an Ihrer Seite braucht und ich verspüre auch das Bedürfnis bei ihr zu sein, auf der einen Seite. Und auf der anderen Seite eine Art ‚Loslassen', oder ‚ich lass mich gehen', oder auch ‚ich habe keinen Wert, schon gar nicht den, den meine Freundin in mir sieht', das ist dieser Teil von mir, der am Tisch sitzen bleibt, trinkt und impulsiv wird.«

»Ja, und was ist das ‚ich habe keinen Wert, schon gar nicht den, den meine Freundin in mir sieht' – was meinen Sie damit genau?«, erfragt Silvia.

»Das ist so ein Gefühl, das ich mir gegenüber habe. Eine Überzeugung, dass jeder, der mich schätzt und wertschätzt, dies nur oberflächlich tut, und meinen wahren Wert, meine Niedrigkeit, nicht kennt.«

»Wow, das ist ja eine heftige Haltung, die Sie da sich selbst vertreten, aber auch allen wohlwollenden Menschen zuschreiben!« kommentiert Silvia.

»Ja, das sage ich mir öfters in diesen Momenten.«

Die Sitzung endet mit weiteren Wahrnehmungsübungen und einem Plan, wie Enrico nun mit seiner Freundin in Kontakt treten kann. Er beschließt am Schluss der Sitzung, mit Elsa das Gespräch zu suchen, ganz transparent, und ihr zu erklären, wie wichtig ihm ihre Beziehung ist und sie um eine weitere Chance zu bitten. Er wolle sich dafür engagieren, bei diesen Entscheidungsmomenten an die Paarbeziehung zu denken und diese zu privilegieren. »Ich habe verstanden. Ich kenne meine Schwäche. Ich weiß, dass sie sie auch kennt. Wenn ich Elsa behalten will, habe ich keine andere Wahl als offen und transparent mit ihr zu sein. Das ist mir wichtig und das mache ich heute noch«, erklärt Enrico zum Schluss, bevor er aufsteht und geht.

Silvia schließt die Tür hinter Enrico. Sie fühlt eine Träne in ihrem linken Auge. Die Sitzung war anstrengend für sie. Und gleichzeitig ist Silvia grundsätzlich zufrieden mit ihren Interventionen. Sie fragt sich, wo sie vielleicht noch besser und direkter hätte intervenieren können. Sie ist froh, dass sie Enricos Zuspätkommen thematisiert hat und Enricos Bericht über sein Wochenende die Tür für weitere klärende Aspekte zu seiner Impulsivität öffnete.

7.2 Besprechung: Auf dem Weg vom impulsiven Verhalten zur Selbstreflexion

Impulsives Verhalten kann verschiedene Ausprägungen und Formen annehmen. Grundsätzlich ist dies Verhalten, welches aufgrund von immediaten, sehr kurzfristig antizipierten positiven Konsequenzen implementiert wird, ohne die langfristigen

Konsequenzen, die häufig negativ sind, im Entscheidungsprozess zu berücksichtigen. Dabei handelt es sich um ein komplexes Zusammenspiel von Emotion, Kognition, Volition und spezifischer Inhibition von reflektivem Verhalten, welche zur Entscheidung beitragen. Bei vielen, aber nicht allen, PatientInnen mit einer Persönlichkeitsstörung kann impulsives Verhalten beobachtet werden, zum Beispiel in Form von zu schnellem Fahren auf der Straße, Binge-Drinking (Rauschtrinken), gestörtem Essverhalten usw. Heteroaggressivität kann auch als Teil der Impulsivität angesehen werden (mit Ausschluss der prämeditierten Aggression). In vielen Fällen ist das emotionale System, das der Impulsivität vorgeschaltet ist, betroffen durch eine Dysregulation, somit besteht ein Zusammenhang mit der entsprechenden funktionalen Domäne

In der Psychotherapieforschung wurde Impulsivität als Ergebnisvariable benutzt (Clarkin et al., 2007; McMain et al., 2009); Studien konnten zeigen, dass sich im Rahmen der BPS, die Impulsivität mit anderen Ergebnisvariablen systematisch verbessert. Insbesondere suizidale Handlungen und selbstschädigendes Verhalten wurden systematisch als Ergebnisvariablen in den Trials zu der Dialektisch-Behavioralen Therapie gemessen, so wie in anderen Therapieformen ebenfalls. Traynor et al. (2021) konnten zeigen, dass die Intensität der Impulsivität zu Beginn den Verlauf des Ergebnisses (selbstschädigendes Verhalten) prädizierte: die PatientInnen mit mehr Impulsivität profitierten mehr von kürzeren Therapiezeiten (6 Monate), im Vergleich zu längeren Therapiezeiten (12 Monate). Impulskontrolle kann direkt mit meditativen Kernkompetenzen der Mindfulness gestärkt werden. So konnten Zeifmann et al. (2021) zeigen, dass verbesserte Mindfulness über die Dialektisch-Behaviorale Therapie die Therapieresultate im Bereich der Impulsivität mediiert. Zusätzliche positive Effekte von Mindfulness für diese Population sind reduzierter Nutzen von Therapie und verbessertes Allgemeinbefinden (O'Toole et al., 2012), wobei insbesondere der Aspekt des Nicht-Wertens zentral für die Effekte im Bereich der Impulsivität ist (Krantz et al., 2018). Eine integrative modulare Gruppentherapie zur Behandlung der Aggressivität konnte positive Effektive in der Reduktion von selbsteingeschätzten und objektiv erfassten Indikatoren von Impulsivität und Aggressivität nachweisen (Herpertz et al., 2020). Neurowissenschaftliche Studien ergänzen das Bild in kohärenter Weise: Nach 12 Wochen DBT fanden Schmitt et al. (2016) eine verbesserte neurofunktionale Konnektivität zwischen den frontalen und limbischen Arealen im Gehirn; diese Veränderungen standen im Zusammenhang mit der klinischen Verbesserung der PatientInnen (vgl. auch die Studie zur übertragungsfokussierten Psychotherapie; Perez et al., 2016) Mancke et al. (2018) konnten in der grauen Substanz des anterioren cingulaten Cortexes eine Verbesserung nachweisen. Die oben erwähnte modulare Gruppentherapie zur Reduktion der Aggressivität in der BPS konnte ebenfalls konsistente Resultate in der Hirnfunktion nachweisen (Neukel et al., 2021).

In der Psychotherapie und wie im Fallbeispiel von Enrico veranschaulicht zeigt sich, dass impulsives Verhalten in vielen Fällen mit (sekundärer) Scham verbunden ist. Der Patient schämt sich für sein impulsives Verhalten und möchte es ändern, weiß aber nicht wie – dies ist eine häufige Startsituation. So auch bei Enrico. Er beginnt die Sitzung, zu spät kommend, mit einem eigenen Thema (die Geschichte der Paarbeziehung) und vermeidet so, direkt das vergangene Wochenende anzusprechen. Die Beobachtung der Therapeutin hilft ihr, die Prioritäten zu setzen. Zwanzig Minuten zu spät kommen ist laut verschiedener Therapiemodelle ein problematisches Verhalten (z. B. ein therapieinterferierendes Verhalten gemäß der DBT) und sollte prioritär, in diesem Fall vor der Qualität der Paarbeziehung, behandelt werden. Enrico lässt sich willentlich auf dieses Gespräch ein und meint, in quasi-impulsiver Weise: »Mein Wochenende ist im Eimer gelandet«. Die Therapeutin exploriert weiter und lässt sich von der lakonischen Antwort des Patienten nicht beirren, bis sie verstanden hat, was der Patient damit meint, und auch warum er zu spät gekommen ist.

Im Laufe der Exploration kommen immer wieder kleinere Blockaden auf, die die Therapeutin gewissenhaft umschifft. Zum Beispiel meint der Patient, auf die Frage, ob er davon mehr erzählen möchte, dass er das »wohl muss«. Man kann die Hypothese aufstellen, dass an der Stelle ein Plan aktiviert ist, wie »Präsentiere dich als Opfer der Umstände«, oder »Gib die Verantwortung ab«. Beide Pläne könnten dem Patienten dazu dienen, die Verantwortung für das Thema und letztendlich das impulsive Verhalten, zu vermeiden und die Kontrolle so zu behalten. Die Therapeutin erkennt dies und gibt die Kontrolle explizit an den Patienten zurück. »Nein, müssen tun Sie nichts«. Diese Intervention kann als motivorientiert in Bezug auf das Motiv der Kontrolle und des Kontrollbedürfnisses verstanden werden. Jede andere Haltung hätte beim Patienten entweder Reaktanz (»dann sag ich halt nichts mehr!«) und/oder Scham (Schweigen und weiteres Vermeiden des Themas) ausgelöst. Gerade in solchen Entscheidungsmomenten ist es ein klarer Vorteil, wenn der Therapeut zum Beispiel aufgrund der Plananalyse eine Fallkonzeption erstellt hat, um genau zu wissen, welche interpersonalen Strategien an der Stelle die therapeutische Beziehung fördern, und welche sie eher in Gefahr bringen könnten. Vor allem bei manualbasierten Psychotherapien lässt sich kritisch anmerken, dass solche Entscheidungsmomente oftmals übersehen werden, was frühzeitige Abbrüche oder eine oberflächliche Behandlung zur Folge haben kann. Psychotherapie der Persönlichkeitsstörungen wird nicht mit einem einzigen Konzept gestemmt – die Kenntnis von mehreren Interventionen, die die funktionalen Domänen direkt behandeln, ist nicht zuletzt aus integrativer Perspektive sinnvoll.

Im Fall von Enrico versteht die Therapeutin nach und nach, dass sich der Patient am Wochenende im Zuge einer Abschiedsparty in impulsiver Weise betrunken hat. Auch wenn hier wohl eine komplette Kettenanalyse nach DBT indiziert wäre, ist die Zeit in der restlichen Sitzung knapp und die Therapeutin versucht, einige essenzielle Punkte herauszuarbeiten, mit dem Ziel, dass der Patient aus dieser Sitzung mit einem Lösungsansatz herausgehen kann. Das ist insbesondere bei impulsivem Verhalten oftmals schwierig sein, was auch bei Enrico deutlich wird.

Die Therapeutin arbeitet substanziell an einem einzelnen Entscheidungsmoment, der Verabschiedung der Partnerin Elsa kurz nach Mitternacht. Enrico entscheidet sich in dieser Situation trotz der Vorahnung aufgrund von früheren Erfahrungen und Vorkenntnissen hinsichtlich des eigenen Verhaltens, zu bleiben. Statt sein Wissen über sich und sein Verhalten als rote Flagge zu nutzen und die Einladung der Partnerin sie zu begleiten anzunehmen, bleibt er.

Die Therapeutin arbeitet hier an der Wahrnehmung der Elemente des internen Konfliktes und an dem Entscheidungsprozess, der zum impulsiven Verhalten geführt hat. Auch wenn die Auswahl dieses Entscheidungsmomentes gut ist, fehlen mehrere Informationen, um genau zu wissen, ob diese Intervention bei diesem Patienten wirklich hilft. Es bleibt zum Beispiel offen, warum Enrico trotz der klaren Einladung seiner Partnerin auf der Party bleiben möchte. Das Motiv wurde hier nicht genau herausgearbeitet. Man kann auf Grundlage der wenigen vorliegenden Informationen nur spekulieren: Klaus ist scheinbar ein enger Freund, der Abschied fällt Enrico schwer, vermutlich auch, weil der Freund nach Amerika auswandert, die beiden sich folglich nicht mehr so oft sehen werden. Möglicherweise aktiviert der Abschied bei Enrico auch den Wunsch selbst auszuwandern bzw. es anderswie anderswo zu versuchen. Der emotionale Rahmen der Party ist nicht ganz klar und es wäre notwendig, dies mit Hinblick auf die Bindungsgeschichte des Patienten genauer zu verstehen. Weiter ist es so, dass Enrico sich darüber im Klaren ist, dass er auf der Party vermutlich Alkohol trinken wird und er in derartigen Situationen verbal aggressiv werden kann. Unklar bleibt, ob er dies im Vorfeld, sozusagen präventiv, mit seiner Freundin oder einem Freund besprochen hat, um eine/n Verbündete/n zu haben. Es wäre denkbar, mit ein oder zwei Personen, denen der Patient vertraut (z. B. seine Freundin Elsa oder sein bester Freund Stefan) eine Verabredung zu treffen, dass diese ihm helfen, Auslösern für sein impulsives Verhalten fernzubleiben. Es scheint durchaus so zu sein, dass der Patient dies explizit möchte, aber solche Abmachungen wurden offensichtlich nicht getroffen. In einer kompletten Sitzung wäre es wohl nötig, solche Lösungen durchzudenken und sie zu implementieren, falls sie denn dem Patienten zusagen.

Die Hauptintervention der Therapeutin in dieser Sitzung betrifft die Erhöhung der Wahrnehmungsfähigkeit des Patienten. Diese Interventionen werden langsam und Schritt für Schritt implementiert. Unabhängig der Therapiemodelle ist der erste Schritt in der Behandlung dieser funktionalen Domäne, den Informationsverarbeitungsprozess des Patienten zu verlangsamen und Selbstwahrnehmung (und dann später Selbstreflexion) zu fördern. Häufig erzählen PatientInnen, welche diese Problematik aufweisen, dass sie »plötzlich«, »aus dem heiteren Himmel kommend«, impulsiv werden und dies Teil ihrer Persönlichkeit sei (diese Blockade scheint Enrico hier nicht zu nutzen). Aber genau an der Stelle ist es wichtig, sehr stringent, Situationen in die Therapiesitzung zu bringen (in der Imagination), so wie die Therapeutin hier nachfragt (»haben Sie diese Anspannung auch gerade in sich, wenn Sie darüber sprechen?«). Es ist bekannt, dass Personen, die über emotional intensive Momente detailliert sprechen, Aspekte dieser Erfahrung im Moment des Erzählens wiedererleben und so einige Aspekte der Erfahrung aktivieren, was in der Psychotherapie explizit genutzt werden kann. Es ist an der Stelle hilfreich, eine kleine Wahrnehmungsübung einzuflechten, im Sinne einer kurzen Focusing-Einheit (Gendlin, 1964), um genau internal nachzuspüren, was die Aktivierung ist, welche Emotion sie repräsentiert und wie diese Erfahrung symbolisiert werden kann. Auch wenn diese Intervention direkt aus dem Methodenkoffer der erlebnisbasierten Psychotherapie stammt, oder spezifisch im Rahmen der emotionsfokussierten Psychotherapie zur Anwendung kommt, kann sie doch in allen Psychotherapien sinnvoll sein. Der zentrale Punkt oder das Ziel solcher Interventionen ist, dass der Patient in dem Moment, wenn er das Erleben (bei Enrico Spannung vom Samstagabend) aktiviert hat, innehält und nach innen schaut. Da dieses nach innen

Drehen der Aufmerksamkeit an der Stelle sozusagen niemand spontan macht – und schon gar nicht Patienten mit einer Persönlichkeitsstörung –, ist es besonders wichtig, dass der Therapeut a) diese Aktivierung richtig wahrnehmen lernt und unterstützt, und b) die Aufmerksamkeit des Patienten proaktiv in sein Innenleben leiten lernt. In der Klärungsorientierten Psychotherapie (Sachse, 2003) ist dies ebenfalls der erste Schritt für die Präzisierung der Motivklärung.

In der Sitzung mit Enrico konnte tatsächlich nur dieser erste Schritt implementiert werden. Weitere sollten folgen in den nächsten Sitzungen, so dass der Patient wirklich zu einer Selbstreflexion finden kann. Natürlich gelingt dies nicht in 30 bis 40 Minuten. Die Inhalte, die am Schluss der Sitzung aufkommen, sprechen dafür, dass der Prozess erst am Anfang steht.

An der Stelle, als die Therapeutin die Spannung vom Samstagabend in der Sitzung aktiviert und den Patienten anleitet, zu atmen und die Inhalte zu erwähnen, die bei ihm gerade aktiviert sind, expliziert der Patient verschiedene Aspekte der »Stimme«, die ihn dazu verleitet haben, auf der Party zu bleiben. Dabei nennt er womöglich selbstkritische Inhalte, die in verschiedenen Therapieformen auch »Schemata« und Schemaannahmen (z. B. bei Sachse, 2020) bezeichnet werden. Interessant bei Enrico ist, dass er nicht nur direkt eine Schemaannahme anspricht, z. B. »Ich habe keinen Wert«, sondern sofort auch in seiner Selbstabwertung die Freundin und andere nahe Menschen in die Konstruktion einschließt. Enrico äußert das Gefühl, dass andere ihn grundsätzlich nur oberflächlich wertschätzen, ihn aber sobald sie seine »Niedrigkeit« kennen würden, zurückwiesen, kritisierten und ablehnten. Enrico differenziert dabei zwischen seinem oberflächlichen Wert und seinem »wahren Wert«, der letztere sei besonders negativ und verachtungswürdig. Die Tatsache, dass diese Inhalte aus der Körperwahrnehmung beim Patienten im Hier und Jetzt entspringen, spricht für diese Herangehensweise. Gleichzeitig wäre es an der Stelle besonders wichtig, weiterarbeiten zu können und diesen körperlich aktivierten Zustand des Patienten zu nutzen. Offensichtlich ist die Sitzung aber zu Ende und der Therapeutin bleibt nur übrig, ein paar Verabredungen mit Enrico zum Umgang mit der Freundin zu treffen. Falls hier mehr Zeit zur Verfügung gestanden hätte, wäre es nötig gewesen, einen Klärungsprozess zu starten, der die Selbstreflexion anregt und dem Patienten somit hilft, das impulsive Verhalten zu verstehen und zu bewältigen.

Es ist entscheidend, dass die Therapeutin dabei jeden Schritt im Körper verankert und kontinuierlich den Prozess des Patienten steuert (»bleiben Sie bei dieser Aktivierung«, »Was bedeutet dieser Satz jetzt für Sie«, »Lassen Sie diese Erfahrung noch ein bisschen auf sich wirken, was passiert?«). Fragen könnten den Patienten eher aus dem Prozess herausholen, was auch passiert, wenn der Therapeut inhaltsreiche Interpretationen anbietet, die die volle kognitive Informationsverarbeitungskapazität nutzen. Stattdessen wurde empfohlen, an der Stelle den Prozess eher klärend zu unterstützen, inhaltlich zu differenzieren und auf den Punkt zu bringen (Sachse, 2003; Sachse et al., 2010). Um die Selbstreflexion zu unterstützen, sollte der Therapeut, der hier klärungsorientiert vorgeht, mit einfachen Aussagen (in der Reihenfolge)

1. paraphrasieren,
2. verbalisieren und
3. explizieren.

Paraphrasien sind alle Aussagen des Therapeuten, die die gesagten Inhalte zusammenfassen und auf den Punkt bringen, aber dabei keine neuen Inhalte beifügen. Verbalisierungen sind alle Aussagen des Therapeuten, die die gemeinten Inhalte des Patienten rückmelden, und insbesondere die affektiven Aspekte hervorstreichen, die implizit im Gesagten des Patienten mitschwingen (z. B. die Scham zu Beginn der Sitzung mit Enrico, und womöglich die Traurigkeit darüber, dass Klaus das Land verlässt). Schließlich sind explizierende Aussagen des Therapeuten alle Interventionen, welche die situationsübergreifenden semantischen Gedächtnisstrukturen des Patienten betreffen. Dabei geht es nicht mehr um das Gemeinte in der aktuellen Situation, sondern um die strukturellen, schematischen Verkürzungen, die der Patient nutzt, um seine Erfahrung sinnvoll einzuordnen und entsprechend zu handeln (Sachse, 2003). Im vorliegenden Beispiel wäre am Schluss der Sitzung eine Explizierung indiziert gewesen, als der Patient von seinem »wahren Wert, der Niedrigkeit« spricht. Statt »wow, das ist ja ein heftiger Kommentar« könnte die Therapeutin hierauf zusammenfassend und inhaltlich etwas weitergehend intervenieren: »Sie scheinen ganz fest überzeugt zu sein, in dieser Situation und in vielen anderen, dass Sie einen versteckten wahren und sehr niedrigen Wert haben, und stoßen damit viele Menschen zurück, die Sie wohlwollend und offen mögen und mit Ihnen eine tiefe und gegenseitig gute Beziehung aufbauen möchten.« Das Ziel ist die genaue Repräsentation, beim Patienten, welche internalen Aspekte dafür verantwortlich sind, dass er gewisse Entscheidungen trifft und sich so und nicht anders verhält. Klärung ist immer Motivklärung, somit ist das explizite Ziel, dass der Patient durch die Schemaannahmen des semantischen Gedächtnisses hindurch in einen immediaten Kontakt mit seinen eigenen Motiven tritt. Hier zum Beispiel wäre ein Motiv bei Enrico, von engen Menschen geliebt zu werden (z. B. von Klaus oder der Freundin) und so gesehen zu werden, wie er ist. Dieser Kontakt soll dem Patienten helfen, eine selbstreflektierte Haltung zu initiieren und in schwierigen Entscheidungssituationen konstruktiv zu nutzen.

8 Umgang mit kognitiven Verzerrungen

8.1 Fallbeispiel: »Im Job konnte ich einfach niemandem vertrauen!«

Silvia ist in ihrer Praxis. Es klingelt. Das muss der erste Morgentermin sein, er ist auch pünktlich. Silvia steht auf und geht Richtung Wartezimmer. Da sitzt auch schon Enrico. Es fällt ihr auf, dass er diesmal einen neuen Haarschnitt trägt, sie direkt anschaut und gewinnend lächelt. »Hallo, Frau Fischer.«

Im Therapieraum eröffnet Silvia die Sitzung: »Was wollen Sie denn heute bearbeiten?«

Enrico erwidert optimistisch: »Ich habe ein Anstellungsgespräch diese Woche. Die Bank, wo ich mich beworben habe, hat mich angerufen und mir vorgeschlagen, mich vorzustellen. Ich freue mich richtig.«

Silvia antwortet lächelnd: »Ja, das freut mich ganz besonders. Gibt es denn etwas, das für das Interview relevant ist, das Sie hier jetzt besprechen möchten in der Therapiestunde?«

»Ja«, erwidert Enrico und windet sich auf dem Ledersessel. Und fügt hinzu: »Wenn ich mich für dieses Gespräch vorbereiten will, kommt immer etwas dazwischen: nämlich die Erinnerung an den letzten Job. Sie wissen ja, dass dort nicht alles mit rechten Dingen abgelaufen ist. Können wir darüber nochmal sprechen, bitte?«

»Aber gerne, ja.« Silvia freut sich innerlich und steuert nach: »Wie war denn das im alten Job und was meinen Sie, wenn sie sagen, dass nicht alles mit rechten Dingen abgelaufen ist?«

»Ich habe ja schon einiges erzählt, da war der Bernhard, nach und nach hatte der meine Aufgaben voll und ganz übernommen und das passte mir ganz und gar nicht. Ich fühlte mich übergangen; zu dem Zeitpunkt haben auch die Schlafstörungen angefangen. Es war einfach zu viel. Was noch dazu kam, ist, dass Bernhard mehrere Personen im Team gegen mich aufgewiegelt hat. Plötzlich wollte keiner mehr mit mir die Kaffeepause verbringen, ich wurde auch nicht mehr eingeladen zum Mittagessen, oder zu Aktivitäten abseits der Arbeit. Ich weiß gar nicht, wann ich das gemerkt habe, aber irgendwie dämmerte es in mir und dann war es plötzlich Tatsache.«

»Ach so, und wie ist es Ihnen denn gedämmert? Ist da etwas passiert?«

»Nein, ich weiß nicht.« Pause. »Ich versuche grade herauszufinden, wann das war, aber ich erinnere mich an keinen bestimmten Moment, an dem alles umgeschlagen hat. Nein, wirklich nicht. Aber mir wurde plötzlich klar, dass ich im Job einfach niemandem mehr vertrauen konnte! Außerhalb der Arbeit ginge es schon, und ich brauchte es auch, dass ich mit meinen Freunden alles auch durchdachte. Ein Freund, der Klaus, hatte mir übrigens mehrmals gesagt, ich übertreibe, und ich soll doch mit der Chefin das Gespräch suchen. Das alles sei Einbildung, aber für mich war es nicht so, es war alles real. Heute bin ich mir tatsächlich nicht mehr sicher. Ich glaube schon, dass da etwas dran war, an meiner Version der Geschichte, auch wenn ich eigentlich keinen konkreten Beweis dafür habe.«

Silvia stutzt: »Sie sagen ›eigentlich‹…«.

Enrico schaut Silvia an: »Ich meinte, ich habe wirklich keinen konkreten Beweis. Einfach das Gefühl. Und was ich noch sagen wollte, das hatte ich auch schon früher, gerade bei Prüfungen, und ich glaube, das ist auch der Grund, weshalb ich bei dem ersten Mal durch die Fahrprüfung gefallen bin: Ich habe Momente, in denen ich ganz weg bin. Meistens ist das nur ganz kurz, ein Bruchteil einer Sekunde, aber manchmal dauert es auch ein paar Minuten. Zum Glück passiert das nicht so oft, etwa alle drei Monate mal, und immer, wenn ich sehr gestresst bin. Dann bin ich plötzlich weg, ganz kurz. Manchmal habe ich auch das Gefühl, ich sei außerhalb meines Körpers. Das macht mir Angst, und ich wollte es Ihnen schon mal sagen. Kann man da etwas machen?«

Silvia hört aufmerksam zu und antwortet. »Ja, das sind wichtige Symptome, die wir bis bisher verpasst haben und ich denke, wir sollten sie vertieft verstehen. Können Sie eine Situation schildern, vielleicht von der vorherigen Arbeitsstelle, in der Sie solche Absenzen hatten, wie Sie sie beschreiben?«

Enrico überlegt kurz.

»Mhm, das ist wirklich gar nicht so einfach zu beschreiben. Aber eben als ich diesen klaren Eindruck hatte, dass etwas nicht mit rechten Dingen zugeht, da gab es diese Situation beim Mittagessen. Wir waren ja alle, also das ganze Team, auf Telegram und kommunizierten damit, um die möglichen gemeinsamen Mittagessen zu koordinieren. Nun war es so, dass meine App irgendwie nicht funktionierte, ich weiß bis heute nicht, was wirklich los war, aber ich bekam die Nachrichten der Gruppe nicht mehr. So wusste ich auch nicht, wann wir Mittagessen gehen wollten. Die Tatsache, dass mir das niemand nochmals geschickt oder mich mündlich darauf aufmerksam gemacht hat, finde ich echt komisch und es ist für mich ein Hinweis darauf, dass man mich wirklich ausschließen wollte. Nun hat es der Zufall so gewollt, dass ich an einem Mittag allein ins nahe Restaurant essen gehen wollte. Ich öffne die Tür und wer sitzt da an einem Tisch: Mein ganzes Team! Ich kam mir völlig fehl am Platz vor. Die haben mich innerlich bestimmt ausgelacht und mich nur an den Tisch gebeten, weil sie nicht anders konnten. Sie haben einen Stuhl dazugestellt und mich dazu gebeten. Keiner hat etwas erwähnt, jeder hat so getan, als ob alles normal wäre, als ob ich es gewusst hätte, dass wir gemeinsam essen gehen wollten. Dabei habe ich es doch erst in dem Moment herausgefunden, als ich die Türe zum Restaurant geöffnet habe! Da hatte ich – um auf Ihre Frage zurückzukommen – einen Moment der Absenz. Innerlich war ich mir sicher, dass das ganze Team gegen mich ist, über mich spricht und mir nur Schlechtes will, sich nur in dem Moment keiner traut, etwas zu sagen. Ich bekam die Speisekarte, saß am Tisch inmitten meiner Kollegen, aber da war ich komplett weg, eine kurze Zeit nur. Ich weiß es, weil mein Tischnachbar mich scheinbar beobachtet hat und mich fragte, ob alles okay sei. Ich wäre völlig weggetreten gewesen, so sagte er später, und er hätte versucht, mit mir zu sprechen, aber wäre nicht möglich gewesen. Das macht mir schon Angst. Ich glaube, das waren so ein bis zwei Minuten ›Absenz‹, wie Sie es bezeichnet haben, aber trotzdem, es scheint wichtig zu sein.«

»Ja, es ist wichtig. Es könnte sein, dass dies eine Dissoziation war, und ich finde es wichtig, dass wir dies genau herausfinden.«

»Ja, diesen Begriff habe ich auch im Internet gefunden. Das leuchtet ein.«

»Es scheint, als wären Sie hierfür anfällig, insbesondere wenn ganz intensiver Stress da ist, zum Beispiel aufgrund Ihrer Wahrnehmung, sich ausgeschlossen zu fühlen durch die Peer-Gruppe. Ergibt das Sinn?«

»Ja, absolut.«

»Auch diese Gedanken und Überzeugungen sind wichtig, die Sie beschreiben, nachdem Sie das Gefühl haben, ausgeschlossen zu werden. Sie beschreiben, dass nur eine, sozusagen eine starre und inflexible, Interpretation der Beobachtungen in dem Moment für Sie logisch ist. Wenn ich Sie richtig verstanden habe, gibt es noch immer keinen eindeutigen Hinweis darauf haben, dass die Gruppe wirklich die formulierte Absicht hatte, Sie auszuschließen. Im Gegenteil, Ihrer Schilderung entnehme ich, dass Ihre Kollegen umstandslos einen Stuhl hergerückt haben. Sie wussten darüber hinaus, dass ihre Telegram-App nicht richtig funktionierte, was erklärt, warum Sie von den Plänen nichts vernommen haben. Habe ich etwas falsch verstanden?«

»Mhm. Ich bin mir da eben gar nicht so sicher«, sagt Enrico sichtlich gerührt und schweigt.

Nach einer kurzen Pause ergänzt er: »Nein, ich denke schon, dass meine Kollegen mir etwas Schlechtes wollten. Das ist die einzige Erklärung, die alles zusammenbringen kann und für mich Sinn ergibt.«

Enrico schweigt abermals.

Silvia beißt sich leicht auf die Lippen – eine knifflige Therapiesituation.

Sie wagt einen Versuch und interveniert: »Sie haben ja alles so schön beschrieben und mich beeindruckt, dass Sie in der Situation im Restaurant alles so bewusst wahrgenommen haben. Sie können sogar beschreiben, was passiert ist, als Sie womöglich einen Moment der Dissoziation erlebten, weil Sie mit Ihrem Tischnachbarn den Moment nochmals nachbesprochen haben. Ich finde das sehr bemerkenswert und es spricht für die feine Wahrnehmungsfähigkeiten Ihres eigenen Körpers und für Ihre Erfahrungen. Ich halte es für sinnvoll, noch ein bisschen genauer unter die Lupe zu nehmen, was denn genau in Ihrem Körper abgelaufen ist, als Sie ins Restaurant eingetreten sind, und auch, was Sie sich an der Stelle gesagt haben. Vielleicht gibt uns dies Aufschluss darüber, was wirklich passiert ist.«

»Ja, stimmt, ich erinnere mich genau an den Moment, als ich ins Restaurant eingetreten bin. Als ich die Gruppe vor mir sah, war ich richtig unter Schock. Wissen Sie, so wie man sich fühlt, wenn der Boden, auf dem man steht, plötzlich weggezogen wird. Als ob ich die Kontrolle ganz verlieren würde. Als ob ich in eine neue Realität eintauchen würde. Keine Mickey Mouse-Welt, kein Europapark, nein, ein ganz reales Gruselkabinett.«

»Interessant. Sie sagen, Sie fühlten in diesem Zustand, in dem Sie waren, als ob alles Schöne und Positive irgendwie nicht real und nur das Negative überhaupt echt sei?«

»Genau so. Manchmal frage ich mich, wie Sie das schaffen, mich so genau zu verstehen.« Enrico blickt Silvia direkt an.

Silvia geht einen Schritt weiter: »Und Sie fühlten, als ob Ihnen der Boden unter den Füßen weggezogen würde, also einen absoluten Kontrollverlust. Wir können festhalten, dass Sie das fühlten. Vermutlich sind Sie sich aber – zumindest heute – darüber bewusst, dass niemand und keine Kraft, es je schaffen wird, Ihnen *wirklich* den Boden unter den Füßen wegzuziehen?«

Enrico lacht. »Ja, Sie haben recht und wie! Und ich merke gerade, wie das, was Sie jetzt sagen, mir gut tut.«

Silvia lächelt ebenfalls. »Mir übrigens auch. Wir sind uns einig, dass eine solche Kraft nicht existiert.«

»Ja.«

Silvia fährt fort. »Und trotzdem ist es so, dass Ihre Neuronen, wenn Sie mir diese Sprache erlauben, Informationen weiterleiten, die besagt, dass der Boden Ihnen unter den Füßen weggezogen wird, und dass die Kollegen wirklich hinter Ihrem Rücken über Sie sprechen, auch wenn der Blick auf Realität zeigt, dass das alles nicht wirklich oder wahr ist bzw. wir dies nicht mit Sicherheit wissen. Und diese spezifischen Informationen rufen bei Ihnen diesen Eindruck des echt realen ‚Gruselkabinetts' hervor, wie Sie das genannt haben. Und das belastet Sie, das sehe ich.«

Enrico blickt Silvia an. »Ja, ich merke schon, dass ich diese Wahrnehmungen habe, und ich stelle mir ja auch mal die Frage, was denn nun wirklich richtig ist. Wie Sie sagen, gewisse Aspekte gibt es nicht und das weiß ich. Und bei ein paar Dingen bin ich mir, ehrlich gesagt, nicht sicher.«

»Sie wissen es nicht und ich weiß es auch nicht«, hält Silvia fest. »Und ich frage mich gerade, bei welchen Aspekten es denn für Sie essenziell wäre, Sicherheit zu haben, und bei welchen Sie mit ein bisschen Unsicherheit leben können.«

»Was meinen Sie? Meinen Sie, ich könnte damit leben, nicht sicher zu wissen, was meine Kollegen wirklich über mich denken?«

Silvia antwortet: »Ja. Ist es für Sie notwendig, es zu wissen? Jetzt, nachdem Sie ja – wenn ich Sie richtig verstanden habe – für einen neuen Job kandidieren und diese Kollegen bereits hinter sich gelassen haben?«

Enrico stutzt. »Nein, ich muss es gar nicht wissen!« Er lacht. »So habe ich es noch gar nie betrachtet! Und ich werde es wohl auch nie genau wissen, außer ich setze mich mit jedem einzelnen zusammen und frage nach. Und das ist das Letzte, was ich machen will!«

Silvia fasst zusammen. »Wenn ich Sie jetzt richtig verstehe, können Sie mit gewissen Unklarheiten leben. Sie sagen, Sie hätten diese Option noch gar nicht in Betracht gezogen. Sie können vor allem mit Unklarheiten leben und diese akzeptieren, wenn es darum geht, nicht genau zu wissen, ob Ihre früheren Kollegen wirklich negativ über Sie gesprochen haben oder nicht. Grundsätzlich, sagen Sie, ist es möglich, dass Sie dies alles mithilfe der Aktivität Ihrer Neuronen in die Realität hineininterpretiert haben.«

Enrico atmet tief durch. »Mhm, ja. Das ist irgendwie eine neue Perspektive, die Sie aufzeigen. Dass es möglich ist, aber wir es grundsätzlich nicht wissen, ob meine

Kollegen am Mittagstisch wirklich über mich schlecht geredet haben oder nicht. Das ändert alles. Aber ist es denn nicht nötig, Klarheit zu haben, um im Leben vorwärtszukommen? Soll ich jetzt in dieser Grauzone, im Ungewissen, leben?«

Silvia atmet tief durch. »Sie stellen eine gute Frage, ich bin nicht sicher, ob ich sie beantworten kann oder soll. Das ist eine fast eine philosophische Frage. Sie müssen entscheiden, was es sich wirklich lohnt, zu wissen, und wo Halbwissen oder Unklarheit für Sie in Ordnung ist. Meine Erfahrung nach können wir gerade bei zwischenmenschlichen Beziehungen von Natur aus nie alles wissen können, oder?«

Enrico: »Sie haben Recht und das tut mir gut, so zu denken. Mir zuzugestehen, ‚vielleicht ist es so, oder vielleicht anders'. Das ist auch eine Art Klarheit, nämlich die Klarheit, selbst zu entscheiden, bei dieser Frage die Grauzone zu akzeptieren.«

Silvia nickt. »Genau«.

Enrico fährt fort. »Ich werde das einmal genau überlegen und ganz durchdenken müssen. Unser Gespräch entspannt mich, in dem Sinn, dass ich mir selbst sagen kann, dass ich gewisse Dinge einfach bewusst nicht wissen muss, oder offenlassen kann. Das ist was Neues und ich finde das befreiend. Echt gut.«

Silvia versucht, an den Anfang der Sitzung zurückzukommen. »Sie hatten die heutige Sitzung mit der guten Nachricht begonnen, dass Sie für ein Vorstellungsgespräch eingeladen worden sind, und Sie haben eine ganz positive Energie ausgedrückt. Sie erwähnten, dass Ihnen bei der Erinnerung an Ihre letzte Stelle immer der Gedanke in den Kopf schießt, dass Manches nicht mit rechten Dingen abgelaufen ist, was uns zu der Situation am Mittagstisch geführt hat. Wo sind Sie mit dieser Frage jetzt?«

Stille.

Enrico atmet durch und erwidert: »Ich bin bereit, so fühle ich es jetzt gerade. Ich bin optimistisch, dass ich eine neue Chance habe. Aber auch da ist es ja so, dass ich nicht weiß, wie die Dinge ausgehen werden. Vielleicht will diese Bank mich, vielleicht auch nicht. Das kann teilweise, aber eben auch nur teilweise, mit mir zu tun haben. Es hat bestimmt auch mit den Bedürfnissen der Bank zu tun und vielem mehr, das nicht unter meiner Kontrolle steht. Also ist diese Diskussion, die wir heute hatten, schon wichtig für diese Bewerbung. Ich kann das direkt nutzen, denke ich. Ich werde es jedenfalls versuchen, die akzeptierende, und teilweise nicht-wissende, Haltung anzuwenden. Ich denke, das kommt gut.« Enricos Gesichtsausdruck hellt sichtlich auf und schaut Silvia an.

Silvia hakt nach. »Sehr schön. Wie ist es denn, Sie hatten erwähnt, dass bei der alten Stelle nicht alles mit rechten Dingen abgelaufen ist. Nehmen Sie an, dass das in der neuen Bank auch so ablaufen würde?«

Pause.

Enrico erwidert: »Ich bin mir nicht sicher. Was ich aus der heutigen Sitzung mitnehme, ist, dass ich es eben nicht weiß. Um auf Ihre Frage zu antworten: Nein, ich erwarte nicht, dass die Kollegen an dieser Bank – und übrigens grundsätzlich in jeder Bank – sich so negativ mir gegenüber verhalten würden. Ich merke gerade, dass diese Gedanken anders sind als die von heute Morgen und deshalb muss ich noch ein bisschen darüber nachdenken. Ich muss sagen, dass diese Sitzung mich angeregt hat, und irgendwie auch beruhigt.«

Silvia schließt die Sitzung: »Sehr schön. Dann sehen wir uns nächsten Montagmorgen wieder.« Beide stehen auf und verabschieden sich an der Tür. Silvia atmet erst mal tief durch. Sie ist sich bewusst, dass sie gerade eine besonders intensive Therapiesitzung hinter sich hat, und womöglich auch – mit Blick auf die gesamte Psychotherapie – eine besonders wichtige für die Veränderung von Enricos Situation.

8.2 Besprechung: Auf dem Weg von kognitiven Verzerrungen zu einer realitätskonformen und kohärenten Narrativen

Der Weg der Veränderung von kognitiven Verzerrungen zu einer realitätskonformen und kohärenten Narrativen ist selten dokumentiert, insbesondere im Rahmen der Psychotherapie der Persönlichkeitsstörungen. Nichtsdestotrotz ist er ein Weg, der wichtig ist, gerade bei PatientInnen mit einem gewissen Profil, wie der Fall von Enrico illustriert. Dabei handelt es sich um die Veränderung von rigiden, kognitiv-perzeptiven Fehlwahrnehmungen und Interpretationen, die in eine Narrative umgewandelt werden können, die in sich kohärent *und* realitätskonform ist. Die funktionale Domäne hier ist eine pseudopsychotische, teilweise realitätsfremde Struktur der Narrative, welche bestimmte Wahrnehmungen und Verhaltensweisen generiert, die als konfus und inkonsistent eingeordnet werden können.

Für diesen Weg in Richtung kohärente und realitätsbasierte Narrative gibt es bis dato nur eine Prozessstudie, die das Narrative Emotion-Process Coding System (NEPCS, Angus et al., 2017) bei Therapien der Borderline-Persönlichkeitsstörung (BPS) angewandt hat (Kramer et al., 2023; Kramer, Simonini et al., 2024). Im Rahmen dieser Studie wurden psychiatrische Interventionen über vier Monate analysiert und die Veränderung der Frequenz der Problemindikatoren ganz am Anfang der Therapie, zwischen Sitzung 1 und Sitzung 5 studiert. Es konnte gezeigt werden, dass die problematischen Narrativindikatoren (z. B. oberflächliches Erzählen, überaus emotional aber inhaltlos erzählen, usw.) in dieser Zeitspanne bereits zurückgehen und kohärenteren Emotionsnarrativen Platz machen. Diese Reduktion in den problematischen Narrativindikatoren prädiziert die Symptomveränderung zwischen Sitzung 5 und 10 der Kurzzeittherapie der BPS. Dies kann bedeuten, dass die Integration der Narrative in eine kohärente Geschichte der Autobiografie bereits in den ersten Sitzungen ihren Anfang nimmt und mit subsequenter Symptomreduktion einhergeht. Auch wenn die Methode des NEPCS nicht direkt die pseudopsychotischen Aspekte evaluiert kann doch davon ausgegangen werden, dass relevante Aspekte der Integration der autobiografischen Narrativen erfasst werden. Somit kann diese Studie als erster empirischer Hinweis dieses Weges der Veränderung im Rahmen der Psychotherapie der Persönlichkeitsstörungen angesehen werden.

Interpersonales Misstrauen kann Teil verschiedener funktionaler Domänen sein. Zum Beispiel kann ein Patient Misstrauen ausdrücken, das Teil seiner problematischen sozialen Interaktionsmuster ist, oder ein Patient kann dem Therapeuten gegenüber Misstrauen ausdrücken, welches in einem ähnlichen Interaktionspattern fußt, aber nun aktuell in der Therapie zu einer Beziehungskrise wird. Schließlich kann der Ausdruck von interpersonalem Misstrauen ebenfalls Teil der funktionalen Domäne der kognitiv-perzeptiven Verzerrungen sein, insbesondere wenn dieses Misstrauen rigide verankert ist und mit Dissoziationen verbunden sind.

Dieser letzte Punkt wurde im eben beschriebenen Fallbeispiel deutlich. Es scheinen nicht nur Dissoziationen vorzuliegen, sondern auch Momente der Depersonalisierung und der Derealisierung, wobei mehr genauere diagnostische Informationen notwendig wären, um den Befund zu bestätigen. Die kurze Erwähnung durch den Patienten lassen diesen Befund nicht definitiv zu; die Möglichkeit ist aber gegeben, da diese Aspekte im Rahmen der BPS auftauchen (Kriterium 9).

Das therapeutische Vorgehen in der funktionalen Domäne der kognitiv-perzeptiven Verzerrungen ist häufig heikel. Der Patient formuliert eine verzerrte Interpretation oder teilt eine nicht realitätskonforme Wahrnehmung mit – wie soll der Therapeut darauf reagieren? Das Vorgehen der Therapeutin Silvia im Fallbeispiel ist allgemein gut gelungen. Sie demonstriert ein sachtes, Schritt-für-Schritt Vorgehen und konfrontiert die Verzerrung kaum direkt. Gleichzeitig ist sich die Psychotherapeutin offensichtlich ihrer momentanen Grenzen und Schwierigkeiten sehr bewusst, was ihr womöglich hilft, sich gut auf den Patienten einzustellen. Sehr behutsam versucht sie, in den Gedankengang des Patienten einzudringen, mit Interesse und Echtheit, ohne je zu werten oder zu pathologisieren. Dieses Vorgehen könnte vordergründig den Eindruck erwecken, dass die Therapeutin mit den verzerrten Inhalten einverstanden ist, sie billigt oder sie sogar verstärkt. Dem ist sicher nicht so, da die Silvia ganz behutsam und systematisch Tatsachen von subjektiven Interpretationen trennt. Das kann bei perzeptiven Verzerrungen besonders schwierig sein. Im vorliegenden Beispiel ist die klinische Situation vergleichsweise einfach: Der Patient hat zwar eine ganz klare Überzeugung, es gibt aber von Anfang an Hinweise für Zögern bzw. Hinterfragens von seiner Seite.

Am Anfang der Sitzung versucht die Therapeutin grundsätzlich die Erfahrung und die Interpretation des Patienten zu verstehen. Sie stellt ein paar Fragen, zum Beispiel wie es dem Patienten denn »gedämmert« sei, dass die Kollegen ihn ausschließen wollten. Sie geht mit den Inhalten mit, stellt sie gar nicht in Frage, vor allem, weil sie selbst ja noch ganz wenig weiß. Sie hört dem Patienten aufmerksam zu und lässt ihn reden. Eine wichtige Stelle in der Narrativen ist der Moment, als Enrico von einem Freund mehrfach versichert bekommt, er »übertreibe« und bilde sich dies alles nur ein. Gleichzeitig hält der Patient an seiner Sichtweise fest und meint Silvia gegenüber, dass das alles »für ihn real« war. Der Patient fügt an, dass er »eigentlich« keinen Beweis für den vermeintlichen Komplott gegen ihn hätte, ihn aber trotzdem als Tatsache angenommen hat. Diese Auseinandersetzung mit den Tatsachen, die der Realitätsprüfung standhalten, ist wichtig und lässt den Patienten für einen kurzen Moment zögern, bevor er seine feste Überzeugung hinsichtlich eines Komplotts wiederholt.

Die Therapeutin spielt an der Stelle wiederum eine ganz zentrale Rolle. Indem sie den euphemistischen Begriff des »eigentlich« aufnimmt und den Patienten damit konfrontiert, bleibt sie auf der Seite der wahrgenommenen Realität des Patienten, während sie gleichzeitig die fragende Haltung modelliert und aufzeigt, dass jeder Aspekt grundsätzlich in Frage gestellt werden kann: Derjenige, der die Sichtweise des Patienten möglicherweise unterstützt, aber auch derjenige, der sie nicht unterstützt.

Es macht Sinn, die Symptome im Bereich dieser funktionalen Domäne gut beschreiben zu lassen, mit einer therapeutischen Haltung, die erklärend und beruhigend Informationen vermittelt. Dies macht die Therapeutin hier, wenn es darum geht, die Dissoziationen und Absenzen zu erfassen (auch wenn der Prozess an sich formal zu kurz ist und vieles noch offenlässt). Die Beziehungsbotschaft der Therapeutin in dieser Situation stimmt: Es geht um Probleme und Symptome, die man einordnen, verstehen und behandeln kann.

Die Bearbeitung dieser funktionalen Domäne ist leicht anders als die der bereits erklärten anderen Domänen. Es geht hier um die genauen Formulierungen des Psychotherapeuten, die den Unterschied machen, weniger, zumindest vordergründig, die Erfahrung und die begleitenden Emotionen. Dabei ist es wichtig, immer die Wahrnehmung des Patienten dialektisch miteinzubeziehen. Dies scheint in der Intervention der Therapeutin, als sie »starre und inflexible Interpretationen« beobachtete, nicht ganz gelungen zu sein. Silvia versucht hier zum ersten Mal die verzerrten Inhalte zu disputieren und als »Interpretationen« hinzustellen, während der Patient sie als Tatsachen sieht. Dies kommt bei Enrico nicht gut an. Er scheint zwar von der Therapeutin berührt, aber bleibt auf der Position seiner ursprünglichen Erklärung. Dies hätte eine mögliche Beziehungskrise auslösen können, was aber in der Situation mit Enrico nicht passiert. Stattdessen schafft es die Psychotherapeutin, die Wahrnehmungsfähigkeiten des Patienten als Ressourcen darzustellen und, darauf aufbauend, ihm die Aufgabe zu geben, die Situation im Restaurant noch etwas genauer zu beschreiben. Dies scheint eine Intervention mit motivorientierter Funktion zu sein. Die Therapeutin bleibt neutral und gibt die inhaltliche Kontrolle über die Sitzung an den Patienten ab. Somit kann Enrico, indem er diese Frage beantwortet, diejenige Information geben, die er möchte (u. U. in Übereinstimmung mit seiner verzerrten Interpretation). Das, was Enrico an dieser Stelle offenbart, ist bemerkenswert. Er beschreibt eine intensive Emotion im Zusammenhang mit einem Kontrollverlust (in der Restaurant-Szene). Dies ist scheinbar eine sehr unangenehme Erfahrung, und auch hier hat die Therapeutin die Möglichkeit, mit der motivorientierten Beziehungsgestaltung die therapeutische Beziehung so zu lenken, dass sie dem Kontrollverlust beziehungsmäßig diametral gegenübersteht. Eben dieses Vorgehen wählt Silvia: Sie gibt die inhaltliche Kontrolle wieder vermehrt an den Patienten ab. Die Interventionen der Therapeutin haben hier die Funktion zusammenzufassen, auch wenn der Patient diese Zusammenfassungen offensichtlich inhaltlich treffend und besonders gut findet und damit direkt weiterarbeitet. In Realität gehen die Interventionen der Therapeutin (als Paraphrasen; Sachse, 2003) inhaltlich nicht wirklich über das Gesagte hinaus, sie stimulieren aber Veränderung im Denkprozess des Patienten. Silvia versucht nun eine dialektische Intervention (vgl. Linehan, 1993). Sie unterstreicht, dass der Patient gleichzeitig den Kontrollverlust fühlt, aber sich bewusst ist, dass er die Kontrolle nicht wirklich ganz verliert. Diese Intervention scheint dem Patienten »wohl« zu tun, wie er es beschreibt. Grundsätzlich legen dialektische Interventionen (unter anderem) die inhaltliche Komplexität einer Sachlage entwaffnend klar offen. Auch wenn gleichzeitig A und B wahr sind, ist dies kein Grund, gewisse Symptome zu entwickeln, intensive Emotionen zu haben, oder interpersonale Probleme zu entwickeln. Es ist tatsächlich so, dass in vielen Kontexten zwei Realitäten (mindestens) ko-existieren und dies zu akzeptieren, kann sehr hilfreich sein.

Aufbauend auf dieser Synthese der Inhalte, in welcher beide gegenteiligen Aspekte wahr sein können, versucht sich die Therapeutin mit einem spezifischen psychoedukativen Teil. Dabei wählt sie ein Bild aus der der Neurobiologie – die Neuronen, die unkontrolliert gewisse Dinge tun, was die Verantwortung des Individuums schmälert –, um gewisse Ideen mit dem Patienten zu besprechen. Dabei bringt sie zum ersten Mal die Idee ins Spiel, dass gewisse interpersonale Aspekte vielleicht nie ganz geklärt werden können, und auch nicht geklärt werden sollen. Motive der Handlung Anderer können zwar hypothetisch erschlossen werden, aber sicher diesbezüglich ist das Individuum nie, auch wenn die andere Person über die Inhalte befragt würde.

In dem Zusammenhang scheint eine sehr zentrale Intervention zu sein, das Nicht-Wissen der interpersonalen Motive zu generalisieren. Die Therapeutin paraphrasiert das Gesagte des Patienten und in geschickter Weise schafft sie es, dieses Nicht-Wissen als allgemeines Prinzip zu etablieren, indem sie sagt: »Sie wissen es nicht, und ich weiß es auch nicht«. Darauf lädt sie den Patienten ein, zu überlegen, wann Sicherheit wirklich notwendig sei und wann das Unwissen (oder die Unsicherheit) akzeptabel wäre. Diese Differenzierungsübung ist hilfreich, um nicht Reaktanz zu schüren. Grundsätzlich bedeutet das, dass manchmal die Theorie des Patienten stimmt und manchmal nicht. Diese Intervention ermöglicht es, diese Aspekte gut zu differenzieren. Enrico kommt zu dem Schluss, dass Unwissen vor allem dann akzeptabel ist, wenn es um interpersonale Ereignisse in der Vergangenheit geht, die insofern abgeschlossen sind.

Interessanterweise löst dieses Akzeptieren des Unwissens verschiedene Gefühle im Patienten aus. Auch wenn es ihm zunächst schwerfällt und er die Idee zurückweist, meint er auch, dass er sich entspannter fühlt mit dieser Möglichkeit. Es wirkt, als tue ihm die neue Perspektive gut, entspanne und befreie ihn. Er betont dies wiederholt in der Therapiesitzung, auch wenn der aktuelle Moment erst als der Anstoß der Veränderung betrachtet werden kann (Enrico sagt selbst, dass er nochmals darüber nachdenken müsse). Aber die neue Perspektive »Akzeptieren« befeuert das Interesse, sich weiter damit auseinanderzusetzen (Enricos Worten ist zu entnehmen, dass er dieses Nachdenken auch wirklich tun will).

Ein weiterer Schritt in der Auflösung von kognitiv-perzeptuellen Verzerrungen ist die Identifizierung und das Erleben der Emotionen, die die Verzerrung möglich gemacht haben. Im vorliegenden Beispiel kann man sich die Frage stellen, welche interpersonalen Erfahrungen der Patient gemacht hatte und wie diese Erfahrungen sich in Form von Beziehungsschemata kristallisiert haben, was ihn zur Schlussfolgerung veranlasste, dass seine Kollegen gegen ihn arbeiten würden. Um diese Fragen zu klären, könnte die Therapeutin die aktuelle Situation noch etwas genauer explorieren. Es ist wichtig, dass so ein Klärungsprozess erst starten kann, wenn ein spezifischer therapeutischer Arbeitsauftrag besteht (Sachse 2003). Ein Arbeitsauftrag in Bezug auf kognitiv-perzeptuelle Verzerrungen ist besonders schwierig zu erlangen, da die betroffenen Schemastrukturen besonders inflexibel sind. Der Arbeitsauftrag soll jedoch beinhalten, dass der Patient und der Therapeut sich darauf einigen, eine Lösung eines bestimmten »Problems« im Leben des Patienten zu finden. Dies ist nur möglich, wenn der Patient eine zumindest minimale Distanz zu seinen Interpretationen hat und einverstanden ist, diese Interpretation als solche zu betrachten. In der illustrierten Sitzung ist Enrico gerade an dem Punkt angelangt, seine Wahrnehmungen ansatzweise in Frage zu stellen und auch zu revidieren, sowie zumindest offen zu lassen, was denn genau die Realität widerspiegelt. Um den Arbeitsauftrag effektiv auszuarbeiten, könnte die Therapeutin an dieser Stelle die negativen Konsequenzen der verzerrten Wahrnehmung paraphrasieren (die »Angst«, die der Patient beschreibt in Bezug auf die Dissoziationen, die negativen Gefühle im Zusammenhang mit den Ideen, vom Team ausgegrenzt zu werden). Das Ziel dieser Phase »Bildung des Arbeitsauftrags« ist, dass der Patient wahrnimmt, dass diese negativen Konsequenzen zumindest teilweise aufgrund seines eigenen Verhaltens oder Denkens entstehen, dass er diese Konsequenzen nicht will und die Hoffnung entwickelt, die Therapeutin könne ihm helfen, die Ursachen aufzudecken und aufzulösen (Sachse, 2003). Der zentrale Teil hier ist die internalisierte Perspektive, gemäß welcher der Patient nach innen schaut und sich selber fragen lernt, was es in seiner Erfahrung ausmacht, dass er dieses Ereignis so und nicht anders interpretiert/diese Tatsache so und nicht anders wahrnimmt/so und nicht anders auf stressreiche Trigger reagiert. Die Antwort auf diese Fragen gilt es im eigentlichen Klärungsprozess zu finden (Sachse, 2003).

Der eigentliche Klärungsprozess setzt da an, wo die Bildung des Auftrags beendet ist, nämlich bei der therapeutischen Fragestellung, die in die eigene Erfahrung hineinzeigt (als Vektor nach innen sozusagen). Ebenda kann der Therapeut den Patienten einladen, die schwierige Situation zu erzählen, um eine mögliche Schemaaktivierung auszulösen. Der Patient soll in der therapeutischen Situation Handlungsimpulse verspüren, die er ebenfalls in der realen Situation verspürt hatte: Er soll ähnliche Körperwahrnehmungen erleben, ähnliche Gefühle und ähnliche Gedanken haben. Diese werden mit Paraphrasieren, Verbalisieren und Explizieren Schritt für Schritt geklärt, so dass die am Anfang gestellte Frage beantwortet werden kann. In diesem Prozess ist es durchaus möglich, in das autobiografische Gedächtnis einzutauchen und die interpersonalen Situationen herauszuarbeiten, die dazu geführt haben, dass der Patient ausgerechnet diese Interpretationsschablonen und nicht andere hat (für eine detaillierte Diskussion des Klärungsprozesses, vgl. Sachse, 2003).

Der Einbezug des autobiografischen Gedächtnisses in diesem Prozess hat den Vorteil, dass die Prinzipien der Gedächtnisrekonsolidierung hier zur Anwendung kommen können (Lane, 2024). Grundsätzlich geht es dabei um zwei Aspekte, die zusammen orchestriert langfristige Veränderung in zentralen negativen (oder traumatischen) Gedächtnisinhalten versprechen. Erstens soll die negative Erinnerung aktiviert werden, um die assoziierten Gedächtnisnetzwerke zu aktivieren. Zweitens soll ein neuer – positiver und realitätskonformer – Gedächtnisinhalt präsentiert werden, der die Funktion hat, die alten Inhalte zu revidieren und zu ersetzen. Dabei sollte der neue Inhalt mehrere Aspekte des ursprünglichen Gedächtnisinhalt beinhalten, um zu vermeiden, dass das menschliche Hirn den neuen Inhalt lediglich als »Ausnahme« der ursprünglichen Version abspeichert (und es somit zu keiner kompletten Rekonsolidierung der Gedächtnisinhalte kommt; Lane, 2024).

Im vorliegenden Beispiel wäre es notwendig, die Emotionen, die der verzerrten Interpretation zugrunde liegen, genau zu identifizieren und deren Ausdruck in der Sitzung explizit zu erlauben, so dass eine komplette Klärung und Transformation der Inhalte überhaupt möglich sind.

Um Veränderungen in der funktionellen Domäne der kognitiv-perzeptuellen Verzerrungen wirklich langfristig zu stabilisieren, ist es entscheidend, dass diese neu erarbeiteten Interpretationen und Wahrnehmungen durch den Patienten oft benutzt und geübt werden. Dies kann in der Therapiesitzung selbst geschehen, indem der Therapeut zum Beispiel Rollenspiele anbietet, oder den Patienten in Imaginationsübungen die Situation mit der neuen Interpretation durcherleben lässt. Es sollte weiterhin zwischen den Sitzungen passieren, in Form von gezielt gegebenen Hausaufgaben. Es ist hierbei für Psychotherapeuten jeder Obedienz zentral, diese Veränderungen im Alltag des Patienten proaktiv zu implementieren und deren Implementierung regelmäßig zu überwachen.

9 Umgang mit problematischer sozialer Interaktion

9.1 Fallbeispiel: »Meine Freundin ist an meinen Problemen schuld«

Silvia liest ihre Notizen durch. Die Türglocke läutet.

Silvia erhebt sich und begibt sich zum Wartezimmer. »Herr Gomez.« Enrico begrüßt die Therapeutin und folgt ihr in den Therapieraum.

Beide setzen sich und Silvia bittet Enrico, das Thema der Sitzung zu nennen.

»Mhm, ich weiß gar nicht. Ich weiß zwar, dass Sie mich dies immer fragen, aber ich kann mich nicht daran gewöhnen, dass ich das selber herausfinden muss. Mal schauen, was gerade ansteht«, meint er leicht irritiert.

»Ja, ich finde, Sie machen das ja gut. Vielleicht ist ja auch noch etwas von letzter Sitzung offengeblieben«, hilft Silvia sachte nach.

»Ja, ich denke, das ist wirklich etwas. Ich habe nun wirklich alle meine Probleme dargelegt, und wir konnten auch schon einiges bearbeiten. Was mir in dieser Woche durch den Kopf ging, war – und es ist immer noch präsent – die Tatsache, dass ich all diese Arbeit in der Therapie mache, während meine Freundin die Schuldige an meinen Problemen ist!«

»Aha, interessant.« Silvia nimmt einen tiefen Atemzug »Können Sie noch ein bisschen mehr dazu sagen?«

»Ja, gerne. Mir ist aufgefallen, dass es in vielen Situationen, vielleicht nicht allen, aber in vielen, so ist, dass die Probleme nur auftauchen, wenn ich mit meiner Freundin zusammen bin. Diese Wutausbrüche, diese Depression, und auch das selbstverletzende Verhalten, was jetzt zum Glück viel besser geworden ist, nicht zuletzt dank der Therapie bei Ihnen.«

»Was meinen Sie denn damit, wenn Sie sagen, dass Ihre Probleme, oder einige davon zumindest, scheinbar nur im Beisein Ihrer Freundin auftreten?«

»Ich meine, dass es so ist. Es ist zwar jetzt schon besser, aber meine Freundin bringt mich manchmal zur Weißglut und das wissen Sie auch. Ich kann noch lange hier Wahrnehmungsübungen machen, solange sie sich nicht ändert, ändert sich mein Problem auch nicht!«

»Ok, Sie sagen, dass Ihre Freundin bei Ihnen etwas auslöst, das Sie dann dazu bringt, so wütend, und nicht anders, zu reagieren.«

»Ja, ich fühle mich da irgendwie eingeengt, wenn Elsa mir sagt ‚Wann laden wir meine Freunde wieder ein?'«

»Interessant. Was genau löst denn diese Frage in Ihnen aus? Das würde mich interessieren«, fährt Silvia fort.

»Mhm, ich weiß gerade nicht«, antwortet Enrico schnell.

»Lassen Sie sich ruhig Zeit und versuchen Sie bei dieser Frage zu bleiben, und diese auf sich wirken zu lassen.«

»Mhm, ja.«

»Sie machen das gut«, versucht Silvia zu unterstützen.

Pause.

»Ich fühle mich eben eingeengt und mir kommen dann diese Ideen und Fragen, warum eigentlich ich so lange Therapie machen muss und nicht meine Freundin.«

»Ok, das geht ganz schnell. Versuchen Sie, nochmals genau hinzuspüren, was da alles drin ist, wenn Sie sich vorstellen, dass Ihre Freundin Elsa, in der Situation, fragt, wann Sie beide wieder ihre Freunde einladen.«

Enrico atmet tief ein und schließt die Augen. »Ja, da ist wieder das beengende Gefühl, wie ein Kloß im Hals, so dass ich fast nicht mehr atmen kann.«

»Atmen Sie…«

Enrico atmet tief durch und blickt Silvia direkt an. »Ich spüre diese Beengung jetzt gerade, hier im Hals. Das ist ein unangenehmes Gefühl, das verschwinden soll. Ich weiß nicht, was das bedeutet.«

»Gut, bleiben Sie bei diesem Gefühl, das ist wichtig«, instruiert Silvia. »Und ich verstehe, dass Sie möchten, dass das unangenehme Gefühl verschwindet, aber bleiben Sie jetzt gerade dabei.«

Stille.

Silvia beobachtet Enrico genau und nimmt sein Unwohlsein wahr. Er bewegt sich auf dem Ledersessel hin und her und atmet tief, hält die Augen halb geschlossen.

Langsam kommentiert er: »Es ist so wie, wenn ich das Gefühl kriege, in der Situation mit Elsa, als ob ich nichts zu sagen habe, als ob sie entscheiden darf, was ich machen soll und was nicht. So wie ‚Jetzt entscheide ich'. Ich nehme ihre Art als eine Art wahr, die mich einschränkt und ein bisschen, wie soll ich sagen, dominant ist mir gegenüber, als ob ich nichts entscheiden darf.«

»Mhm, interessant. Also, ob Sie nichts entscheiden dürfen, ist ja ein Element, das bis jetzt nicht aufgetaucht ist in dieser Beziehung. Was ist denn in dem Gefühl drin, nichts entscheiden zu dürfen?«

»Als ob ich ein Junge wäre, der seine Eltern fragen muss, ob er gewisse Dinge darf, oder nicht darf, und der selbst nichts entscheiden darf. Das bringt mich auf die Palme, aber echt.«

»Da scheinen Sie ja ganz sensibel zu reagieren und ich finde es toll, dass Sie dies so genau identifizieren können. Können Sie sich vorstellen, jetzt in dieser Situation mit Elsa zu sein und das Gefühl hochkommen lassen, dass Sie wie ein Junge sind, der nichts entscheiden darf, und Sie Elsa so dominant wahrnehmen?«

»Ja, das mache ich. Ich bin schon drin und nun ist die Anspannung wirklich stark. Ich habe irgendwie den Drang, jemanden anzugreifen, aber echt, mich wirklich freizuschlagen sozusagen.«

»Sie beschreiben das Gefühl sehr gut. Machen Sie weiter«, ermuntert Silvia.

»Als ob ich die Verantwortung ganz abgebe und als ob jemand anders, Elsa eben, die Verantwortung der Entscheidung übernimmt und ich die Klappe zu halten habe.«

Silvia paraphrasiert: »Bleiben Sie dabei. ... Ja, gut. ... ‚Als ob ich die Klappe zu halten habe'.«

Enrico ringt um seine Verfassung. Er scheint zutiefst berührt zu sein durch Silvias Intervention.

»Das machen Sie gut«, ermuntert Silvia, »bleiben Sie dabei, bei dem Gefühl, das Sie jetzt gerade verspüren. Ja.«

»Ich merke gerade, dass es sich irgendwie verändert, das Gefühl im Hals.«

»Wie verändert es sich? Können Sie es beschreiben?«

Enrico: »Ist schwierig zu beschreiben, so anders einfach, also bestimmt ein bisschen weniger intensiv. Und vorher war das Gefühl so scharf und spitz, wenn das überhaupt Sinn ergibt, jetzt eher etwas dumpf und eben weniger intensiv.«

»Bleiben Sie beim dumpfen Gefühl. Was sagt es Ihnen? Wenn das dumpfe Gefühl sprechen könnte, was würde es Ihnen sagen?«

»Es würde sagen, ich soll die Klappe halten und dass ich nichts ausrichten oder ändern kann. So ein Gefühl, alle Kontrolle abzugeben und nichts beeinflussen zu können, und...«

»Gut, was löst das in Ihnen aus?«, hakt Silvia nach.

»Es macht mich sehr ... traurig.«

Stille.

Enrico beginnt zu weinen. Ganz still vor sich hin und es scheint, als könne er nicht mehr aufhören. Silvia bleibt dabei und unterstützt den zunehmend intensiven emotionalen Zustand ihres Patienten, der hier, vor ihr, sichtlich eine tiefe und sehr relevante Trauer ausdrückt. Mit Respekt unterstützt Silvia diese Erfahrung, indem sie Enrico mit sanfter Stimme von Zeit und Zeit ihre Präsenz markiert: »Ja, Sie machen das gut«, oder wo es passt, »das macht Sie grundsätzlich sehr, sehr traurig, bleiben Sie dabei.«

Enrico bleibt dabei, seinen Blick auf den Boden gerichtet. Silvia konzentriert sich auf Enricos Trauer und lauscht dem Ausdruck seiner Erfahrung. Im Raum herrscht eine konzentrierte Stimmung, die nicht nachlässt.

Enrico versucht zu sagen: »Was mich so traurig macht, ist...«, und schweigt unterbrochen von einer erneuten Tränenwelle.

»Ja, ich nehme wahr, wie tieftraurig Sie sind. Dass Ihnen ganz viel gefehlt hat. Bleiben Sie bei dem Gefühl...«

Enrico holt Luft. »Was mir gefehlt hat, ist jemand, der mir einfach zuhört und der mir bei meiner Trauer immer noch in die Augen schauen kann. Ich habe gelernt, dass ich nichts auszurichten vermag oder keine Stimme habe.« Pause. »Aber ich realisiere jetzt, dass das alles nicht stimmt. Und das stimmt mich sehr traurig, da ich mir vorstelle, dass ich durch dieses Lernen gewisse andere – schöne – Erfahrungen nicht gemacht habe. Ich habe schöne und entspannte Momente verpasst.«

Silvia nimmt dies empathisch auf: »Sie haben so viele schöne und entspannte Momente im Leben verpasst, womöglich dadurch, dass Sie in Ihrem Leben erfahren und gelernt haben, dass Sie keine Kontrolle auf die Dinge haben, dass Sie nichts ausrichten können, dass vielleicht andere über Sie entscheiden können, wie sie möchten. Das stimmt Sie sehr traurig.«

Enrico weint schluchzend und atmet tief durch.

»Bleiben Sie beim Schmerz. Das ist ein Schmerz, den Sie kennen, *Ihren* Schmerz. Bleiben Sie dabei.«

»Ja.«

»Und atmen Sie weiter tief. Sie machen das sehr gut.«

Enrico fasst sich allmählich und atmet tief durch: »Ich merke gerade, wie sich etwas gelöst hat bei mir. Ich fühle mich irgendwie freier.«

Silvia betont: »Sie fühlen sich freier. Bleiben Sie bei dem Gefühl. Was sagt Ihnen das Gefühl der Befreiung?«

»Dass es jetzt anders ist. Dass ich jetzt das Recht habe, meine Stimme geltend zu machen und Grenzen aufrechtzuerhalten. Und etwas durchzusetzen, und Dinge zu benennen, wenn sie nicht okay sind. Dass ich nicht darauf warten muss, dass andere über mich bestimmen, sondern, dass ich selber bestimmen kann, zumindest teilweise. Das fühlt sich jetzt gerade ein bisschen befreiend an.«

»Sehr gut ... Ja.«

»Und mir wird gerade bewusst, dass ich sehr oft darauf gewartet habe, dass andere mir sagen, was zu tun ist. Dass ich gewartet habe, dass andere die Initiative ergreifen, statt selbst meine eigenen Bedürfnisse auszudrücken. Ich habe damit gerechnet, dass ich diese Bedürfnisse umformulieren muss und aber nichtsdestotrotz ‚meinen Garten' gut verteidigt. Diese Erfahrung fehlt mir. Ich habe nun das Gefühl, dass ich das mehr und mehr machen kann.«

»Sehr gut, es ist fast so, dass Sie gelernt haben, aufgrund Ihrer Geschichte, dass Sie selbst keine Stimme und keine Kontrollmöglichkeiten haben, was dazu geführt haben könnte, dass Sie grundsätzlich darauf gewartet haben, dass andere über Sie entscheiden, vielleicht sogar Ihre Grenzen überschreiten, ohne es zu merken, da Sie ja nichts gesagt haben.«

Enrico atmet tief durch und reagiert: »Ja, ich finde das eine gute Zusammenfassung. Ja.«

Silvia fragt nach: »Und wo sind Sie jetzt gerade mit Ihrem beengenden Gefühl im Hals, das Sie eingangs erwähnt hatten?«

Enrico entgegnet: »Ich spüre es zwar noch ein bisschen, aber ich spüre genauso die Befreiung. Das Befreiende und Lustvolle und die Energie, die das Beengende langsam auflöst. Es löst sich auf. Ich merke es.«

»Sehr schön. Mir wäre es wichtig, nochmals auf den Startpunkt zurückzukommen. Sie hatten heute zu Beginn erwähnt, dass Sie das Gefühl hätten, Ihre Freundin sei für Ihre Probleme verantwortlich und Sie seien wegen ihr hier, insbesondere weil die Wut und die selbstverletzenden Handlungen fast nur im Rahmen dieser Beziehung aufgetaucht sind. Wo sind Sie jetzt gerade mit dieser Überlegung? Haben Sie heute etwas dazugelernt zu dieser Frage? Schauen Sie mal...«

Enrico stutzt einen kurzen Moment.

»Irgendwie ist dieses Gefühl gar nicht mehr da. Ich finde das gerade völlig verwirrend. Denn ich kann mich zwar jetzt erinnern, dass ich das geglaubt habe, als ich in die Sitzung gekommen bin und so habe ich mich ausgedrückt, ja. Aber jetzt stimmt das irgendwie gar nicht mehr so. Das macht mich gerade stutzig. Ich kann mir das gar nicht erklären. Ich war ja so überzeugt davon und irgendwie hat das auch tatsächlich Sinn ergeben. Und jetzt ist es so, dass ich viel mehr .... zögere und eigentlich unsicher bin, wenn es dazu kommt, eine perfekte Erklärung zu finden, warum ich Wutanfälle oder Selbstverletzungen habe. Und interessanterweise ist dieses Zögern oder Unwissen nicht mal unangenehm. Es hat in jedem Fall damit zu tun, auf was ich heute hier in der Sitzung gestoßen bin«

»Ja, interessant, es scheint, als hätten sich in dieser Sitzung Gewissheiten aufgelöst und nun bieten sich nun neue Erklärungen an, aber Sie wollen auch offen sein und sind sich darüber im Klaren, dass wohl keine davon vollumfänglich stimmen wird.«

Enrico erwidert: »Ja, so ist es. Aber ich weiß nun, dass ich selber auch etwas dazu tue, dass ich mich so und nicht anders fühle und verhalte. Nicht absichtlich, aber durch meine Erfahrungen und meine Wahrnehmungen.«

Stille.

»Also, um auf Ihre Frage zu antworten«, ergänzt Enrico, »ich weiß jetzt, dass die Gründe komplexer sind als einfach meiner Freundin die Schuld in die Schuhe zu schieben. Meine Biografie hat mich dahin gebracht, dass ich mich so verhalte. Das spüre ich jetzt genau!«

Stille.

Silvia hakt nach: »Sie haben vorher vom Lustvollen und von der Energie gesprochen und ich finde das eine tolle Energie. Gibt es etwas, das Sie gerne tun würden mit dieser Energie? Irgendetwas im tagtäglichen Leben, bei dem Sie realisieren, dass Sie es noch nie gemacht haben und in das Sie jetzt diese neue Energie investieren könnten und möchten? Gibt es etwas?«

Enrico lächelt und lässt sich Zeit mit der Antwort. »Diese Frage kann ich im Moment nicht beantworten. Ich finde es eine tolle Frage, aber ich habe gerade nichts im Kopf. Ich überlege mir etwas in den nächsten Tagen und melde mich bei Ihnen. Oder ich versuche etwas bis zur nächsten Sitzung herauszufinden. Ich weiß, ich habe solche Wünsche in mir, aber im Moment bin ich gerade noch in der Sitzung mit Ihnen, da kommt mir nichts in den Sinn.«

Silvia entgegnet: »Ja, ich finde es schön, wenn Sie sich diese Frage zu Herzen nehmen und weiterdenken können, zum Beispiel bis zur nächsten Sitzung.«

Die Sitzung ist schon bald zu Ende, Enrico und Silvia verabschieden sich.

Silvia nimmt ein Notizblatt und versucht, die Sitzung zusammenzufassen. Was ist wichtig?

Silvia verspürt ein Gefühl der Erfülltheit und der positiven Energie, die wohl Enrico heute hier im Raum hinterlassen hat. Silvia bemerkt in sich selbst auch im Nachhinein die tiefe Trauer, die Enrico empfunden und so gut ausgedrückt hat und fragt sich, woher diese Trauer wohl genau kommt. Silvia hat ein paar biografische Hinweise und kann sie so einordnen, ist sich aber auch bewusst, dass noch Details fehlen. Ihr ist auch der Zweifel bewusst, die Öffnung in Bezug auf die Erklärung der Probleme. Nicht sicher zu sein, sei ein »nicht unangenehmer Zustand« hallt es bei Silvia nach dieser Sitzung noch nach. Lächelnd nickt Silvia, zustimmend, zumindest teilweise, sagt sie sich im Stillen.

9.2 Besprechung: Auf dem Weg von problematischer sozialer Interaktion zu interpersonaler Effektivität

Der Weg von problematischer sozialer Interaktion zu interpersonaler Effektivität wird in mehreren Psychotherapiemodellen der Persönlichkeitsstörungen beschrieben. Dies hat damit zu tun, dass Persönlichkeitsstörungen auch als Interaktions- oder Beziehungsstörungen konzeptualisiert werden können (Benjamin, 1993; Gunderson et al., 2018; Hopwood et al., 2019; Sachse et al., 2010). Auch wenn nicht alle Therapiemodelle so weit gehen, ist es doch relevant zu bemerken, dass die Konsequenzen vieler Symptome und Probleme im Rahmen der Persönlichkeitsstörungen interpersoneller Natur sind. Viele PatientInnen (mit diesen Diagnosen) ersuchen psychotherapeutische Hilfe in erster Linie, weil das Umfeld ihr Interaktionsverhalten nicht toleriert, oder weil ihnen von nahestehenden Personen dazu angeraten wurde.

Aspekte der problematischen sozialen Interaktion können von Aspekten der sozialen Kognition unterschieden werden. Wir definieren die problematische soziale Interaktion als die wahrnehmbaren Aspekte von langandauernden interpersonalen Mustern und Schemata. Die soziale Kognition umfasst die kognitiv-affektive Fähigkeit, sich selbst von außen wahrzunehmen, und andere von innen (Oldham, 2009; Choi-Kain & Gunderson, 2008). Dieser Bereich umfasst Konzepte wie Theory of Mind, Mentalisieren und metakognitive Kapazitäten. Entsprechend sind die Zwischenziele auf diesem Veränderungsweg multipel und können vom spezifischen Therapieansatz abhängen.

Grundsätzlich kann dieser Weg der Veränderung in a) eine präzisere Repräsentation der Determinanten des Problems (was eine klärende Funktion darstellt) und b) eine erhöhte Effektivität der Handlung (was eine bewältigende Funktion darstellt) aufgeteilt werden. Grundsätzlich konnte für Psychotherapie gezeigt werden, dass klärende Prozesse, oder verbesserter »Insight« (Einsicht), mit Therapieerfolg zusammenhängt (Jenissen et al., 2018). Diese Metaanalyse fand Punktkorrelationen zwischen Insight und Therapieresultat gefunden, bezog die dynamische Veränderung dieser Variablen aber nicht mit ein. In einer Serie von Studien zu Psychotherapien der Persönlichkeitsstörungen, die in Sachse und Kramer (2023) zusammengefasst sind, konnten gezeigt werden, dass die dynamische Veränderung über die Psychotherapie die präziseren Repräsentationen von interpersonellen Inhalten die Therapieresultate prädiziert (Babl et al., 2022; Maillard et al., 2019), wobei diese Veränderung bei spezifischen psychischen Störungen nicht mit dem Therapieresultat in Verbindung steht (insbesondere der dependenten Persönlichkeitsstörung, und bei Depressionen und Angststörungen; Maccaferri et al., 2019; Simsek, 2022). Interessanterweise prädizieren die therapeutischen Interventionen nicht direkt den Outcome bei Persönlichkeitsstörungen, nur indirekt über die Patientenprozesse (Babl et al., 2022), was eines der stärksten empirischen Argumente für eine patientenfokussierte Konzeption der Wirkfaktoren bei der Behandlung von Persönlichkeitsstörung ist, wie sie im vorliegenden Werk vertreten wird.

In der breiteren Psychotherapieforschung wurden mehrere Sub-Funktionen von Verbesserung von sozialer Interaktion als Wirkfaktor in Behandlungen der Persönlichkeitsstörungen studiert. Im Rahmen der Übertragungsfokussierten Psychotherapie zeigten Levy et al. (2006), dass sich das reflektive Funktionsniveau verbesserte, so wie die Qualität der Bindung (in unabhängigen klinischen Interviews erfasst). Ähnliche Schlussfolgerungen wurden von Fischer-Kern et al. (2015) gezogen; diese Studie zeigte, dass diese Veränderungen in interpersonaler Reflektivität die Persönlichkeitsorganisation vorhersagte. Selbsteingeschätzte Mentalisierungsfähigkeit verbesserte sich über die Therapie, gemäß de Meulemeester et al. (2018); diese Veränderungen prädizierten die Therapieresultate. Chiesa et al. (2021) konnten zeigen, dass ein Step-down Ansatz in der Behandlung der Persönlichkeitsstörungen besonders wirksam war in der Verbesserung der reflektiven Fähigkeiten, welche die sozialen und allgemeinen Resultate der Therapie vorhersagten. Studien konnten zeigen, dass die Qualität der fremdeingeschätzten Mentalisierungsfähigkeit (in der Therapiesitzung) von spezifischen Therapieinterventionen unterstützt werden kann (Kivity et al., 2022; Möller et al., 2017). Veränderungen in meta-kognitiven Strukturen der PatientInnen ergaben ein ähnliches Bild (Maillard et al., 2019). Die situationsübergreifende Generalisierung (sogenannte »pervasiveness«) der Inhalte von interpersonalen Mustern (gemessen mit dem Core Conflictual Relationship Theme, CCRT) in Patienten mit einer Borderline-Persönlichkeitsstörung verändern sich bereits in kürzeren Therapiezeiten, wie Kramer et al. (2022) zeigen konnten; diese Verbesserungen prädizierten die Reduktion der Intensität der Borderlinesymptomatik. In der bisher größten Studie im Bereich der Psychotherapieprozesse der Persönlichkeitsstörungen, im Rahmen einer naturalistischen Studie in Deutschland zur Klärungsorientierten Psychotherapie durchgeführt, untersuchten Babl et al. (2022) 382 Probanden. Sie fanden in einer sequenziellen Analyse, dass die Verbindung zwischen der Reduktion von interpersonalen Mustern in den Patienten mit dem Therapieerfolg am Schluss der Therapie durch die TherapeutInnen-Intervention mediiert werden, die auf diese interpersonalen Muster fokussieren.

Alle bisher erwähnten Studien befassten sich mit psychodynamischen oder humanistischen Psychotherapieformen und die Frage stellt sich, wie zentral die Veränderung von problematischer sozialer Interaktion in verhaltenstherapeutischen Verfahren ist, wie zum Beispiel in der Dialektisch-Behavioralen Therapie. Bedics et al. (2012) konnten spezifische Verbesserungen der Selbst-Affirmation, des Selbstwerts, des Selbstschutzes und einer verminderten Selbstattacke im Rahmen der DBT beobachten. Theory of Mind wurde schließlich in neurofunktionalen prä-post Designs zur BPS studiert. Kramer et al. (2018) konnten zeigen, dass die Effekte der Therapie mit Funktionen des Theory of Mind verbunden sind, insbesondere mit Veränderungen im orbitofrontalen, im anterioren cingulaten Kortex und im ventralen Striatum.

Es ist interessant zu beobachten, dass verschiedene Psychotherapiemodelle spezifische Wege aufzeigen, die zu der Auflösung von problematischer sozialer Interaktion beitragen. Die kognitive Therapie und Schematherapie konzentrieren sich auf die kognitiven Inhalte, die den problematischen Interaktionen zugrundeliegen und lösen diese mit entgegengesetzten Erfahrungen auf. Metakognitive und mentalisierende Ansätze fokussieren nicht direkt auf die problematischen Inhalte, sondern auf die problematischen Prozesse, die den sozialen Interaktionen zugrundeliegen. Psychodynamische Ansätze, so zum Beispiel auch die Übertragungsfokussierte Therapie, nehmen an, dass die soziale Interaktion bestimmte unbewusste Muster wiederspiegelt, die aktiviert werden sollen: Prinzipiell problematische soziale Interaktion werden so zu Beziehungskrisen und innerhalb der therapeutischen Beziehung aktiviert, interpretiert und gelöst. In der Verhaltenstherapie und der Dialektisch-Behavioralen Therapie, werden die verhaltensverstärkenden zwischenmenschlichen Transaktionen analysiert und aufgelöst. Schließlich gibt es die klärende, emotionsfokussierte und erlebnisbasierte Perspektive (Greenberg, 2015; Kramer & Timulak, 2022; Sachse, 2003; Sachse et al., 2010), die durch die Psychotherapeutin Silvia im Fallbeispiel illustriert wird. Dabei geht es der Therapeutin darum, zu den primären Emotionen und Prozessen des Patienten zu gelangen. Die problematischen sozialen Interaktionen und ihre zugrundeliegenden Annahmen werden als sekundäre Prozesse verstanden, die einen externalen Fokus im Patienten darstellen, und es dem Patienten somit nicht erlauben, nach innen – in die eigentliche Erfahrung – zu schauen. Es muss also erst einmal ein internaler Fokus hergestellt werden.

Ein weiterer interessanter Therapieansatz, der explizit die interpersonale Effektivität fördert, ist das Cognitive-Behavioral Analysis System for Psychotherapy (CBASP; McCullough, 2014; Elsässer & Schramm, 2022 zum Nutzen von CBASP Techniken im Rahmen der modularen Psychotherapie). CBASP wurde zwar für die Behandlung der chronischen Depression auf dem Hintergrund von interpersonalen Traumata entwickelt, aber in einer transdiagnostischen Konzeption ist von Überlappungen mit Persönlichkeitsstörungen auszugehen. Gerade die Situationsanalyse, wo es darum geht, das vom Individuum gewünschte Ergebnis einer Interaktionssituation mit konkreten Handlungen zu verbinden, ist für Patienten mit einer Persönlichkeitsstörung von Bedeutung. Diese Interventionen helfen dem Individuum, die problematischen Aspekte seiner sozialen Interaktion wahrzunehmen (was eine klärende Funktion hat) und danach zu lernen, welche Handlung effektiv ist (was eine bewältigende Funktion hat). Weitere interpersonelle Techniken im Rahmen des CBASP (zum Beispiel das kontingente persönliche Sich-Einbringen, »contingent personal responsivity«) können, auch zur Unterstützung dieses Wegs der Veränderung bei Persönlichkeitsstörungen herangezogen werden.

Die Komplexität der empirischen Basis des Weges von problematischer sozialer Interaktion zur interpersonalen Effektivität reflektiert gleichzeitig die Relevanz dieses Weges und die mangelnde Ausgereiftheit der untersuchten Konzepte (im Sinne von Goldfried, 2019). Studien zu Wirkfaktoren können dazu beitragen, die empirische Grundlage zu diskutieren und eine konzeptuelle Wende einzuleiten, die die empirischen Nachweise kohärent mit funktionalen Domänen in Verbindung bringen, unabhängig von der zugrundeliegenden Theorie eines spezifischen Therapieansatzes.

In Bezug auf die Sitzung mit Enrico können folgende Überlegungen zu diesem Veränderungsweg in der Psychotherapie der Persönlichkeitsstörungen angestellt werden.

Der Patient kommt in die Sitzung ohne bestimmtes Thema, beziehungsweise eröffnet er die Sitzung mit dem Hinweis, dass nicht nur er selbst Psychotherapie benötige, sondern auch seine Freundin. Er begründet seine Aussage damit, dass viele seiner problematischen Verhalten und Symptome in der Interaktion mit seiner Freundin stattfänden. Was passiert in dieser Situation? Worauf soll die Psychotherapeutin fokussieren? Es scheint die richtige Haltung zu sein, wenn die Psychotherapeutin offen dafür ist, enge Bezugspersonen mit in die Psychotherapie einzuladen. Es drängt sich hier (oder schon früher im Therapieprozess) auf, tatsächlich Enricos Freundin Elsa, einzuladen, um die komplementäre Sichtweise der Probleme zu hören, um heteroanamnestische Angaben zu erfassen und um die Paarinteraktion auch real im Therapieraum beobachten zu können. Schließlich kann die Präsenz der Freundin der Psychotherapeutin in der Diagnostik, der Evaluation und Fallkonzeption hilfreich sein. Insbesondere könnten in so einer Sitzung Elemente auftauchen, die zusätzlich zu der individuellen Therapie möglicherweise zur Indikation Paartherapie führen.

Unabhängig von diesem Realitätsaspekt, die Freundin in die Behandlung einzubeziehen, ist es interessant, dass der Patient diese Sitzung auf genau diese Weise startet. Man könnte diese Eröffnung als Teil der funktionalen Domäne der problematischen sozialen Interaktion sehen, oder man könnte sie ebenfalls der Beziehungskrise (im Rahmen der impliziten Kritik an der Psychotherapie) zuordnen. Da die formulierte Kritik nicht direkt an die Psychotherapeutin gerichtet ist, ist es wohl richtig, sich auf den Bereich der problematischen sozialen Interaktion zu konzentrieren (die der Beziehungskrise per definitionem zugrunde liegt).

Enricos Äußerungen hinsichtlich einer potenziellen Psychotherapie sind für Silvia möglicherweise befremdlich; grundsätzlich ist davon auszugehen, dass die eigentliche soziale Interaktion zwischen Psychotherapeutin und Patient wenig problematisch ist. Schwierig sind jedoch die ihr zugrundeliegenden Annahmen, d. h. die soziale Kognition – die Art und Weise, wie über (nahe) Beziehungen gesprochen wird. Es ist deshalb richtig, dass sich Silvia auf die dem Ausdruck zugrundeliegenden Annahmen konzentriert und zu verstehen versucht, welche Aspekte im Patienten ihn zu exakt dieser und keiner anderen Aussage verleitet haben.

Enrico spielt schon zu Beginn der Sitzung auf sein Innenleben an, auch wenn er noch keine internale Perspektive eingenommen hat, nämlich an der Stelle, wo er erwähnt, dass seine Freundin ihn zur »Weißglut« bringe, um direkt im Anschluss erneut eine Aussage zur Freundin selbst zu machen (sie soll sich »ändern«). Auf geschickte Weise fokussiert die Therapeutin hier nicht auf die Inhalte (das, was der Patient seiner Freundin vorwirft), sondern auf die »Weißglut«, oder allgemein, was denn die Freundin genau in ihm auslöst. Dies ist die erste internalisierende Intervention der Therapeutin, der Enrico gut folgen kann (er meint, er fühle sich »eingeengt«, und gibt eine konkrete Situation an, wann das passiert). Die Therapeutin bleibt dabei und klärt die emotionale Reaktion des Patienten vertiefend. Enrico ist hierauf leicht verwirrt und äußert »ich weiß gerade nicht«. So eine Antwort ist in solchen Therapieprozessen, insbesondere bei PatientInnen mit einer Persönlichkeitsstörung, die Probleme in der Selbstwahrnehmung aufweisen und damit eine stabile internale Perspektive zu halten, häufig. Silvia macht deutlich, wie in einem derartigen Fall vorgegangen werden kann. Sie bleibt dabei und lädt den Patienten ein, sich auf die Fragestellung zu konzentrieren und auf den Körper zu hören, unterstützt und ermuntert ihn, genau hinzufühlen und hinzuschauen. Der Patient kann in der Folge wieder eine ähnliche Antwort geben, die sich inhaltlich wenig von den vorhergehenden unterscheidet. Als die Therapeutin den Patienten einlädt, sich die stressreiche interpersonale Situation plastisch vorzustellen, beschreibt Enrico einen »Kloss im Hals«, in Kombination mit Atemproblemen. Die Therapeutin unterstützt ihn direkt und leitet ihn an, zu atmen. Sie konnotiert das beengende Gefühl eher positiv, als Teil des Prozesses, und leitet den Patienten an, dabei zu bleiben. Enrico stellt sich nun die Frage, was das Gefühl wohl bedeuten könnte, was ein aktuelles, vielleicht neues Interesse an seinem Innenleben markiert. Einen Moment lang hält er seine Augen halb geschlossen und atmet tief. Dies sind optimale Bedingungen für den Patienten, um in tiefere Inhalte einzutauchen und primäre adaptive Emotionen zuzulassen. Tatsächlich beschreibt der Patient das Gefühl, in der Interaktion mit seiner Freundin die Kontrolle zu verlieren, als ob er nicht entscheiden könne. Mit der Hilfe der Psychotherapeutin, die hier prozessdirektiv vorgeht (und fast keine inhaltlichen Vorgaben macht!), kommt Enrico auf das Bild des Jungen – sich selbst –, der seine Eltern um Erlaubnis fragen muss, bevor er etwas entscheiden darf. In der (imaginierten) Situation beschreibt der Patient die Handlungstendenz, sich »freizuschlagen« (und aggressiv zu werden; vgl. der Zusammenhang mit der funktionalen Domäne Impulsivität. Gleichzeitig wird die Imagination intensiver und der Patient stellt sich vor, dass seine Freundin ihm zu verstehen gebe, »die Klappe zu halten«. Dies paraphrasiert die Therapeutin als wohl prägnantesten Trigger, den der Patient bis dahin – möglicherweise ein Grund dafür, dass Enrico an dieser Stelle beginnt die Fassung zu beginnen.

Die Inhalte in der Sitzung verlangsamen sich nun und es tritt eine primäre adaptive Trauer zutage. Der Patient lässt es zu, und die Therapeutin unterstützt ihn aktiv dabei. Es ist beeindruckend, wie bewusst der Patient an der Stelle Nuancen in der Aktivierung und der Art des Gefühls wahrnimmt und dies auch relativ genau beschreiben kann. Die Therapeutin passt ihre Intervention sehr schön dem eigentlichen Gefühl an und nutzt viel Paraphrasierungen in ihren Prozessdirektiven, die die Aufmerksamkeit des Patienten nicht vom internalen Prozess loslösen, im Gegenteil: der Patient bleibt stringent mit dem Fokus auf seinem Innenleben.

Dieser stringente Fokus bringt den Patienten zum Weinen. Es ist klar, dass etwas ganz Wichtiges für ihn berührt wird, aber es ist nicht klar, was es ist. Trotz dieser Unwissenheit ist es sehr wichtig, diesen Prozess in seiner ganzen Form entfalten zu lassen. Dies unterstützt die Therapeutin mit viel Prozessdirektiven und klaren Aufforderungen, beim Prozess zu bleiben. Sie konnotiert viele Aspekte positiv und ermuntert (»Das machen Sie gut«). Es ist interessant, dass eine »konzentrierte« Stimmung im Raum beschrieben wird, die »nicht nachlässt«. Möglicherweise lässt viel primäre adaptive Trauer in dieser Situation diese konzentrierte Stimmung echt werden und man kann sofort verstehen und nachspüren, dass es sich dabei um einen produktiven, für den Patienten wohl transformativen, Prozess handelt. Dabei ist es für die Therapeutin wichtig, diesen Prozess nicht mit vielen inhaltlichen Vorgaben zu unterbrechen, sondern den Prozess akzeptierend und wertschätzend zu begleiten und zu vertiefen (Sachse, 2003).

In einer Verbalisierung – die in diesem Fall einmal über das Paraphrasieren hinausgeht – erwähnt die Psychotherapeutin an der Stelle, dass die ausgedrückte Trauer in Zusammenhang mit einem Bedürfnis (»dass Ihnen ganz viel gefehlt hat«)

steht. Diese Intervention kommt zu einem Zeitpunkt, als das Erleben der Trauer vollkommen vertieft wurde und somit ein weiterer Schritt in Richtung Symbolisierung angezeigt ist. Wichtig in erlebnisbasierten Therapien ist dem Prozess der Emotion Zeit zu geben, aber auch, aus dem Gefühl ein Symbol, ein Wort oder eine Bedeutung entstehen zu lassen. So nutzt die Therapeutin zum Beispiel die Intervention: »Wenn das dumpfe Gefühl sprechen könnte, was würde es sagen?«, das genau an der Stelle sinnvoll ist, wenn es darum geht, erste Symbolisierung aus dem Gefühl entstehen zu lassen. Dies ist anders, als kognitive Inhalte sozusagen als »Überschriften« über Erfahrungen zu kleben, stattdessen ist es ein organischer Prozess, der auf den Techniken der erlebnisbasierten Psychotherapie basiert (z. B. im Focusing, Gendlin, 1964).

Auf die Intervention, dass etwas gefehlt habe, kann der Patient sehr klar angeben, dass ihm genau das in seiner Kindheit gefehlt habe, einfach traurig sein zu können und mit einem aktiv zuhörenden und akzeptierenden Gegenüber sprechen zu können. So erwähnt er auch en passant, dass die Erfahrung in der Psychotherapie eine ganz neue ist und ihm somit sehr guttut, insofern sie alten Annahmen komplett widerspricht.

Die empathische Verbalisierung der Therapeutin eines möglichen Bedürfnisses hilft dem Patienten, seinen Schmerz über das Fehlen dieses akzeptierenden, nichtwertenden Zuhörens nochmals tiefer zu spüren, was sich auch in erneutem Weinen zeigt. Der erlebnisbasierte Zugang zum Bedürfnis ist nicht nur in klärungsorientierten Ansätzen wichtig, sondern wird auch ganz explizit in der Emotionsfokussierten Therapie diskutiert (Greenberg & Forster, 1996; Kramer & Pascual-Leone, 2016; Pascual-Leone, 2009; 2019).

Interessanterweise fühlt sich der Patient am Ende dieses Prozesses befreit und meint es habe sich etwas »gelöst«. Man versteht, dass diese Auflösung auch körperlich wahrgenommen wird und der Patient durchatmet und so diese Auflösung unterstützt.

Die Auflösung der problematischen sozialen Interaktion führt bei Enrico zur Bewusstwerdung eines weiteren Aspektes: Er habe auf die Initiativen der anderen Menschen gewartet, ohne seine eigenen Bedürfnisse wirklich wahrzunehmen und seine eigenen Ideen einzubringen. Man spürt am Schluss der Sitzung richtig, wie viel positive interpersonale Energie der Patient versprüht und man kann sich gut vorstellen, wie positiv er auf andere Menschen zugehen kann. Es ist unklar, ob er alle interpersonalen Kompetenzen besitzt, um auch alle Aspekte seiner Bedürfnisse im richtigen Moment, in der richtigen Form auszudrücken, um interpersonal effektiv zu sein. Diese Aspekte sollten, wenn nötig, in einer weiteren Sitzung bearbeitet werden oder können auch separat in spezifischen Therapiegruppen trainiert werden (wenn vorhanden).

Aufgrund der Prozesse, die in der Sitzung dargestellt werden, kann davon ausgegangen werden, dass es sich dabei um eine sehr wichtige Sitzung in dieser Psychotherapie gehandelt hat. Diese Sitzung zeigt auf, wie ein erlebnisbasierter Weg der Auflösung der problematischen sozialen Interaktion in Richtung interpersonaler Effektivität aussehen kann.

Bevor die Sitzung beendet wird, ist es sinnvoll, zum ihrem Beginn zurückzukommen und die problematische soziale Interaktion dem Erreichten gegenüberzustellen. Dies tut die Therapeutin und Enricos Antwort zeigt, dass der Patient wirklich eine transformative Erfahrung gemacht hat. Er sagt er könne sich daran erinnern, als er »geglaubt habe«, vor allem seine Freundin brauche Therapie, aber es sei jetzt nicht mehr relevant. Stattdessen sei er jetzt differenzierter und er zögere mehr auf eine leichte Erklärung zurückzugreifen. Enrico beschreibt dies als »nicht unangenehm«. Gerade ein erlebnisbasierter Ansatz erlaubt solch eine transformative Erfahrung innerhalb relativ kurzer Zeit, da unmittelbar mit den primären adaptiven Emotionen gearbeitet wird und so eine neue Erfahrung entstehen kann. Dies ist im Therapieprozess mit Enrico besonders schön illustriert.

Die Therapeutin beendet die Sitzung mit der Frage, ob es etwas gäbe, das der Patient nun mit der neu gewonnenen »Energie« neu oder anders angehen würde. Der Patient kann an der Stelle keine konkreten Inhalte nennen, nimmt sich die Frage aber zu Herzen und will sie in den darauffolgenden Tagen weiter explorieren. Silvias Intervention ist eine interessante und kreative inhaltliche Weiterführung der Energie, die in der Sitzung hervorgetreten ist. Gleichzeitig ist nicht zu erwarten, dass der Patient diese sehr schwierige Frage direkt beantworten kann. Hilfreich wäre, wenn die Therapeutin dies direkt explizit und die Frage beispielsweise als »Option« darstellt. Auf diese Weise steht der Patient nicht unter Druck, sofort sozusagen eine gute Idee produzieren zu müssen. Die Tatsache, dass er sich hier sehr kompetent aus dieser Situation zieht, zeigt, dass Enrico womöglich viel interaktionelle Grundkompetenz hat, die er in verschiedenen Kontexten einsetzen kann.

10 Umgang mit diffuser Identität

10.1 Fallbeispiel: »Wo es bei mir lang geht im Leben, ist mir unklar«

Die Türglocke erklingt.

Silvia erschrickt – sie war in Gedanken und hat die Zeit vergessen. Sonst bereitet sie sich immer auf ihre Sitzung vor und beschließt, dies auch jetzt noch kurz nachzuholen und den ersten Klienten mit etwas Verspätung zu treffen. Da klopft es an der Türe des Therapieraumes.

Silvia erschrickt erneut und nimmt einen tiefen Atemzug, bevor sie sich ein paar Minuten in die Akte vertieft.

Erneutes lautes Klopfen an der Türe des Therapieraums.

Unbeirrt beendet Silvia das Studium, legt die Akte beiseite und öffnet die Türe. Enrico steht direkt vor ihr.

»Guten Morgen, Frau Fischer.«

»Guten Morgen, Herr Gomez«, erwidert Silvia, mit einem Anflug von Überraschung über die plötzliche Nähe zu ihrem heute frisch rasierten Klienten, der in offenem Poloshirt und engen Jeans nun direkt vor Silvia steht. Zum ersten Mal nimmt sie Enricos Parfum ganz deutlich wahr. Eine sportlich-dezente Note. Irgendwie hatte sie bis dahin eine Wahrnehmung von etwas intensiverem, hat er die Marke gewechselt?

Silvia macht einen Schritt zurück und blickt verlegen auf den Boden.

»Bitte kommen Sie doch herein«, bittet sie freundlich, beide setzen sich.

Silvia entscheidet sich, diese leicht grenzüberschreitende Nähe anzusprechen. »Ich bin etwas überrascht, Sie nicht wie immer im Wartezimmer zu finden. Und haben Sie auch direkt an die Tür geklopft? Warum dieser Wechsel heute?« Silvia versucht, entspannt zu tönen, aber verspürt innerlich eine leichte Nervosität.

»Ich dachte, wir kennen uns nun schon länger, so kann ich vielleicht jetzt direkt in Ihr Büro kommen, oder nicht?«

»Ich ziehe es vor, wenn wir es handhaben wie bislang. Sie können gerne im Wartezimmer warten. Es tut mir auch leid für die kleine Verspätung. Ich hatte noch etwas Dringliches zu erledigen«, kommentiert Silvia.

»Ist schon gut und ja, dann machen wir es halt wieder so, ab dem nächstem Mal.« Enrico schaut etwas verlegen auf den Teppich und scheint nicht so recht weiter zu wissen.

Silvia beobachtet: »Ich frage mich gerade, was in Ihnen los ist. Auch wenn Sie sagen, es ist in Ordnung, scheint noch etwas offen zu sein.«

»Mhm, ja. Ich fühl mich gerade etwas kritisiert und in die Schranken gewiesen.«

»Ah, mhm. Ist es so, dass Sie sich von mir fast zurückgewiesen fühlen, nachdem Sie heute mehrmals an die Tür des Therapieraums geklopft haben, was ohne direkte Antwort verblieb?«

»Ja, ich muss zugeben, das war ein schwieriger Moment für mich. Ich merke, ich komme gerne hierher, und… ich habe auch … positive Gefühle für Sie.«

Nun muss Silvia schlucken und die ganze Episode des Türklopfens, der körperlichen Nähe zu ihr und der Wahrnehmung des Parfums hat eine ganz andere Bedeutung und eine unerwartete Tiefe. Enrico scheint Gefühle für sie entwickelt zu haben.

»Ich bin ein bisschen überrascht das zu hören und ich finde es wirklich super, dass Sie Ihre Gefühle mir gegenüber ansprechen. Sind Sie einverstanden damit, diese positiven Gefühle noch ein bisschen mehr zu beschreiben?«, fragt Silvia.

Enrico schweigt. »Das ist nicht so einfach. Na dann. Ich verspüre, dass ich Sie, Frau Fischer, sehr mag. Und ich habe auch von Ihnen geträumt, und… mhm. Irgendwie ganz komisch, dass Sie mit mir und meiner Freundin in den Urlaub ans Meer fahren und wir gemeinsam zu dritt … Sex haben.«

Pause.

Silvia hakt behutsam nach: »Danke, dass Sie mir dies alles erzählen. Ich finde das sehr wichtig. Träume können wichtige Aspekte des Innenlebens reflektieren. Und Sie sagen, sie haben positive Gefühle für mich als Person, auch wenn wir uns beide bewusst sind, dass diese Träume Ihre Fantasien sind, die ja keinesfalls Realität werden können.«

Enrico atmet auf.

Pause.

»Ihre Worte tun mir gut. Gerade, was Sie am Schluss gesagt haben, ist ja so wichtig für mich. Und es hilft mir, meine Gefühle einzuordnen. Ich bin irgendwie traurig, dass das alles nur Fantasie ist und gleichzeitig eben auch froh und beruhigt, dass es nur Fantasie ist und bleibt. Und ich merke, die Tatsache, darüber zu sprechen, tut mir gut.« Enrico lächelt befreit.

Silvia nickt und schaut Enrico direkt in die Augen.

Nach einer kurzen Weile fragt sie nach. »Möchten Sie dazu noch etwas sagen?«

Enrico schaut Silvia direkt an: »Ich bin froh, dass ich diese Gefühle ausdrücken kann und nicht dafür kritisiert werde. Ich merke, ich habe unterschiedliche Gefühle aktuell, aber grundsätzlich ist es gerade in Ordnung. Ich bin froh, dass ich gesagt habe, was ich gesagt habe.«

»Ich danke Ihnen für Ihre Offenheit. Ich finde das sehr schön.«

Enrico fährt fort: »Ich wollte ja gar nicht darüber sprechen, aber da wir nun beim Thema sind: Ich habe letzte Woche mit einem Mann geflirtet. Nun wissen Sie das auch.«

Unbeirrt interveniert Silvia: »Möchten Sie etwas mehr darüber erzählen? Wie ist es soweit gekommen?«

»Ja, und ich bin noch verwirrt deshalb. Die Beziehung zwischen meiner Freundin Elsa und mir ist ja wirklich super im Moment, auch der Sex: Ich fühle mich wirklich

10 Umgang mit diffuser Identität

gut mit ihr. Ich habe nie einen Gedanken gehabt, anderswo zu suchen«, fängt Enrico an, »aber am letzten Wochenende war es so, dass ich auf einer Party war, und Elsa war nicht mit dabei, da sie mit ihrer Schwester bei einer Freundin eingeladen war. Ich war mit einem Freund, der sich kürzlich geoutet hatte und er hat mir angeboten, in die lokale Schwulenbar zu gehen. Ich fand es eine gute Idee, ich bin ja offen. Und die Stimmung da war wirklich gut, wir tranken gemütlich etwas zusammen. Um es kurz zu halten: Da habe ich eben einen Mann kennengelernt, etwa in meinem Alter und gutaussehend, sehr sportlich und wir haben uns auf Anhieb gut verstanden. Er war sehr sympathisch und das hat bei mir einiges ausgelöst an Gefühlen, so habe ich mich ein bisschen gehen lassen. Es ist schon zu intimem Küssen und so weiter gekommen, aber wir haben nicht miteinander geschlafen. Ich merke aber, schon am Samstag, und heute auch, dass ich Lust darauf hätte, mit ihm. Und das verwirrt mich jetzt. Meine Freundin weiß nichts davon und ich glaube, vorerst wird es ein Geheimnis bleiben müssen. Ich verspüre aber einen Klärungsbedarf. Ich weiß nicht so recht, wie es mit mir weitergeht. Wo es bei mir im Leben im Moment lang geht, ist mir unklar, echt. Das Ganze verwirrt mich und ich bin mir nicht sicher, wie ich alles einordnen kann.«

Lange Stille.

Silvia kommentiert: »Sie haben soeben viele wichtige Details von der Episode am Samstagabend berichtet und Sie haben über Ihre Verwirrung in Bezug auf die Sexualität und womöglich Ihrer sexuellen Orientierung gesprochen. Ich finde das ein sehr wichtiges Thema. Was löst dieses Gespräch jetzt in Ihnen aus?«

Enrico entgegnet: »Ich fühle mich, wie gesagt, verwirrt, und jetzt gerade auch irgendwo wohl, das Thema hier bei Ihnen angesprochen zu haben und willkommen. Es tut gut, das Thema hier so direkt anzusprechen.«

Silvia kommentiert weiter: »Ja, und Sie machen das sehr detailliert. Sie sind sich der Gegensätzlichkeit und des Novums der Erfahrung, die Sie gemacht haben, sehr bewusst, und Sie sagen, es tut Ihnen weh. Insbesondere fragen Sie sich, wie Sie all dies einordnen können und was dies für Ihre Paarbeziehung mit Elsa bedeutet.«

»Ja, genau, das sind meine zwei Fragen.«

»Mit welcher der beiden Fragen möchten Sie anfangen?«

»Meiner Verwirrung. Ich stelle mir die Frage, ob ich wirklich heterosexuell bin, wie ich das bin bislang geglaubt habe, oder bin ich jetzt schwul? Oder bisexuell? Oder etwas anderes? Ich bin selbst sehr offen diesbezüglich und ich habe mehrere gute Freunde aus der LGBQT+ Szene. Ich hatte aber noch nie den Gedanken, ich sei Teil davon. Ändert sich dies jetzt?«

Stille.

Silvia versucht zu intervenieren. »Das sind richtige und wichtige Fragen zu dem Zeitpunkt. Natürlich können nur Sie die Antworten finden, Schritt für Schritt. Möchten Sie, dass ich Ihnen dabei helfe?«

Enrico zögert kurz: »Mhm, ja schon. Ich zögere, weil ich schon selbst entscheiden muss, aber das ist ja genau das, was ich im Moment nicht kann. Ich merke, dass nur ich diese Frage am Schluss beantworten kann. Aber ich vertraue Ihnen zu dem Thema, und wenn Sie Ideen haben, gerne.«

Silvia zögert: »Was löst diese Frage zu Ihrer sexuellen Orientierung bei Ihnen jetzt gerade aus?« Stille.

111

»Ich fühle mich einerseits befreit. Ich fühle, dass mir das Ausprobieren gut tut und etwas Neues auskundschaften mich bereichert. Andererseits ist mir meine Beziehung mit Elsa sehr wichtig. Ich möchte sie nicht verlieren und ich möchte die Beziehung weiter vertiefen. Wir haben schon viel Großartiges und Intimes zusammen erlebt und ich möchte noch viel Neues mit ihr erfahren. Ich bin hin und her gerissen. Ich fühle, dass beides nicht gleichzeitig möglich ist und dass man von mir erwartet, dass ich mich entscheide.«

Silvia versucht, zusammenzufassen. »Sie sind hin und her gerissen zwischen dem Neuen des Kontaktes mit dem Mann und dem Schönen Ihrer Beziehung mit Elsa. Sie haben das Gefühl, es sei nötig, sich zu entscheiden. Wie kommen Sie darauf?«

»Mhm, ja, gute Frage. Ich habe das Gefühl, ich darf nur eine Beziehung haben und beides zusammen geht nicht. Ich möchte ja auch nicht, dass meine Freundin mit jemand anderem rumflirtet, und zudem weiß sie nichts davon. Ich befinde mich in einer Grauzone damit und ich möchte Klarheit für mich. Es belastet mich, wenn ich nicht genau weiß, wer ich bin und welche sexuelle Orientierung ich habe.«

»Das verstehe ich. Sie möchten Gewissheit über Ihre Identität und Ihr Verhalten und Ihre parallelen Erfahrungen mit zwei unterschiedlichen Menschen verwirrt Sie. Das verstehe ich gut. Sie wollen Klarheit und ich nehme wahr, dass Sie sich dafür kaum Zeit geben. Sie wollen sofortige Klarheit, aber es scheint, dass Ihnen Ihr Körper dies im Moment gerade nicht geben kann. Können Sie sich ein bisschen Zeit geben, um sich diese Klarheit zu erarbeiten?«

»Mhm.« Pause. »Ja, klar. Ich setze mich unter Druck, weil ich mich schuldig fühle. Aber ich merke ja selbst, dass mich das nicht weiterbringt, im Gegenteil. Ich brauche ein bisschen Zeit, um diese Erfahrungen zu integrieren. Und Ihre entspannte Haltung diesbezüglich hilft mir. Ich hatte Angst, dass man mich wegen meines Zögerns abwerten würde – auch wenn ich das bewusst als unwahrscheinlich halte, ist es doch so! Aber das ist heute hier nicht geschehen. Das entspannt mich und ja, ein bisschen Zeit wäre gut, glaube ich. Zumindest bis zur nächsten Therapiesitzung.«

»Ja, ich finde, diese Zeit dürfen Sie sich gönnen. Und in dieser Zeit können Sie auch prüfen, wie sich denn diese verschiedenen Optionen Ihrer sexuellen Orientierung anfühlen. Wie steht es mit den Schuldgefühlen, die Sie ansprechen? Sie stellen genau die richtigen Fragen. Bin ich heterosexuell, homosexuell, bisexuell oder etwas anderes? Inwiefern hat diese eine Erfahrung am Samstag meine Identität wirklich verändert? Was ist anders, jetzt, was ist gleichgeblieben? Was will ich, was brauche ich…« assoziiert Silvia.

»Ja, genau, das sind die Fragen, die im Moment in mir sind. Und Sie haben recht, das sind so große Fragen, zu große Fragen, um schnell Antworten zu finden. Ich darf mir Zeit nehmen, das ist klar und tut mir gut.«

Stille.

Enrico führt weiter aus: »Und ich merke schon, dass genau diese Gedanken heute in die Richtung gehen, dass es auch möglich ist, dass meine Identität sich durch diese neuen sexuellen Erfahrungen vielleicht gar nicht grundsätzlich geändert hat. Sondern, dass diese Fragen völlig normal sind und ich mir kaum jemand vorstellen kann, der oder die sich diese Fragen nicht so konkret stellt, so wie ich das jetzt tue.«

10 Umgang mit diffuser Identität

Silvia kommentiert: »Das kann ich nicht beurteilen, ob andere Menschen diese Fragen auch so gut reflektieren wie Sie und sich auch ein bisschen Zeit geben können. Ich finde aber, dass Sie das sehr gut machen.«

Die Sitzung neigt sich dem Ende zu.

Silvia spricht weiter: »Ich finde auch, dass die Themen heute ganz intime Aspekte von Ihrem Erleben betreffen und die Tatsache, dass Sie sich hier so öffnen, finde ich sehr schön. Sie haben über Ihre Träume erotischer Natur gesprochen, wo auch ich vorgekommen bin, und haben von den homoerotischen Erfahrungen mit einem Mann am Wochenende berichtet. Ich nehme wahr, dass Sie hier offensichtlich einen Ort gefunden haben, an dem Sie mit Vertrauen Erfahrungen deponieren können und offen dafür sind, was ich Ihnen diesbezüglich anbieten kann. Auch wenn Sie schlussendlich diese Entscheidungen treffen müssen, für Ihr Leben, Ihre Identität, Ihre Zukunft, ist es doch super, diesen Raum hier zu nutzen, um so intensiv über Ihre Identität zu reflektieren; insbesondere über intime und sexuelle Themen.«

Stille.

Enrico antwortet: »Ich danke Ihnen. Sie haben mir heute geholfen, ein bisschen klarer zu sehen und bei der Einsicht, dass ich mir ein bisschen mehr Zeit geben kann, um Entscheidungen zu treffen. Das hat mir geholfen.«

»Sehr gerne geschehen«, erwidert Silvia.

Die beiden beenden die Therapiesitzung, stehen auf, und verabschieden sich.

»Bis nächsten Montag.«

Silvia schließt die Türe und atmet auf. Sie fühlt sich bestärkt durch die Sitzung mit Enrico. Sie hat das Gefühl auf dem richtigen Weg zu sein. Als Sie vor einiger Zeit Enricos Situation in ihrer Intervisionsgruppe dargestellt hat, erhielt sie ebenfalls viele bestätigende Kommentare ihrer Kolleginnen und Kollegen. Silvia nimmt Enrico als jemanden wahr, der viele Ressourcen hat und es ist ihr besonders wichtig, diese zu bekräftigen, zu unterstützen, um so die fragileren Aspekte seiner Persönlichkeit zu stärken. Insbesondere nimmt Silvia Enrico als einen hoch reflektierten jungen Mann wahr mit vielen internen Widersprüchen, und sie sagt sich, dass er nun heute in der Sitzung die beiden Themen im Zusammenhang mit seinen sexuellen Fantasien und Verhalten angesprochen hat, ein Beweis für ebendiese seine Stärke und seine Ressourcen ist.

Silvia setzt sich an den Schreibtisch. Sie wendet sich ihren Notizen der Sitzung zu, um diese nochmals Revue passieren zu lassen als ihr erneut Enricos Parfumnote in die Nase sticht. Sie erinnert sich an den unbeholfenen Start in die Sitzung, ihre Gefühle während Enricos Erzählung von seinem erotischen Traum sowie an Enricos Verwirrung über seine sexuelle Orientierung und notiert noch einige Punkte in ihren Unterlagen.

10.2 Besprechung: Auf dem Weg von diffuser Identität zum konsolidierten Selbstkonzept

Der Weg von der unklaren, diffusen Identität zum konsolidierten Selbstkonzept ist zentral für die Psychotherapie der Persönlichkeitsstörungen. Trotz der Bedeutsamkeit gibt es kaum gute empirische Forschung, die Identitätsprozesse direkt operationalisiert und untersucht.

Im Bereich der qualitativen Forschung wurden Identitätsprozesse in den Persönlichkeitsstörungen mit der kohärenten Konstruktion von Narrativen in Verbindung gebracht (Fuchs, 2007; Lind et al., 2019, 2020, 2022). Diese Forschung konnte zeigen, dass sich gerade die subjektive Wahrnehmung von Kontrolle innerhalb der Narrativen (»agency«) bei der Borderline-Persönlichkeitsstörung am stärksten verbessert (Lind et al., 2019), im Vergleich zu den anderen narrativen Charakteristika (Struktur/Kohärenz, affektive Elemente und autobiografisches Denken; Lind et al., 2022). Es konnte auch gezeigt werden, dass bei diesen PatientInnen die Narrative häufig kontaminativ aufgebaut ist (d. h. von positiven Elementen zu negativen, statt einer Auflösung der negativen Elemente in Richtung mehr Balance und Integration; Lind et al., 2020), mit einer Kombination von starkem Bedürfnis für Beziehung und tiefer subjektiver Wahrnehmung von Kontrolle. In einer qualitativen Studie zu narrativen Veränderungen in der Psychotherapie konnte Adler (2012) anhand von 47 Einzelfallstudien zeigen, dass sich die subjektive Wahrnehmung von Kontrolle innerhalb der Narrativen, aber nicht die Kohärenz der Narrative, über die Zeit verändert. Diese wahrgenommene Kontrolle des Individuums konnte mit Indikatoren von psychischer Gesundheit in Verbindung gebracht werden. Weitere derartige Studien zu Identitätsprozessen in der Psychotherapie, insbesondere bei der Behandlung von Persönlichkeitsstörungen, wären wünschenswert.

Eine weitere interessante Variable, die mit diffuser Identität verbunden ist, sind Selbststigma und Selbstdiskriminierungsprozesse, die gerade bei der BPS von Relevanz sind (Stiles et al., 2023). Dabei handelt es sich um wahrgenommenen Ausschluss aus gesellschaftlicher Aktivität aufgrund der psychiatrischen Diagnose. In einer qualitativen Metasynthese konnte gezeigt werden, dass diese Prozesse nicht direkt in standardisierten evidenzbasierten Psychotherapien bearbeitet werden, wobei die Frage offen ist, ob es sich hier um sekundäre Prozesse handelt, die sich spontan verändern mit Remission, oder ob spezifische Interventionen nötig sind.

Am Beispiel der erotischen Fantasien, die Enrico in seiner Sitzung beschreibt, kann gezeigt werden, wie zentral die Arbeit an Identitätsprozessen für das Innenleben ist. Enrico beschreibt zwei verschiedene erotische Fantasien, die bei ihm eine gewisse Angst auslösen. Der Nutzen von Fantasien und Träumen in der Psychotherapie wurde seit der anfänglichen ausschließlichen Betrachtung in der Psychoanalyse stark erweitert und gehört mittlerweile zum Standard bei mehreren Ansätzen auch abseits der psychodynamischen. So konnten die manifesten Inhalte von Träumen mit Objektrepräsentanzen der PatientInnen im Wachzustand in Verbindung gebracht werden, und insbesondere mit der Methode des Core Conflictual

Relationship Theme (CCRT) untersucht werden (Popp et al., 1996; Eudell-Simmons et al., 2007). Dieser empirische Nachweis zeigt, dass in Träumen häufig hochrelevante Themen verpackt sein können. Hill (1996; Hill et al., 2010) baut ihr erlebnisbasiertes-kognitives Modell auf empirischen Nachweisen auf und empfiehlt drei Etappen in der Arbeit mit Träumen:

1. Exploration (der manifesten Inhalte des Traums),
2. »Insight« (eine vertiefte Klärung der Bedeutung dieser Inhalte im Rahmen der Biografie der Person) und
3. Handlung (die auf a) und b) aufbaut und der Person hilft, sich in der Realität besser anzupassen).

Wie oben diskutiert, können Träume, müssen aber nicht, zentrale Aspekte des wachen Erlebens reflektieren. In verschiedenen Therapieansätzen werden diese Prioritäten unterschiedlich gehandhabt. In einer psychoanalytischen Psychotherapie wäre dieser Ansatz detaillierter als hier illustriert und die Therapeutin würde mehr inhaltlich klären und interpretieren als die Therapeutin im Fallbeispiel. Selbst wenn dies sehr unterschiedliche Formen annimmt, ist doch die Stoßrichtung in einer wirkfaktorenbasierten Herangehensweise immer eine ähnliche. Dabei geht es um eine klärende, aufdeckende, explorative Haltung der Therapeutin (»insight«-generierende), die mit einer grundsätzlich normalisierenden und beruhigenden Haltung kombiniert wird. Es ist klar, dass der Ausdruck dieser Fantasien nicht nur in der funktionalen Domäne der Identitätsfindung anzusiedeln ist, sondern auch potenziell Teil einer Beziehungskrise sein kann bzw. sich dementsprechend in eine solche entwickeln kann, falls es der Therapeutin nicht gelingt, die zentralen Aspekte genügend aufzugreifen. Silvia konnte diese Aspekte im Fallbeispiel gut aufgreifen und explizieren.

Die Therapeutin erfüllt mit ihren Interventionen die Funktion, beruhigend auf ihren Patienten Enrico zu wirken, wenn auch minimal. Silvia bietet entspannt an, die angesprochenen Inhalte zu explorieren, allerdings wäre durchaus sinnvoll in einer solchen Situation auch die Konflikthaftigkeit der Inhalte von Enricos Fantasien stärker herauszuarbeiten und auf diese Weise einen präziseren Wissenszuwachs zu unterstützen. Der Patient berichtet von erotischen Fantasien mit der Psychotherapeutin und bei aller »Normalisierung«, können solche Fantasien durchaus mit der Effektivität der ganzen Therapie interferieren, da Rollenkonfusion und Grenzüberschreitung im Raum stehen (insbesondere, falls solche Gefühle bei der Psychotherapeutin auch präsent sind, was in im Fall von Silvia unklar bleibt; vgl. Vesenti et al., 2021). In diesem Sinne ist der Ausdruck dieser Fantasien durch den Patienten sehr wichtig und dessen Bearbeitung eine therapeutische Priorität. Die Haltung der Therapeutin ist hier diejenige der Offenheit, Akzeptanz und der Einladung zur Klärung. Grundsätzlich sind diese Interventionen bei diesem Patienten hilfreich, wobei die offensichtliche positive therapeutische Beziehung die Arbeit ebenfalls erleichtert. Silvia könnte zudem noch proaktiv die Klärung der inhaltlich konflikthaften Aspekte in Angriff nehmen. Dies ließe sich beispielsweise über die Überlegung erreichen, dass der erwähnte Traum möglicherweise repräsentativ für die ersuchte Nähe des Patienten mit der Therapeutin zu verstehen ist, gleichzeitig mit der therapeutischen Arbeit interferiert und diese Arbeit droht, unmöglich zu machen. Weitergehend ließe sich interpretieren, dass erotische Fantasien die Funktion haben können, angedachte Veränderung zu torpedieren und es so zu vermeiden, sich den eigentlichen Problemen im täglichen Leben, z. B. der konflikthaften Paarbeziehung, zu stellen. Silvias akzeptierende, nicht-wertende Haltung gegenüber Enrico kann richtig sein, kann aber auch insofern verstanden werden, dass derartige Träume oder Fantasien an sich absolut harmlos für die therapeutische Arbeit sind, was je nach klinischer Situation nicht immer der Fall ist.

Die Vignette illustriert ebenfalls, dass der Patient »entspannt« sei mit Blick darauf, dass er durch die Therapeutin keine Kritik erfahren hat. Auch wenn diese wohlwollende Haltung grundsätzlich gut ist für die weitere Beziehungsgestaltung, lässt sie doch offen, dass der Patient vermutlich Angst verspürt, während er die eingangs Inhalte berichtet. Es wäre hilfreich, wenn die Therapeutin mehr Aufmerksamkeit auf diese Prozesse im Hier und Jetzt lenken würde, die den Ausdruck der Inhalt begleiten. Silvia versucht dies in erlebnisbasierter Art und Weise (»Wie fühlen Sie sich jetzt gerade, wenn Sie dies ausdrücken?«), nutzt dies aber nicht ausreichend systematisch. Das Ziel dieser Interventionen ist es, im Klienten ein stärkeres Bewusstsein für die Hier und Jetzt-Prozesse zu entwickeln. Besonders hilfreich für die Arbeit am konsolidierten Selbstkonzept wäre es, dass es der Therapeutin gelingt, die Divergenz zu verdeutlichen, zwischen der geschilderten Angst des Klienten (z. B. Angst vor der Kritik durch die Therapeutin) und des Bedürfnisses, die Inhalte in Bezug auf die erotischen Träume wirklich auszudrücken. Silvia schöpft an dieser Stelle ihr eigentliches Potenzial nicht ganz aus, möglicherweise, da sie selbst eine gewisse Angst vor einer drohenden Beziehungskrise hat. Es ist denkbar, dass sich Silvia nach der überraschenden körperlichen Nähe mit dem Patienten ganz zu Beginn der Sitzung immer noch leicht bedrängt fühlt. Enricos Parfumnote »sticht« der Therapeutin selbst nach Abschluss der Therapiesitzung wieder in die Nase, was an diese ungewollte Nähe und Erfahrung der Grenzüberschreitung erinnert und ein Hinweis darauf ist, wie stark dieser Moment die ganze Sitzung überschattet. Es wäre ratsam für Silvia, diese knifflige Interaktionssituation und ihre eigenen Gefühle nachträglich in der Supervision zu besprechen.

Statt die Wahrnehmung dieser Angst im Patienten explizit zu fördern, bleibt die Therapeutin motivorientiert und fokussiert sich auf die Aufrechterhaltung einer konstruktiven therapeutischen Beziehung. An dieser Stelle hätte sich eine Möglichkeit geboten, mehr »konfrontativ« vorzugehen, mit einer Verbalisierung die implizit wahrgenommene Angst vor der Rückweisung direkt in der therapeutischen Beziehung anzusprechen und so dem Klienten einen kompletten, identitätsfördernden Prozess zu erlauben.

Die zweite Fantasie, die in dieser Sitzung bearbeitet wird, fokussiert auf die homoerotische Erfahrung. Der Klient erzählt eine Sequenz vom Wochenende, in der es um einen Flirt mit einem Mann geht, definiert sich gleichzeitig aber als heterosexuell definiert und sagt, er habe die Absicht, die Beziehung mit seiner Freundin weiter zu vertiefen. Enrico beschreibt einen manifesten internen Konflikt zwischen a) der Neugierkeit und dem Interesse an der Beziehung mit dem Mann, und b) dem expliziten Wunsch, mit seiner Freundin seine Beziehung weiter zu vertiefen. Es ist wichtig, diese Divergenz im Selbstkonzept an der Stelle zu verdeutlichen. Die

Therapeutin ist wiederum sehr akzeptierend und lädt zur Motivklärung (im Sinne von konfligierenden Motiven) ein. Bei diesem Thema fokussiert sie den Konflikt des Klienten explizit, in mehreren ihrer Interventionen, die offensichtlich vom Klienten gut aufgenommen werden. Möglicherweise fällt es Silvia in diesem Fall leichter, auf diese identitätskonfligierende Fantasie komplett einzugehen, weil ihre Person von der Fantasie ausgespart bleibt.

Besonders überzeugend sind die normalisierenden und einladenden Interventionen der Psychotherapeutin. Diese Interventionen sind konsistent mit einer motivorientierten Beziehungsgestaltung, die an der Stelle die Selbstkontrolle des Klienten komplementär unterstützen, welche zentral ist in der Entwicklung einer konsolidierten Narrativen (Lind et al., 2022). Die Therapeutin schafft es auch, die Frage des Patienten in überzeugender Weise zu reflektieren und somit festzuhalten und zu validieren. Gleichzeitig bietet Silvia dem Klienten an, sich selbst mehr Zeit zu geben. Der Klient kommt in diese Sitzung mit der konfligierenden Wahrnehmung und dem Bedarf nach sofortiger Klärung. Damit setzt Enrico sich selbst unter Druck, was wenig hilfreich ist. Von den unterschiedlichen funktionalen Domänen verlangt nur diejenige der Impulsivität sehr kurzfristig eine Auflösung. Sobald es um Identitätsprozesse geht, ist es von Vorteil, im Klienten die differenzierten Wahrnehmungsprozesse für die verschiedenen Aspekte des Konflikts zu fördern, seine Kompetenzen für Entscheidungen zu fördern, seine Fähigkeiten, reliable Informationen von seiner Körperaktivierung zu nutzen, und eine klare Repräsentation der zugrundeliegenden Motive zu erarbeiten. All diese Prozesse brauchen Zeit. Selbstwertentwicklung und -stützung sind ebenfalls zentrale Schritte auf dem Weg von diffuser Identität zum konsolidierten Selbstkonzept. In all diesen Aufgaben sollte der Psychotherapeut proaktiv unterstützend intervenieren und versuchen, nicht mit allfälligen produktiven Prozessen und Ressourcen zu interferieren. Ein weiterer Punkt ist natürlich, dass der Psychotherapeutin der funktionalen Domäne der diffusen Identität keine Inhaltsvorgaben macht (z. B. Teile der Entscheidungsfindung dem Klienten abzunehmen, ihre eigene Meinung abzugeben, usw.).

All diese Interventionen zielen darauf ab, Druck aus dem System des Patienten zu nehmen, seine Wahrnehmungsfähigkeiten zu fördern, und die Entscheidungsfindung im Patienten zu verankern. Diese Ziele sind nur realisierbar, wenn die Therapeutin den Prozess der Interaktion an dieser Stelle verlangsamt, was Silvia auch mit Determination und Kompetenz macht. Diese Verlangsamung hat als intermediäres Ziel, dass sich der Patient mit der Verwirrung in seiner Identität detailliert und konstruktiv beschäftigen soll.

In diesem Sinne hat die Klärungsorientierte Psychotherapie viele Interventionen parat, die dem Klienten direkt helfen können, seine Identität und sein Selbstbild zu konsolidieren (Sachse, 2003). Zum Beispiel wäre eine mögliche Intervention, dem Klienten zu helfen, das Bewusstsein in den körperlichen Prozessen zu schulen, welche jede der Beziehungen (die Freundin, der neu getroffene Mann, aber auch die Therapeutin) begleiten, die die diffuse Identität aktuell ausmachen. Mittels Imaginationsübungen könnte der Psychotherapeut dem Klienten helfen, genau nachzuspüren, welche wichtige Information er im Körper wahrnimmt. Diese Schulung bietet mehrere Vorteile:

1. Sie verbessert die allgemeine Wahrnehmungsfähigkeit,
2. sie verlangsamt den Prozess (was Druck herausnimmt, und die Entscheidungsfindung fördert; siehe oben),
3. sie kann dem Patienten helfen, die internale Perspektive einzunehmen, was wiederum dazu führt, dass
4. der Patient lernt, auf sich selbst, seinen Körper und seine Wahrnehmungen verstärkt zu vertrauen.

All diese Vorteile tragen womöglich zu einer vertieften Konsolidierung des Selbstwertes und der Identitätsprozesse bei.

Teil III

11 Therapieende

11.1 Fallbeispiel: »Dies ist unsere letzte Sitzung, nicht wahr?«

Es ist Montagmorgen. Heute soll Enricos letzte Sitzung stattfinden. Er ist nun etwas mehr als ein Jahr jede Woche gekommen und das Therapieende steht bevor. Bei dem Gedanken verspürt Silvia eine Traurigkeit, diesen jungen Mann nicht weiter begleiten zu können, und gleichzeitig Freude und Stolz in Anbetracht der Veränderungen, die er in der Zeit erarbeiten konnte. Enrico hat mittlerweile eine neue Stelle angetreten und seine Freundin Elsa einmal zur Therapiesitzung mitgenommen. Spannungen konnten in dieser einen Paarsitzung offen angesprochen werden und das Commitment, das beide für die gemeinsame Beziehung formuliert hatten, wurde erneuert. Beide Partner konnten offen über geheime Flirts sprechen und einander unterstützen, den Schmerz des jeweils anderen durchzuarbeiten.

Silvia ist gespannt, wie der Abschied von Enrico wird. Was soll besprochen werden? Was möchte sie Enrico noch sagen, und so ihm mit auf den Weg geben?

Punkt neun Uhr erscheint Silvia an der Tür zum Wartezimmer. Enrico wartet bereits, grüßt freundlich, steht auf und folgt Silvia in den Therapieraum.

»Dies ist unsere letzte Sitzung, nicht wahr?«, eröffnet Silvia die Sitzung. »Was gibt es von Ihrer Seite? Ich fände es wichtig, dass Sie mir sagen, was Sie als besonders hilfreich erlebt haben, seit Sie vor gut einem Jahr hier angefangen haben, und was vielleicht weniger hilfreich war, oder was gefehlt hat. Ich kann gerne auch ein paar Kommentare abgeben.«

Enrico antwortet: »Ja, das macht Sinn und Sie hatten mir ja diese Fragen schon gestellt, so konnte ich mich ein bisschen vorbereiten auf diese letzte Sitzung.« Er fährt direkt fort: »Erst mal: Ich fand die Therapie toll! Nein, echt, und ich muss ehrlich sein, ich hätte es mir nicht träumen lassen, dass ich so viel Veränderungen erzielen kann, nur indem ich hierher komme und einmal die Woche rede. Irgendwie war es stimmig, es war auch hart für mich, aber eben stimmig und zum richtigen Zeitpunkt in meinem Leben. Glaube ich jedenfalls.«

Pause.

»Was für mich besonders hilfreich war, ist die Tatsache, dass Sie so wohlwollend und akzeptierend mir gegenüber waren und sind. Ich erinnere mich an mehrere Momente, als ich persönliche Aspekte meines Lebens erzählt habe, und irgendwie Angst hatte… Angst, ich bin mir gar nicht sicher wovor.«

»Sie sagen, Sie hätten Angst gehabt. Angst, dass ich etwas Bestimmtes sage, oder nicht sage«, interveniert Silvia.

»Angst, mhm, ich meine Angst, dass Sie mich kritisieren, oder mir sonst irgendwie negativ entgegenkommen. Wenn ich das jetzt ausspreche, scheint es wirklich absurd, aber so fühlte es sich an, und dann war ich zu mehreren Zeitpunkten extrem, ja wirklich, extrem entspannt, als ich merkte, wie wohlwollend Sie mir antworten. Ich würde sagen, das war das Highlight.«

Silvia unterstreicht: »Da haben Sie scheinbar eine neue Erfahrung sammeln können: Sie erwarteten, dass ich in einer gewissen – negativen – Art und Weise antworte, beispielsweise mit Kritik, und dann erlebten Sie systematisch, dass das hier nicht passiert, eher im Gegenteil. Was bedeutet diese neue Erfahrung für Sie?«

»Genau so, ja. Ja, Sie sind eine positive Person!«, lacht Enrico. »Spaß beiseite, was es für mich bedeutet, ist, dass, wie Sie das ja auch einmal gesagt haben, ich viele Erfahrungen in meiner Kindheit machen musste, in denen meine Eltern, leider eben nicht auf mich oder meine Gefühle eingegangen sind oder mir gegeben haben, was ich gebraucht hätte. Da war zum Beispiel diese Situation, als ich im örtlichen Fußballteam gespielt habe, als mein Vater, ohne mir zu sagen warum, einfach nicht zum Fußballspiel kam und ich realisierte, dass ich der einzige Junge in der Mannschaft war, von dem niemand gekommen war. Meine Mutter kam sowieso nie, weil sie sich nicht für Fußball interessierte. Ich habe nun verstanden, dass solche Erfahrungen sich vielleicht klein anhören, aber für den 11-jährigen, der ich war, einfach eine emotionale Katastrophe waren. Ich habe in mir eine Überzeugung aufgebaut, dass ich es nicht wert bin, dass man mir Aufmerksamkeit spendet, oder dass ich einfach insgesamt keinen Wert habe. Das tut sehr weh und das ist mir jetzt, durch diese Therapie, bewusst geworden.«

»Ja, sehr schön,«, wirft Silvia unterstützend ein.

»So wie ich das jetzt verstehe, habe ich als Junge und Jugendlicher dann einfach versucht, mit diesen schwierigen Erfahrungen zu leben, oder zu überleben, und sie haben mich und meine Beziehungen folglich geprägt. Ich meine, sie haben mich geprägt, in dem Sinn, dass ich sehr sensibel für Kritik geworden bin bzw. auf Zurückweisung reagiere. Wenn keiner kommt, fühle ich mich völlig ausgesetzt und allein. Da habe ich verschiedene Strategien entwickelt und einige waren die, die mich hierher gebracht haben. Diese Strategien waren für mich Notlösungen, mich in der Erwachsenenwelt zurechtzufinden und überhaupt Fuß zu fassen, aber keine echten Lösungen, die mich wirklich vorwärts gebracht haben. Das zu sehen, das habe ich Ihnen zu verdanken, Frau Fischer, ich glaube, dass das wirklich hilfreich war.«

»Mhm«, markiert Silvia fast tonlos.

Stille.

Silvia entscheidet sich, erst mal das Gesagte auf beide wirken zu lassen. Enrico hat in seiner reflektierten Art bereits viel Information gegeben, denkt Silvia.

Silvia bricht die anhaltende Stille, indem sie das Gesagte unterstreicht: »Ich finde das sehr wichtig, was Sie sagen. Wie ist es denn gerade für Sie, diese Aspekte zu diskutieren?«

Stille.

Enrico holt Luft und meint: »Na, ich fühl mich gut. Ich habe wirklich das Gefühl, mit dieser Therapie einen Schritt weitergekommen zu sein in meinem Leben.«

Silvia kommentiert: »Sie sagen, Sie fühlen sich gut, als ob Sie einen Schritt im Leben vorwärts gemacht haben. Gibt es denn konkrete Veränderungen, auf die Sie eingehen möchten?«

»Ah ja, klar. Wie Sie wissen, habe ich einen neuen Job. Und jetzt habe ich gerade meine Probezeit bestanden und bin nun festangestellt. Dies ist vielleicht nicht mein Traumjob – was das genau ist, weiß ich ja wirklich nicht -, aber das Beste, was mir in der aktuellen Situation passieren konnte. Echt. Ich bin zufrieden. Und genau unsere Arbeit hier zu meinen Wahrnehmungen der Beziehungen zu Arbeitskollegen, hat mir geholfen, transparenter vorzugehen in diesen Berufsbeziehungen. Ich habe das Gefühl, ich bin wirklich bereit für diese neue Stelle. Ich habe mehr Verantwortung, bin bei der Konkurrenz zu meiner ersten Stelle und das ist auch noch lustig irgendwie. Ich meine damit, ich habe meine erste Stelle bei der ersten Bank mit all diesen Missverständnissen verlassen, und jetzt habe ich das Gefühl, ich habe die Tools, um einige dieser Missverständnisse zu vermeiden, oder bin einfach entspannter diesbezüglich.«

»Es scheint, dass auch da diese Grundüberzeugung, oder Ihre Grundangst, kritisiert zu werden, relevant ist und, wie Sie sagen, Sie haben dies nun zumindest teilweise überwunden«, kommentiert Silvia.

»Ja, genau.«

Stille.

»Und, ja, ich spüre auch, dass ich mich meiner Freundin Elsa näher fühle. Einfach diese Klarheit in Beziehungen zu haben, die ich hier erarbeitet habe, hilft mir, auch in meiner intimen Beziehung ein bisschen klarer zu sehen. Und es hilft mir auch, einzuordnen, was mit mir zu tun hat und was mit Elsa und ihrer eigenen Geschichte. Niemand ist perfekt. Ich habe das Gefühl, dass diese Sitzungen mir geholfen haben, ganz genau in mich hineinzuhören und eben das Wichtigste auch auszudrücken, statt einfach external auf Konflikte zu reagieren.«

»Ja, das hatten Sie ja schon erwähnt. Sehr schön. Wenn ich jetzt Elsa fragen würde, welche Veränderungen sie an Ihnen wahrnimmt nach dem Jahr Therapie, was würde sie sagen? Ich frage das, weil ich genau weiß, dass sie Sie ja veranlasst hat, zur Therapie zu kommen.«

»Ja, so war das. Ja, sie würde schon sagen, dass ich wohl reifer und ausgeglichener geworden bin. Ich habe keine dieser Wutausbrüche mehr, keine Selbstverletzungen, weshalb sie wollte, dass ich die Therapie mache. Ich trinke auch fast keinen Alkohol mehr und wenn ich mal trinke, habe ich das gut unter Kontrolle. Neulich hat Elsa gesagt, ich sei aufmerksamer gegenüber ihren Bedürfnissen, und zuvorkommend, ja, das würde sie ihnen wohl antworten. Einfach sanfter und weniger extrem, glaube ich. Und so fühlt es sich für mich auch an.«

»Und wie ist das für Sie?« erfragt Silvia.

»Ich finde das gut. Ich hätte mir das nicht so vorstellen können. Ich dachte immer, ich habe eben diesen einen Charakter und der ändert sich nicht. Aber jetzt sehe ich, einige Aspekte ändern sich wirklich nicht oder kaum, andere ändern sich aber radikal, wenn ich mich damit direkt beschäftige, wie hier in der Psychotherapie.«

»Sehr schön. Ich finde es auch schön, dass Sie sagen, dass es Aspekte Ihrer Person gibt, die sich kaum verändert haben, und vielleicht wollen Sie das ja auch gar nicht. Das heißt ja, dass Sie grundsätzlich immer noch der Gleiche sind, nur jetzt einen Schritt weiter.«

»Ich würde sagen, einen Riesenschritt weiter.«

Silvia holt Luft: »Welches sind denn die Elemente der Therapie, die Sie weniger gut fanden, oder vielleicht hat etwas gefehlt?«

Stille.

Enrico seufzt und holt aus. »Schwierig zu sagen. Da war so viel Gutes und ich glaube, einiges, was weniger gut war, habe ich wohl auch wieder vergessen.« Enrico schaut Silvia lachend an, die ihn verständnisvollen, aber ernst entgegenblickt.

»Mhm. Ja, am Anfang hatte ich echt Mühe mit der Therapie. Ich weiß, Sie hatten mir erklärt, wozu wir das alles machen, aber ich muss zugeben, dass ich diese Erklärungen nur halb verstanden habe, und das wenige, was ich verstanden hatte, gleich wieder vergessen. Ich kann deshalb sagen, dass ich die ersten 10 oder 20 Sitzungen wohl eigentlich im Blindflug absolvierte. Es tut mir leid, Ihnen das so zu sagen, aber ich war voll und drauf, die Therapie zu beenden und nie wieder zu kommen. Ich hatte die Schnauze voll und bin nur wieder gekommen, naja, weil meine Freundin Druck gemacht hae und weil ich Sie irgendwie nett fand. Aber mehr Informationen am Anfang, wären, glaube ich, sehr hilfreich gewesen. Das hat gefehlt.«

Stille.

Silvia lässt den Kommentar im Raum stehen und interveniert nicht.

»Und, ja, da war die eine Sitzung, ich glaube, Sie wissen welche. Ich hatte das Gefühl, an eine Wand zu reden, und dann fragen Sie noch, wie es mir ginge. Das hat mich irgendwie genervt. Ich war ja, wie Sie sich wohl erinnern, drauf und dran, meine Jacke zu nehmen und zu gehen. Aber irgendwie habe ich es geschafft und ich bin geblieben. Heute bin ich froh darüber, aber musste es wirklich so weit kommen? Geht Psychotherapie nicht einfacher? Sie wissen noch, welche Sitzung ich meine?«

Silvia entgegnet: »Ja, ich glaube, ich erinnere mich. Sie fühlten sich gar nicht von mir verstanden. Sie erwähnten, dass ich die Therapeutin sei und dass Sie meine Versuche Ihre Meinung zu Ihrem Erleben einzuholen, absurd fänden, da Sie sich wünschten, dass ich aktiver wäre und Ihnen sozusagen Ihren Gemütszustand von den Lippen ablesen müsste, gell?«

»Wow, Sie haben ein Hammergedächtnis. Sie bringen es auf den Punkt. Aber ja, in dieser Sitzung waren Sie nicht so stark wie heute!«, lacht Enrico augenzwinkernd.

»Ich danke für Ihre Wertschätzung. Wie Sie wissen, bin ich auch nur ein Mensch und es kann durchaus sein, dass ich an dem einem Tag etwas weniger gut therapierte als an einem anderen Tag«, reflektiert Silvia ehrlich.

»Ich finde das toll an Ihnen. Sie können so locker über Schwächen reden. Ich habe das Gefühl, da habe ich noch einen langen Weg vor mir. Und dabei sind Sie so cool und überzeugend. Sie sollten dafür eine Medaille kriegen!«

Silvia hakt nach: »Gibt es denn noch etwas Anderes, das gefehlt hat in der Therapie? Sie sind ja sehr generös mit Komplimenten. Schauen Sie mal, was hat gefehlt?«

Stille.

Silvia nimmt wahr, dass Enrico überlegt und ausholt, um etwas Bedeutendes zu ergänzen.

»Also, mhm, wenn ich ehrlich bin, fand ich die Sitzung mit meiner Freundin Elsa ein Highlight. Ich hätte mir gewünscht, und ich weiß, ich hatte das zum Teil auch selbst in der Hand, aber ich meine, wenn ich jetzt die Zeit zurückdrehen könnte, würde ich versuchen, mehr Sitzungen gemeinsam mit ihr zu haben. Ich bin mir nicht sicher, ob es bei meinen Problemen wirklich gut wäre, wenn wir als Paar daran arbeiten. Aber das haben wir nur an einer Sitzung gemacht. Das finde ich echt schade. Ich wünschte mir heute, dass Sie, oder ich, mehr darauf bestanden hätten, das noch häufiger zu tun. Ich fand die Momente, als ich hier mit Elsa auf der Couch saß, einfach interessant und es hat so viel bewegt in unserer Paarbeziehung. Als wir die Übung zu unseren Flirts gemacht haben, wissen Sie, als Sie uns gebeten haben, zuzuhören und unseren Schmerz direkt an den Partner bzw. die Partnerin zu wenden, das fand ich sehr stark. Ich hätte mir mehr davon gewünscht.«

Pause.

Silvia wartet ab.

»Na ja, ich weiß ja nicht, aber vielleicht mache ich in Zukunft wieder eine Therapie, und dann gleich eine Paartherapie. Das fände ich wirklich interessant und sehr bereichernd. Im Moment habe ich aber gerade genug von Psychotherapie und glaube, ich brauche das nicht.« Enrico lacht befreit und schaut in die durch das Fenster Ferne.

Stille.

Silvia beobachtet Enrico, der sich eine Träne von der rechten Wange wischt.

»Darüber zu reden, was hätte sein können in der Therapie, berührt Sie«, kommentiert sie.

»Ja.« Enrico verfällt in ein Schluchzen.

Der Raum erfüllt von Enricos Emotionen. Er atmet in sein Weinen und weint weiter.

Silvia bleibt dabei und kommentiert: »Lassen Sie alles kommen, wie es ist. Es ist gut so.«

Schluchzen.

»Sie haben es hier gut gemacht.«

Schluchzen.

»Ja. Lassen Sie ruhig alles kommen«, flüstert Silvia, sichtlich mitgenommen von Enricos Traurigkeit. Sie fühlt ihre eigene Traurigkeit und ist sich darüber bewusst, dass der Moment des Abschieds naht.

Enrico seufzt und atmet tief. »Ich werde Sie vermissen und der Gedanke daran überwältigt mich. Jeden Montagmorgen Ihre warme Stimme zu hören und so in mein Innerstes vorzudringen, hat mir gutgetan. Es war nicht einfach, bei weitem nicht, aber es hat mir gutgetan. Ich danke Ihnen, Frau Fischer, für alles, das Sie mir gegeben haben.«

Enricos Blick hellt sich auf und er blickt Silvia direkt in die Augen und sagt nicht ohne Stolz: »Wissen Sie, nun habe ich die Therapeutin in mir und ich bin bereit, alleine weiterzumachen. Ich weiß auch, falls ich wieder Therapie brauche in der Zukunft, was ich nicht hoffe, wirklich nicht, wohin mich wenden kann, Frau Fischer.« Stille.

Silvia entgegnet den direkten Blick und antwortet: »Ich habe es sehr geschätzt, mit Ihnen zu arbeiten, Herr Gomez. Sie sind haben unglaublich viele Fortschritte gemacht in diesem Jahr und einige weitere werden wohl noch kommen. Ich möchte unterstreichen, dass Sie sich diese Fortschritte erarbeitet haben. Sie können stolz auf Ihre Ergebnisse sein, und ich weiß, es war nicht immer einfach für Sie, hierher zu kommen. Ich habe selbst viel von Ihnen gelernt und ich werde Sie auch vermissen, ganz ehrlich. Sie sind mir ans Herz gewachsen, da Sie mit so gravierenden Problemen gekommen sind und so hart – so hart – gearbeitet haben, und nun wieder auf eigenen Beinen stehen können. Sie wissen, dass ich Ihren Mut, schwierige Themen anzusprechen, respektiere und unterstütze. Ich glaube, Sie kommen damit weit in Ihrem Leben, und ich sage Ihnen, bleiben Sie, wer Sie sind! Wie gesagt, falls Sie irgendwann wieder Therapie brauchen, können Sie sich jederzeit wieder an mich wenden.«

Stille.

»Dass Sie mich vermissen werden, hätte ich nicht geglaubt. Ich hätte jetzt Lust, Sie zu umarmen. Darf ich das?«

Silvia bleibt zugewandt und sagt: »Das möchte ich lieber nicht. Wissen Sie, ich bin Psychotherapeutin, nicht eine Freundin von Ihnen, deshalb schlage ich vor, dass Sie sich ein starkes Drücken nur vorstellen. Danke, dass Sie mir vertraut haben in diesem Jahr. Ohne Sie wäre das nicht möglich gewesen.«

Die beiden stehen auf und geben einander die Hände, mit einem Nachdruck, bei welchem Silvia und Enrico sich ein letztes Mal in die Augen schauen. Diesen halb traurigen, halb stolzen, aber bestimmten und mutigen Blick von Enrico wird Silvia vermissen.

11.2 Schluss des Buches oder Zurück zum Individuum in der Psychotherapie

Die Psychotherapie der Persönlichkeitsstörungen ist eine außerordentliche Gelegenheit, das therapeutische Vorgehen an den individuellen Fall anzupassen. Es ist bekannt, dass kein evidenzbasiertes Verfahren zur Behandlung der Persönlichkeitsstörungen mehr als 60–70 % Erfolgsraten aufweist. Statt komplette und hochkomplexe Therapieprogramme abzuspulen, ist es in Zukunft in der therapeutischen Arbeit mit Patienten mit Persönlichkeitsstörungen wichtig,

1. das Profil des Patienten richtig einzuordnen und zu verstehen,
2. Hypothesen zur Entstehung der Probleme empirisch zu verankern (in der empirischen Literatur und in der Empirie des aktuellen Falls) und
3. Aspekte der therapeutischen Beziehung in das Verständnis einfließen zu lassen.

Eine Fallkonzeption synthetisiert diese Informationen und hilft dabei, den Fokus der Psychotherapie zu determinieren und dynamisch im Laufe der Therapie anzupassen. Die funktionalen Domänen beschreiben mögliche Interventionsziele. Die Fallkonzeption wird im Einzelfall dem Therapeuten bei der Entscheidung unterstützen, worauf der genaue Fokus wann im Therapieprozess zu legen ist. Fallkonzeptionen helfen zu entscheiden, welche der fünf funktionalen Domänen bei einem individuellen Patienten an einem bestimmten Moment in der Behandlung das größte Potenzial für Veränderung bietet und/oder prioritär ist. Die empirische Evidenz untermauert vor allem Veränderungen in Richtung der emotionalen Balance und der interpersonalen Effektivität als erwiesene Wirkfaktoren der Psychotherapie bei Persönlichkeitsstörungen (Kramer et al., 2024; Schnell & Herpertz, 2018). In vielen Fällen sind diese therapeutischen Aufgaben die naheliegendsten zu lösen. Nichtsdestotrotz soll argumentiert werden, dass alle möglichen Wege der Veränderung eingeschlagen werden können, um langfristige Veränderungen im Leben der Patienten anzustoßen. Therapeutische Interventionen kommen aus verschiedenen theoretischen Modellen; deren mögliche Kombination verlangt ein System, das in diesem Werk vorgestellt wurde.

Zentral an dieser wirkfaktorenorientierten Perspektive ist, dass sie auf der empirischen Forschung zu den Wirkmechanismen in der Psychotherapie, in Kombination mit der transdiagnostischen Konzeption von Psychopathologie aufbaut (nicht einer spezifischen Therapietheorie) und annimmt, dass *der Weg der Veränderung durch den Patienten, gegangen werden muss*. Im Rahmen einer wirkfaktorenorientierten Psychotherapie ist die Rolle des Psychotherapeuten

1. vertiefte Kenntnis zu den Wegen der Veränderung im Menschen zu haben, und
2. die Fähigkeit zu besitzen, diverse Interventionen pragmatisch zu implementieren, um dem Patienten helfen bei der Lösung ihrer Aufgaben helfen zu können.

Wichtig ist zu verstehen, dass es sich dabei um Aufgaben des Patienten handelt: Die Rolle des Therapeuten ist lediglich, Veränderung und Auflösung anzustoßen und langfristig zu unterstützen. Das Individuum wird hier als Agens der Veränderung verstanden und die therapeutische Intervention hat nur eine begleitende, fördernde und stützende Funktion, auch bei den stärksten und extremen Ausprägungen von Persönlichkeitspathologie. Diese gleichzeitig fördernde, eindämmende und leitende Funktion des Therapeuten ist kompatibel mit der Forschung zu Wirkfaktoren in der Psychotherapie (Kramer, Levy & McMain, 2024) und ebenfalls kompatibel mit den zentralen theoretischen Annahmen mehrerer evidenzbasierter Verfahren im Bereich der Persönlichkeitsstörungen. Eine derartige Konzeption könnte künftig die Behandlungsdauer verkürzen und es ist möglich, für den individuellen Klienten irrelevante Elemente von kompletten Therapiepaketen wegzulassen. Die Personalisierung wird hier stringent durchgedacht und durchgeführt, was dazu führen könnte, dass Psychotherapie für Persönlichkeitsstörungen in Zukunft ganz anders konzeptualisiert, durchgeführt und evaluiert werden könnte als heute.

Für die Praxis bedeutet dies, dass der Therapeut eine Fallkonzeption erstellt aufgrund der Information aus dem Prozess. Diese Fallkonzeption soll nicht nur die Hypothesen zur Entstehung und Aufrechterhaltung der Probleme erlauben, sondern auch eine Ressourcenanalyse beinhalten. An zentraler Stelle steht dabei der Entscheid, welche der fünf funktionalen Domänen prioritär behandelt werden soll. Sobald dies ausgearbeitet wurde, kann ein Behandlungsplan formuliert werden, der den Erkenntnissen einer wirkfaktorenbasierten Psychotherapie der Persönlichkeitsstörungen folgt. Bei der Implementierung der Therapie können durchaus Interventionen aus sehr unterschiedlichen Psychotherapien zur Anwendung kommen. Das Entscheidende ist das Fördern der Veränderung in der festgelegten funktionalen Domäne. Im Laufe der Therapie ist zu erwarten, dass sich der Fokus verändert und die Therapie mehrere funktionale Domänen abarbeitet. Auch wenn es aufgrund von Stringenz und Wirksamkeit von Vorteil ist, dass die Behandlung einer bestimmten funktionalen Domäne eine gewisse Anzahl Sitzungen umfasst, muss der Therapeut immer wieder neu evaluieren, ob die angedachte Strategie wirklich noch passend ist, oder ob nicht neue Prioritäten anstehen. Dies ist vor allem für das korrekte Wahrnehmen und Einordnen der Beziehungsbrüche und von impulsivem Verhalten in der Sitzung sehr zentral. Diese beiden Fokusse sind so zentral, dass sie, ebenso wie akutes suizidales und selbstverletzendes Verhalten, immer prioritär behandelt werden müssen.

Wissenschaftliche Kenntnisse im Bereich der Wirkfaktoren der Psychotherapie, wie schon von Grawe (2004) festgehalten, erweitern sich ständig und somit kann der genaue Inhalt einer wirkfaktorenbasierten Psychotherapie immerwährend erneuert werden. Updates sollten regelmäßig geschehen und direkt an Psychotherapeuten weitergegeben werden. Die minutiöse Studie von Wirkfaktoren, die durch sehr verschiedene therapeutische Interventionen im Patienten angestoßen werden können, bietet zukunftsträchtiges Potenzial für eine integrative Psychotherapie. Ein derartiges Verständnis von Psychotherapie sollte schließlich die Effektivität der Intervention erhöhen und es ermöglichen, in einer individualisierten Art und Weise eben die 30–40% der Patienten zu erreichen, die bislang nicht auf die evidenzbasierten Psychotherapien respondieren.

Die hier vorgestellte Wende in der Psychotherapie und Psychotherapieforschung hat bereits begonnen und ist vermutlich nicht mehr aufzuhalten. Es wurden vor allem neuere Konzepte der Psychotherapieausbildung entwickelt und getestet (Herpertz & Schramm, 2022, Weisz et al., 2012), die dynamisch Forschungsergebnisse einbeziehen und so Psychotherapeuten beim Erlangen von Expertise unterstützen (Castonguay & Hill, 2023; Hill & Norcross, 2023; Miller et al., 2023). Psychotherapeuten sollten nicht nur das sich ständig größer werdende Wissen zu Wirkfaktoren in Psychotherapien der Persönlichkeitsstörungen erwerben, sondern auch Gelegenheit erhalten, zu üben, diese Wege der Veränderung in PatientInnen korrekt zu identifizieren. Zur Identifikation der Patientenprozesse können spezifische Ratingskalen herangezogen werden, die die nötige Klarheit in der Operationalisierung der relevanten Konzepte aufweisen. Um besser intervenieren zu können, sind gezielte Übungsseminare notwendig. Dabei sollten die Prinzipien der »Deliberate Practice«, d. h. des zielgerichteten Trainings, genutzt und in der Psychotherapieausbildung implementiert werden. Hierbei handelt es sich um ein Ausbildungskonzept, bei dem die Schwierigkeit jeder Übung an die reale Kompetenz der Ausbildungskandidaten angepasst wird, indem der Kandidat bei der Gelegenheit zu üben direkt informatives Feedback erhält und es daraufhin erneut versuchen kann, um allfällige Fehler gleich zu korrigieren (Ericsson et al., 1993; Sachse, 2006). Wie zentral Fallkonzeption in diesem Trainingsprozess ist, und eine responsive Intervention unterstützt, wurde von Caspar (2023) prägnant und detailliert anhand einer Psychotherapie illustriert.

Im Bereich der Ausbildung zum Psychotherapeuten, der sich mit Patienten mit Persönlichkeitsstörungen beschäftigt, sind diese Prinzipien der Expertiseforschung zentral. Es wurde argumentiert, dass die psychotherapeutische Arbeit mit Patienten mit Persönlichkeitsstörungen ganz besonders Expertise erfordere. So scheinen Psychotherapeuten, die mit dieser Population arbeiten, eine offene und kreative Haltung aufzuweisen, Flexibilität, Akzeptanz von intensiven Interaktionen und Gefühlen sowie hohe Wahrnehmungsfähigkeiten der eigenen Emotionen und viel Geduld (Fernandez-Alvarez et al., 2006; Kramer et al., 2024). Prinzipien des zielgerichteten Trainings sollten auf diese Kompetenzen ausgerichtet sein und so angehende Psychotherapeuten optimal auf die Arbeit mit Patienten mit Persönlichkeitsstörungen vorbereiten. Dies hat Sachse (2006) dazu veranlasst, das Training in seinem Institut für Psychologische Psychotherapie in Bochum so aufzubauen, dass Therapeuten beschriebenes sofortiges Feedback zu ihren Interventionen erhalten und im Anschluss erneut üben können, um sie für die komplexe Arbeit der Psychotherapie der Persönlichkeitsstörungen optimal vorzubereiten. Ähnliche Ausbildungskonzepte im Rahmen der Klärungsorientierten Psychotherapie existieren an verschiedenen Universitäten in Deutschland und der Schweiz.

Die vorliegende Konzeption hat auch Grenzen. Bei einzelnen Patienten kann das Vorgehen zu komplex und der Nutzen einer evidenzbasierten Psychotherapie absolut genügend sein, auch wenn das spezifische Therapiepaket einige Elemente enthält, die für den jeweiligen Patienten eventuell nicht relevant sind. Gerade bei Patienten mit gut identifizierten Problemen und weniger interpersonalen Beeinträchtigungen, kann dies durchaus ausreichen und somit sogar von Vorteil sein. Die vorliegende Konzeption kann sich auch für manche Psychotherapeuten als zu komplex erweisen. Es handelt sich dabei nicht um eine neue Therapieschule oder um einen neuen Ansatz, sondern um eine Rahmenperspektive, in welcher der Therapeut bewährte Interventionen pragmatisch und zielorientiert einsetzt. Dies setzt voraus, dass der Psychotherapeut diese bewährten Interventionen auch tatsächlich gut kennt und einsetzen kann. Es ist erforderlich, in diesem Zusammenhang den Bedarf an modellspezifischer Supervision wahrzunehmen und zu beantworten. Das kaleidoskopartige Vorgehen, wie in diesem Buch beschrieben, setzt regelrechte und regelmäßige Ausbildung und Supervision voraus, um zu funktionieren. Bei der Individualisierung der Psychotherapie können Nebeneffekte auftreten, wie zum Beispiel die mögliche Inkompatibilität des individuellen Vorgehens mit dem Kontext (z. B. ist es auf einer Abteilung, auf der nur ein spezifisches Therapiemodell angeboten wird, sicher schwerer, einen solch breiten wirkfaktorenbasierten Ansatz zu implementieren).

Die vorliegende Konzeption baut auf Resultaten der Psychotherapieforschung auf und weist somit auch den Forschenden den künftigen Weg der Forschung. Es ist vorstellbar, dass die Psychotherapie durch diese modulartige Organisation pragmatischer, zielorientierter und transparenter wird (vgl. Herpertz & Schramm, 2022). Dies könnte die Evaluation der Wirkfaktoren erleichtern. Ein solider Korpus an

Forschung konnte zeigen, wie zentral emotionale und soziokognitive Veränderungen in der Psychotherapie der Persönlichkeitsstörungen sind (vgl., Kramer, 2019; Schnell & Herpertz, 2018). Dies spricht für diese beiden Wege der Veränderung. Weitergehende Forschung für die übrigen Wege der Veränderung wäre wünschenswert. Die Designs der Forschung sind in vielen Fällen korrelativ und lassen keine abschließenden Schlussfolgerungen zu (Westhoff et al., 2022). Was nötig ist, in allen Bereichen der Wirkfaktorenforschung, sind kontrollierte Designs, welche Schritt für Schritt die verschiedenen Aspekte jedes Weges der Veränderung erfassen und testen (Kazdin, 2009). Zum Beispiel wird die emotionale Wahrnehmung als erster Schritt auf dem Weg von emotionaler Dysregulation zu emotionaler Balance diskutiert (Kramer, Kivity & Lane, submittiert). Um diese Hypothese sequenziell zu testen, ist es nicht nur nötig, mehrere Erklärungsmodelle parallel zu überprüfen (mindestens zwei Konzepte miteinander zu vergleichen), sondern auch diesen Wirkfaktor sequenziell am Start wiederholt (vs. an einen späteren Zeitpunkt wiederholt) der Psychotherapie und den relativen Impact über die Psychotherapie zu erfassen. Weitere Verbesserungen der Designs im Erfassen der spezifischen Konzepte, die hier präsentiert worden sind, sind Ecological Momentary Assessments. Diese Erfassungen können im täglichen Leben via Smartphone implementiert werden, um so die eigentlichen Verbesserungen zu beschreiben, wenn das Individuum sich möglichst nah an der relevanten Situation befindet. Die hohe ökologische Validität ist ein Plus dieser Erfassungen; die häufig tiefen internen Validitäten und Reliabilitäten stellen ein zentrales Problem dar (Beuchat et al., 2022; Lutz et al., 2021; Steinberg et al., in press). Um den ersten Wirkfaktor theoriekonsistent zu erfassen, wurden zwei Validitätsstudien zu einem Erfassungsinstrument durchgeführt (Beuchat et al., 2022; Kramer, et al., 2022). Diese Studien haben die In-Sitzung Prozesse systematisch mit den emotionalen Prozessen im täglichen Leben der Personen verglichen und gute bis exzellente Resultate gefunden. Weitere solche Erfassungsinstrumente zu den anderen Wirkfaktoren sollten systematisch validiert werden, um in Zukunft den zeitabhängigen Impact von Psychotherapie auf das tagtägliche Leben der Patienten erfassen zu können.

In diesem Sinne bleibt nur noch ein Wort der Demut übrig, wenn es darum geht, unser Wissen immer zu erweitern, und gleichzeitig zu akzeptieren, dass nicht alles in klare Konzepte gefasst werden kann. Gerade Psychotherapie entwickelt womöglich ihre Effekte *zwischen* klaren Konzepten, Linien und Haltungen, was im vorliegenden Buch in der Form des »Dialogs« zwischen Enricos Psychotherapie und deren Einordnung dargestellt ist.

Teil IV

Literaturverzeichnis

Adler, J. M. (2012). Living into the story: Agency and coherence in a longitudinal study of narrative identity development and mental health over the course of psychotherapy. *Journal of Personality and Social Psychology*, 102(2), 367–289. https://doi.org/10.1037/a0025289

Allport, G. W. (1937). *Personality: A psychological interpretation*. Oxford: Holt.

American Psychiatric Association (2022). *Diagnostic and Statistical Manual of Mental Disorders – Text Revision (5-TR)*. Washington. DC: American Psychiatric Association.

Anderson, T., Knobloch-Fedders, L., Stiles, W. B., Ordonez, T., & Heckman, B. D. (2012). The power of subtle interpersonal hostility in psychodynamic psychotherapy: A speech act analysis. *Psychotherapy Research*, 22(3), 384–362.

Angus, L. E., Boritz, T., Bryntwick, E., Carpenter, N., Macaulay, C., & Khattra, J. (2017). The Narrative-Emotion Process Coding System 2.0: A multimethodological approach to identifying and assessing narrative-emotion process markers in psychotherapy. *Psychotherapy Research*, 27(3), 253–269. Doi: 10.1080/10503307.2016.1238525

Bach, B., Kramer, U., Doering, S., di Giacomo, E., Hutsebaut, J., Kaera, A., De Panfilis, C., Schmahl, C., Swales, M., Taubner, S., & Renneberg, B. (2022). The ICD-11 classification of personality disorders: A European perspective on challenges and opportunities. *Borderline Personality Disorder and Emotion Dysregulation*, 9(12). https://doi.org/10.1186/s40479-022-00182-0

Babl, A., Berger, T., Gomez Penedo, J. M., Eubanks, C. F., Caspar, F., Sachse, R. & Kramer, U. (2022). Addressing interaction patterns in patients with personality disorders explains psychotherapy outcome: A mediation analysis. *Psychotherapy Research*. https://doi.org/10.1080/10503307.2022.2036383

Beblo, T., Fernando, S., Kamper, P., Griepenstroh, J., Aschenbrenner, S., Pastuszak, A., Schlosser, N., & Driessen, M. (2013). Increased attempts to suppress negative and positive emotions in borderline personality disorder. *Psychiatry Research* 210, 505–509. dx.doi.org/10.1016/j.psychres.2013.06.036

Bedics, J. D., Atkins, D. C., Comtois, K. A., & Linehan, M. M. (2012). Treatment differences in the therapeutic relationship and introject during a 2-year randomized controlled trial of dialectical behavior therapy versus non-behavioral psychotherapy experts for borderline personality disorder. *Journal of Consulting and Clinical Psychology* 80(1), 66–77. Doi:10.1037/a0026113

Beeney, J. E., Stepp, S. D., Hallquist, M. N., Scott, L. N., Wright, A. G. C., Ellison, W. D., Nolf, K. A., & Pilkonis, P. A. (2015). Attachment and social cognition in borderline personality disorder: Specificity in relation to antisocial and avoidant personality disorders. *Personality Disorders: Theory, Research, and Treatment*, 6(3), 207–215. https://doi.org/10.1037/per0000110

Benjamin, L. S. (1993). *Interpersonal diagnosis and treatment of DSM personality disorders*. New York: Guilford.

Berenson, K. R., Downey, G., Rafaeli, E., Coifman, K. G., & Paquin N. L. (2011). The rejection-rage contingency in borderline personality disorder. *Journal of Abnormal Psychology*, 120(3), 681–690. Doi: 10.1037/a0023335

Berthoud, L., Kramer, U., de Roten, Y., Despland, J.-N., & Caspar, F. (2013). Using Plan Analysis in psychotherapeutic case formulation of Borderline Personality Disorder. *Clinical Psychology and Psychotherapy*, 20, 1–9.

Berthoud, L., Pascual-Leone, A., Caspar, F., Tissot, H., Keller, S., Rohde, K. B., ...& Kramer, U. (2017). Leaving distress behind: A randomized controlled study on change in emotional processing in borderline personality disorder. *Psychiatry, 80*(2), 139–154.

Bertsch, K., Koenigsberg, H., Niedtfeld, I., & Schmahl, C. (2018). Emotion regulation. In C. Schmahl, K., Luan Phan, R.O. Friedel, & L. J. Siever (Eds.), *Neurobiology of Personality Disorders* (pp. 133–156). Oxford: Oxford University Press.

Beuchat, H., Grandjean, L., Junod, N., Despland, J.-N., Pascual-Leone, A., Martin-Soelch, C., & Kramer, U. (2022). Evaluation of expressed self-contempt in psychotherapy: an exploratory study. *Counselling Psychology Quarterly.* Doi: 10.1080/09515070.2023.2201417

Bohus, M., Schmahl, C., Fydrich, T., Steil, R., Müller-Engelmann, M., Herzog, J., Ludäscher, P., Kleindienst, N., & Priebe, K. (2019). A research programme to evaluate DBT-PTSD, a modular treatment approach for Complex PTSD after childhood abuse. *Borderline Personality Disorder and Emotion Dysregulation, 6*(1), 7. https://doi.org/10.1186/s40479-019-0099-y

Boritz, T., Barnhart, R., Eubanks, C. F., & McMain, S. (2018). Alliance rupture and resolution in dialectical behavior therapy for borderline personality disorder. *Journal of Personality Disorders, 32*, 115–128. https://doi.org/10.1521/pedi.2028.32.supp.115

Breil, J., & Sachse, R. (2018). *Klärungsorientierte Psychotherapie der Borderline Persönlichkeitsstörung.* Göttingen: Hogrefe.

Carryer, J. R., & Greenberg, L. S. (2010). Optimal levels of emotional arousal in experiential therapy of depression. *Journal of Consulting and Clinical Psychology, 78* (2), 190–199.

Cash, S. K., Hardy, G. E., Kellett, S., & Parry, G. (2014). Alliance ruptures and resolution during cognitive behaviour therapy with clients with borderline personality disorder. *Psychotherapy Research, 24*(2), 132–45.

Caspar, F. (1998). *Beziehungen und Probleme verstehen. Eine Einführung in die psychotherapeutische Plananalyse.* Bern: Verlag Hans Huber.

Caspar, F. (2008). Motivorientierte Beziehungsgestaltung – Konzept, Voraussetzungen bei den Patienten und Auswirkungen auf den Prozess und Ergebnisse. In M. Hermer & B. Röhrle (Hrsg.), *Handbuch der therapeutischen Beziehung. Band 1* (S. 527–558). Tübingen: Deutsche Gesellschaft für Verhaltenstherapie.

Caspar, F. (2018). Studying effects and process in psychotherapy for personality disorders. *Psychopathology*, 1–8.

Caspar, F. (2019). Plan analysis and the motive-oriented therapeutic relationship. In U. Kramer (Ed.), *Case formulation for personality disorders: Tailoring psychotherapy to the individual client* (pp. 265–290). Elsevier.

Caspar, F. (2023). A longitudinal view of an approach to responsiveness: Principles followed and lessons learned. *Psychotherapy Research.* https://doi.org/10.1080/10503307.2023.2275627

Caspar, F., Grossmann, C., Unmüssig, C., & Schramm, E. (2005). Complementary Therapeutic Relationship: Therapist behavior, interpersonal patterns, and therapeutic effects. *Psychotherapy Research, 15*(1–2), 91–105.

Caspi, A., Houts, R. M., Belsky, D. W., Goldman-Mellor, S. J., Harrington, H., Israel, S., Meier, M. H., Ramrakha, S., Shalev, I., Poulton, R., & Moffitt, T. E. (2014). The p factor: One general psychopathology factor in the structure of psychiatric disorders? Clinical Psychology Science, 2(2), 119–137. https://doi.org/10.1177/2167702613497473

Castonguay, L. G., Constantino, M. J., & Beutler, L. E. (2019). *Principles of change: How psychotherapist implement research in practice.* Oxford: Oxford University Press.

Castongauy, L. G., & Hill, C. E. (2012) (Eds.). *Transformation in psychotherapy.* Washington: American Psychological Association.

Castonguay, L. G., & Hill, C. E. (2017) (Eds.). *How and why are some therapists better than others? Understanding therapist effects.* Washington: American Psychological Association.

Castonguay, L. G., & Hill, C. E. (2023) (Eds.). *Becoming better psychotherapists: Advancing training and supervision.* Washington: American Psychological Association.

Chiesa, M., Luyten, P., & Fonagy, P. (2021). Two-year follow-up and changes in reflective functioning in specialist and nonspecialist treatment models for personality disorder. *Personality Disorders: Theory, Research, and Treatment.* http://dx.doi.org/10.1037/per0000464

Choi-Kain, L. W., & Gunderson, J. G. (2008). Mentalization: Ontogeny, assessment, and application in the treatment of borderline personality disorder. *American Journal of Psychiatry, 165:* 1127–1135. https://doi.org/10.1176/appi.ajp.2008.07081360

Clark, L. A., Cuthbert, B., Lewis-Fernandez, R., Narrow, W. E., & Reed, G. M. (2017). Three approaches to understanding and classifying mental disorder: ICD-11, DSM-5, and the National Institute of Mental Health's research domain criteria (RDoC). *Psychological Science in the Public Interest, 18*(2), 72–145.

Clarkin, J. F., Levy, K. N., Lenzenweger, M. F., & Kernberg, O. F. (2007). Evaluating three treatments for borderline personality disorder: A multiwave study. *American Journal of Psychiatry, 164*(6), 922–928.

Costa, P. T., & McCrae, R. R. (1992). The five-factor model of personality and its relevance to personality disorders. *Journal of Personality Disorders, 6*(4), 343–359. https://doi.org/10.1521/pedi.1992.6.4.343

Cuijpers, P., Reijnders, M., & Huibers, M. J. H. (2019). The role of common factors in psychotherapy outcomes *Annual Review of Clinical Psychology, 15*, 207–31. https://doi.org/10.1146/annurev-clinpsy-050718-095424

Culina, I., Fiscalini, E., Martin Soelch, C., & Kramer, U. (2023). The first session matters: Therapist responsiveness and the therapeutic alliance in the treatment of borderline personality disorder. *Clinical Psychology and Psychotherapy.* Doi: 10.1002/cpp.2783

Cuthbert, B. N., & Insel, T. R. (2013). Toward the future of psychiatric diagnosis: The seven pillars of RDoC. *BMC Medicine, 11*, 126. https://doi.org/10.1186/1741-7015- 11–126

Daros, A. R., Haefner, S. A., Asadi, S., Kazi, S., Rodak, T., & Quilty, L. C. (2021). A metaanalysis of emotional regulation outcomes in psychological interventions for youth with depression and anxiety. *Nature human behavior, 5*(10), 1443–1457.

De Meulemeester, C., Vansteelandt, K., Luyten, P., Lowyck, B. (2018). Mentalizing as a mechanism of change in the treatment of patients with borderline personality disorder: A parallel process growth modeling approach. *Personality Disorders: Theory, Research, and Treatment, 9*(1), 22.

Doss, B. D. (2004). Changing the way we study change in psychotherapy. *Clinical Psychology: Science and Practice, 11*(4), 368–86.

Drapeau, M., Perry, J. C., & Koerner, A. (2012). Interpersonal patterns in borderline personality disorder. *Journal of Personality Disorders, 26*(4), 583–592.

Eells, T. D. (2022). *Handbook of psychotherapy case formulation.* Third edition. New York: Guilford.

Elliott, R. (2010). Psychotherapy change process research: Realizing the promise. *Psychotherapy Research, 20* (2), 123–135.

Elliott, R., & Timulak, L. (2021). *Essentials of descriptive-interpretive qualitative research: A generic approach.* Washington: American Psychological Association. https://doi.org/10.1037/0000224-000

Elsässer, M., & Schramm, E. (2022). Modulare Behandlungsansätze in der ambulanten Psychotherapie. In S. C. Herpertz & E. Schramm (Hrsg.). *Modulare Psychotherapie* (S. 83–108). Stuttgart: Schattauer.

Erikson, E. H. (1968). *Identity: youth and crisis.* New York: Norton & Co.

Eubanks, C. F., & Goldfried, M. R. (2019). A principle-based approach to psychotherapy integration. In J. C. Norcross and M. R. Goldfried (Eds.), *Handbook of Psychotherapy Integration.* Third Edition (pp. 88–104). Oxford: Oxford University Press.

Eubanks, C. F., Muran, J. C., & Safran, J. D. (2018). Alliance rupture repair. A meta-analysis. *Psychotherapy, 55*(4), 508–519.

Eubanks, C. F., Wallner Samstag, L., & Muran, J. C. (2022). *Rupture and repair in psychotherapy. A critical process for change.* Washington, D. C.: American Psychological Association.

Eudell-Simmons, E. M., & Hilsenroth, M. J. (2007). The use of dreams in psychotherapy: An integrative model. *Journal of Psychotherapy Integration, 17*(4), 330–356. https://doi.org/10.1037/1053-0479.17.4.330

Fertuck, E. A., Jekal, A., Song, I., Wyman, B., Morris, M. C., Wilson, S. T.,… Stanley, B. (2009). Enhanced »Reading the Mind in the Eyes« in borderline personality disorder compared to healthy controls. *Psychological Medicine*, 39(12), 1979–1988. Doi: 10.1017/S003329170900600X

Fischer-Kern, M., Doering, S., Taubner, S., Hörz, S., Zimmermann, J., Rentrop, M., Schuster, P., Buchheim, P., & Buchheim, A. (2015). Transference-focused psychotherapy for borderline personality disorder: change in reflective function. *The British journal of psychiatry : the journal of mental science*, 207(2), 173–174. https://doi.org/10.1192/bjp.bp.113.143842

Flückiger, C., Del Re, AC., Wampold, B. E., & Horvath, A. O. (2018). The alliance in adult psychotherapy: A meta-analytic synthesis. *Psychotherapy*, 55(4), 316–340.

Fonagy, P., Luyten, P., & Bateman, A. (2015). Translation: Mentalizing as treatment target in borderline personality disorder. *Personality Disorders: Theory, Research and Treatment*, 6(4), 380–392. https://doi.org/10.1037/per0000113

Fuchs, T. (2007). Fragmented selves: Temporality and identity in borderline personality disorder. *Psychopathology*, 40(6), 379–387. https://doi.org/10.1159/000106468

Gendlin, E. T. (1964). A theory of personality change. In P. Worchel & D. Byrne (Eds.), *Personality Change* (pp. 100–148). New York: Wiley and Sons.

Glaser, J.-P., Van Os, J., Thewissen, V., & Myin-Germeys, I. (2010). Psychotic reactivity in borderline personality disorder. *Acta Psychiatrica Scandinavica*, 121(2), 125–134. Doi: 10.1111/j.1600–0447.2009.01427.x

Goldfried, M.R. (2019). Obtaining consensus in psychotherapy: What holds us back? *American Psychologist*, 74(4), 484–496. 10.1037/amp0000365

Goodman, M., Chen, J., & Hazlett, E. A. (2018). Neurobiological underpinnings of psychosocial treatment in personality disorders. In C. Schmahl, K. L. Phan, R. O. Friedel, & L. Siever (Eds.), *Neurobiology of personality disorders* (pp. 405–414). Oxford: Oxford University Press.

Grandjean, L., Beuchat, H., Pascual-Leone, A., Martin Soelch, C., Draganski, B., & Kramer, U. (2023/submitted). Multicomponent multimethod assessment of emotional change in psychotherapy research: initial validation of a neurobiohavioral paradigm.

Grandjean, L., Hummel, J., Wyer, D., Beuchat, H., Caspar, F., Sachse, R., Berger, T., & Kramer, U. (2021). Psychotherapeutic case formulation: Plan analysis for narcissistic personality dsorder. *Personality and Mental Health*. Doi: 10.1002/pmh.1521

Grandjean, L., Marceau, E., Draganski, B., Rosselet Amoussou, J., & Kramer, U. (in press). The neurobiology of emotion regulation in personality disorders. *Swiss Archives of Neurology, Psychiatry and Psychotherapy*.

Grawe, K. (1980). Die diagnostisch-therapeutische Funktion der Gruppeninteraktion in verhaltenstherapeutischen Gruppen [The diagnostic-therapeutic function of group interaction in behavioral treatment groups]. In K. Grawe (Hrsg.), *Verhaltenstherapie in Gruppen* (S. 88–223). München: Urban & Schwarzenberg.

Grawe, K. (1992). Komplementäre Beziehungsgestaltung als Mittel zur Herstellung einer guten Therapiebeziehung [Complementary Therapeutic Relationship as a mean for the establishment of a good therapeutic relationship]. In J. Margraf, & J. C. Brengelmann (Hrsg.), *Die Therapeut-Patient-Beziehung in der Verhaltenstherapie* (S. 215–244). München: Röttger-Verlag.

Grawe, K. (1998). *Psychologische Therapie*. Göttingen: Hogrefe.

Grawe, K. (2004). *Neuropsychotherapie*. Göttingen: Hogrefe.

Greenberg, L. S. (1979). Resolving splits: the two-chair technique. *Psychotherapy: Theory, Research and Practice*, 16, 310–318.

Greenberg, L. S. (1999). Ideal psychotherapy research: a study of significant change processes. *Journal of Clinical Psychology*, 55(12):1467–80. Doi: 10.1002/(sici)1097–4679(199912)55:12<1467::aid-jclp5>3.0.co;2–2.

Greenberg, L. S. (2015). *Emotion-focused therapy: Coaching clients to work through their feelings. Second edition*. Washington: American Psychological Association.

Greenberg, L. S., & Foerster, R. S. (1996). Resolving unfinished business: the process of change. *Journal of Consulting and Clinical Psychology*, 64(3), 439–446.

Greenberg, L. S., & Pascual-Leone, A. (2006). Emotion in psychotherapy: a practice-friendly review. *Journal of Clinical Psychology*, 62(5), 611–630. DOI: 10.1002/jclp.20252

Gunderson, J. G. (2016). The Emergence of a Generalist Model to Meet Public Health Needs for Patients With Borderline Personality Disorder. *American Journal of Psychiatry, 173*(5), 452–458.

Gunderson, J. G., Herpertz, S. C., Skodol, A. E., Torgersen, S., & Zanarini, M. C. (2018). Borderline Personality Disorder. *Nature Review Disorders Primers, 4.* 18029.

Gunderson, J.G, & Links, P. (2014). *Handbook of good psychiatric management for borderline personality disorder.* Washington: American Psychiatric Publishing.

Harpoth, T. S., Hepp, J., Trull, T. J., Bateman, A. W., Kongerslev, M. T., & Simonsen, E. (2019). Positive affect is associated with decreased symptom severity in the daily lives of individuals with borderline personality disorder. *Journal of Personality Disorders*, 1–18.

Harpøth, T. S. D., Hepp, J., Trull, T. J., Bateman, A. W., Kongerslev, M. T., & Simonsen, E. (2021). Positive affect is associated with decreased symptom severity in the daily lives of individuals with borderline personality disorder. *Journal of Personality Disorders, 35*(3), 355–372. https://doi.org/10.1521/ped_2019_33_453

Haynes, S. N., Smith, G. T., & Hunsley, J. D. (2011). *Scientific foundations of clinical assessment.* London: Routledge.

Herpertz, S. C. (2022). Was ist Modulare Psychotherapie? In S. C. Herpertz & E. Schramm (Hrsg.). *Modulare Psychotherapie* (S. 23–39). Stuttgart: Schattauer.

Herpertz, S. C., Huprich, S. K., Bohus, M., Chanen, A., Goodman, M., Mehlum, L., Moran, P., Newton-Howes, G., Scott, L., & Sharp, C. (2017). The challenge of transforming the diagnostic system of personality disorder. *Journal of Personality Disorders, 31*(5), 577–589.

Herpertz, S. C., Matzke, B., Hillmann, K., Neukel, C., Mancke, F., Jaentsch, B., Schwenger, U., Honecker, H., Bullenkamp, R., Steinmann, S., Krauch, M., Bauer, S., Borzikowsky, C., Bertsch, K., & Dempfle, A. (2020). A Mechanism-based group-psychotherapy approach to aggressive behaviour in borderline personality disorder: findings from a cluster-randomized controlled trial. *BJPsych Open. 2020.* 14;7(1). e17. https://doi.org/10.1192/bjo.2020.131

Herpertz, S. C., & Schramm, E. (2022) (Hrsg.). *Modulare Psychotherapie.* Stuttgart: Schattauer.

Hershenberg, R., & Goldfried, M. R. (2015). Implications of RDoC for the research and practice of psychotherapy. *Behavior Therapy, 46*(2), 156–165. https://doi.org/10.1016/j.beth.2014.09.014

Hill, C. E. (1996). *Working with dreams in psychotherapy.* New York: Guilford.

Hill, C. E., & Knox, S. (2010). The use of dreams in modern psychotherapy. International review of neurobiology, 92, 291–317.

Hill, C. E., & Norcross, J. C. (2023) (Eds.), *Psychotherapy skills and methods that work.* Oxford: Oxford University Press.

Hirsh, J. B., Quilty, L. C., Bagby, R. M., & McMain, S. F. (2012). The relationship between agreeableness and the development of the working alliance in patients with borderline personality disorder. *Journal of Personality Disorders, 26*(4), 616–627.

Hopwood, C. J., Pincus, A. L., & Wright, A. G. C. (2019). The interpersonal situation: Integrating personality assessment, case formulation, and intervention. In D. B. Samuel & D. R. Lynam (Eds.), *Using basic personality research to inform personality pathology* (pp. 94–121). Oxford: Oxford University Press. https://doi.org/10.1093/med-psych/9780190227074.003.0005

Insel, T. R. (2014). National Institute of Mental Health. Clinical trials. New Opportunities, New Expectations. *JAMA Psychiatry, 71*(7), 745–746.

Jenissen, S., Huber, J., Ehrenthal, J. C., Schauenburg, H., & Dinger, U. (2018). Association between insight and outcome of psychotherapy: systematic review and meta-analysis. *American Journal of Psychiatry, 175*(19), 961–969. https://doi.org/10.1176/appi.ajp.2018.17080847

Kagan, N. I. (1980). Influencing human interaction: Eighteen years with IPR. In A. K. Hess (Ed.), *Psychotherapy supervision: Theory, research, and practice* (pp. 262–283). New York: Wiley.

Karterud, S., & Kongerslev, M. T. (2019). Case formulations in mentalization-based treatment (MBT) for patients with borderline personality disorder. In U. Kramer (Ed.) *Case formulation for personality disorders. Tailoring psychotherapy to the individual client* (pp. 41–60). Cambridge: Elsevier.

Kazdin, A. E. (2009). Understanding how and why psychotherapy leads to change. *Psychotherapy Research*, 19(4–5), 418–428.

Kernberg, O. F. (1984). *Severe personality disorders: Psychotherapeutic strategies*. Yale University, New Haven.

King-Casas, B., Sharp, C., Lomax-Bream, L., Lohrenz, T., Fonagy, P., & Montague, R. (2008). The rupture and repair of cooperation in borderline personality disorder. *Science*, 321, 806–810.

Kivity, Y., Levy, K. N., Kelly, K. M., & Clarkin, J. F. (2022). In-session reflective functioning in psychotherapies for borderline personality disorder: The emotion regulatory role of reflective functioning. *Journal of consulting and clinical psychology*, 89(9), 751–761. https://doi.org/10.1037/ccp0000674

Koerner, K. (2012). *Doing dialectical behavior therapy: A practical guide*. New York: Guilford Press.

Kotov, R., Krueger, R. F., Watson, D., Achenbach, T. M., Althoff, R. R., Bagby, R. M., ... Zimmerman, M. (2017). The Hierarchical Taxonomy of Psychopathology (HiTOP): A dimensional alternative to traditional nosologies. Journal of Abnormal Psychology, 126(4), 454–477. https://doi.org/10.1037/abn0000258

Kramer, U. (2014). Observer-rated coping associated with borderline personality disorder: An exploratory study. *Clinical Psychology and Psychotherapy*, 21(3), 242–251. Doi: 10.1002/cpp.1832

Kramer, U. (2017). The role of coping change in borderline personality disorder: A process-outcome analysis of Dialectical-Behavior Skills Training. *Clinical Psychology and Psychotherapy*, 24(2), 302–311. Doi: 10/1002/cpp.2017.

Kramer, U. (2019). Personality, personality disorders, and the process of change. *Psychotherapy Research*, 29(3): 324–336. Doi: 10.1080/10503307.2017.1377358

Kramer, U. (2019). *Case formulation for personality disorders: Tailoring psychotherapy to the individual client*. Cambridge: Academic Press.

Kramer, U. (2020). Individualizing psychotherapy research designs. *Journal of Psychotherapy Integration*, 30(3), 440–457. https://doi.org/10.1037/int0000160

Kramer, U. (2021). Therapist responsiveness in treatments for personality disorders. In J. C. Watson & H. Wiseman (Eds.), *The responsive psychotherapist: Attuning to clients in the moment* (pp. 237–256) Washington: American Psychological Association.

Kramer, U. (2024). Good Psychiatric Management: Does it have a »good enough« empirical basis? *American Journal of Psychotherapy*.

Kramer, U., Beuchat, H., Grandjean, L., & Pascual-Leone, A. (2020). How personality disorders change in psychotherapy: A concise review of process. *Current Psychiatry Reports*, 22(41). https://doi.org/10.1007/s11920-020-01162-3.

Kramer, U., Beuchat, H., Grandjean, L., Despland, J.-N., & Pascual-Leone, A. (2022). Change in emotional processing in daily life: relationship with in-session self-esteem. *Counseling Psychology Quarterly*, 36(2), 235–250. Doi: 10.1080/09515070.2022.2029349

Kramer, U., Beuchat, H., Grandjean, L., Seragnoli, F., Djillali, S., Choffat, C., George, E., Despland, J.-N., Kolly, S., & de Roten, Y. (2021). Lessening of the pervasiveness of interpersonal patterns in borderline personality disorder explains symptom decrease after treatment: A process analysis. *Journal of Clinical Psychology*. https://doi.org/10.1002/jclp.23275

Kramer, U., Eubanks, C. F., Bertsch, K., Herpertz, S. C., McMain, S., Mehlum, L., Renneberg, B., & Zimmermann, J. (2022). Future challenges in psychotherapy research for personality disorders. *Current Psychiatry Reports*, 24(11), 613–622. https://doi.org/10.1007/s11920-022-01379-4

Kramer, U., Flückiger, C., Kolly, S., Caspar, F., Marquet, P., Despland, J.-N., & de Roten, Y. (2014). Unpacking the effects of therapist responsiveness in borderline personality disorder: motive-oriented therapeutic relationship, patient in-session experience and the therapeutic alliance. *Psychotherapy and Psychosomatics*, 83, 386–387. Doi: 10.1159/000365400

Kramer, U., Grandjean, L., & Pascual-Leone, A. (2023). *Event-based assessment of emotional processing*. Presentation at the Annual Meeting of the Society for the Exploration of Psychotherapy Integration. Vancouver, Canada.

Kramer, U., Keller, S., Caspar, F., de Roten, Y., Despland, J. N., & Kolly, S. (2017). Early change in coping strategies in responsive treatments for borderline personality disorder: A mediation analysis. *Journal of Consulting and Clinical Psychology, 85*(5), 530.

Kramer, U., Kolly, S., Berthoud, L., Keller, S., Preisig, M., Caspar, F., ... & Despland, J. N. (2014). Effects of motive-oriented therapeutic relationship in a ten-session general psychiatric treatment of borderline personality disorder: a randomized controlled trial. *Psychotherapy and Psychosomatics, 83*(3), 176–186.

Kramer, U., Kolly, S., Charbon, P., Ilagan, G., & Choi-Kain, L. W. (2022). Brief psychiatric treatment for borderline personality disorder as a first step of Care: Adapting general psychiatric management to a 10 sessioni. *Personality Disorders, 13*(5), 516–526. https://doi.org/10.1037/per0000511

Kramer, U., Kolly, S., Maillard, P., Pascual-Leone, A., Samson, A. C., Schmitt, R., ... & Draganski, B. (2018). Change in emotional and theory of mind processing in borderline personality disorder: A pilot study. *Journal of Nervous and Mental Disease, 206*(12), 935–943.

Kramer, U., Levy, K. N., & McMain, S. (2024). *Understanding mechanisms of change in psychotherapies for personality disorders.* Washington: American Psychological Association.

Kramer, U., & Pascual-Leone, A. (2016). The role of maladaptive anger in self-criticism: A quasi-experimental study on emotional processes. *Counselling Psychology Quarterly, 29*(3), 311–333. Doi:10.1080/09515070.2015.1090395

Kramer, U., & Pascual-Leone, A. (2018). Self-knowledge in Personality Disorders: An emotion-focused perspective. *Journal of Personality Disorders, 32*(3), 329–350.

Kramer, U., Pascual-Leone, A., Berthoud, L., de Roten, Y., Marquet, P., Kolly, S., Despland, J.-N., & Page, D. (2016). Assertive anger mediates effects of dialectical behavior-informed skills training for borderline personality disorder: a randomized controlled trial. *Clinical Psychology and Psychotherapy, 23*(3), 185–202. Doi: 10.1002/cpp.1956

Kramer, U., Pascual-Leone, A., Despland, J.-N., & de Roten, Y. (2015). One minute of grief: Emotional processing in short-term dynamic psychotherapy for adjustment disorder. *Journal of Consulting and Clinical Psychology, 83*(1), 187–198. Doi: 10.1037/a0037979

Kramer, U., Pascual-Leone, A., Rohde, K. B., & Sachse, R. (2016). Emotional processing, interaction process, and outcome in clarification-oriented psychotherapy for personality disorders: A process-outcome analysis. *Journal of Personality Disorders, 30*(3), 373–394.

Kramer, U., Pascual-Leone, A., Rohde, K. B., & Sachse, R. (2018). The role of shame and self-compassion in psychotherapy for narcissistic personality disorder: An exploratory study. *Clinical Psychology and Psychotherapy, 25*, 272–282. Doi: 10.1002/cpp.2160

Kramer, U., Ranjbar, S., & Caspar, F. (2023). Using case formulation for prediction of the therapeutic alliance in treatment for borderline personality disorder. *Personality Disorders, 14*(3), 347–354. https://doi.org/10.1037/per0000555

Kramer, U., Rosciano, A., Pavlovic, M., Berthoud, L., Despland, J.-N., de Roten, Y., & Caspar, F. (2011). Motive-oriented therapeutic relationship in brief psychodynamic intervention for patients with depression and personality disorders. *Journal of Clinical Psychology, 67*(10), 1017–1027.

Kramer, U. Simonini, A., Noseda, E., Fellrath, R., RRustemi, E., Stucchi, K., Martin Soelch, C., Boritz, T., & Angus, L. (2023). *Emotion-based narrative in borderline personality disorder in brief treatment.* Presentation at the Annual Conference of the Society for Psychotherapy Research (SPR). Dublin, Ireland.

Kramer, U., Simonini, A., Rrustemi, E., Fellrath, R., Stucchi, K., Noseda, E., Martin Soelch, C., Kolly, S., Blanco-Machinea, J., Boritz, T., & Angus, L. (2024) Change in emotion-based narrative as a potential mechanism of change in a brief treatment for borderline personality disorder. *Psychotherapy Research.* https://doi.org/10.1080/10503307.2024.2406543

Kramer, U., & Stiles, W. B. (2015). The responsiveness problem in psychotherapy: A review of proposed solutions. *Clinical Psychology: Science and Practice, 22*(3), 227–295.

Kramer, U., & Timulak, L. (2022). The emotional underpinnings of personality pathology: Implications for psychotherapy. *Clinical Psychology: Science and Practice.* https://doi.org/10.1037/cps0000080

Krantz, L. H., McMain, S., & Kuo, J. R. (2018). The unique contribution of acceptance without judgment in predicting nonsuicidal self-injury after 20-weeks of dialectical behaviour therapy group skills training. *Behaviour Research and Therapy, 104*, 44–50.

Kuo, J. R., & Linehan, M. M. (2009). Disentangling emotion processes in borderline personality disorder: physiological and self-reported assessment of biological vulnerability, baseline intensity, and reactivity to emotionally evocative stimuli. *Journal of Abnormal Psychology, 118*(3), 531–544.

Lane, R. D. (2024). Reconsolidation of emotional memories in psychotherapy: How corrective emotional experiences facilitate enduring change. In A. C. Samson, D. Sander, U. Kramer (Eds.), *Change in emotion and mental health* (pp. 305–324). Cambridge: Elsevier.

Lee, R., Fanning, J. R., & Coccaro, E. F. (2018). The clinical neuroscience of impulsive aggression. In C. Schmahl, K. Luan Phan, R.O Friedel, & L. J. Siever (Eds.), *Neurobiology of Personality Disorders* (pp. 157–178). Oxford: Oxford University Press.

Levy, K. N., Beeney, J. E., Wasserman, R. H., & Clarkin, J. F. (2010). Conflict begets conflict: Executive control, mental state vacillations, and the therapeutic alliance in treatment of borderline personality disorder. *Psychotherapy Research, 20*(4), 413–422. https://doi.org/10.1080/10503301003636696

Levy, K. N., Meehan, K. B., Kelly, K. M., Reynoso, J. S., Weber, M., Clarkin, J. F., & Kernberg, O. F. (2006). Change in attachment patterns and reflective function in a randomized control trial of transference focused psychotherapy for borderline personality disorder. *Journal of Consulting and Clinical Psychology, 74*(6), 1027–1040.

Levitt, H. M., Morrill, Z., & Collins, K. M. (2020). Considering methodological integrity in counselling and psychotherapy research. *Counselling and Psychotherapy Research*, https://doi.org/10.1002/capr.12284

Lind, M., Adler, J. M., & Clark, L. A. (2020). Narrative identity and personality disorder: an empirical and conceptual review. *Current Psychiatry Reports, 22*, 67.

Lind, M., Jorgensen, C. R., Heinskou, T., Simonsen, S., Boye, R., & Thomsen, D. K. (2019). Patients with borderline personality disorder show increased agency in life stories after 12 months of psychotherapy. *Psychotherapy, 56*(2), 274–284. https://doi.org/10.1037/pst0000184

Lind, M., Sharp, C., & Dunlop, W. L. (2022). Why, how and when to integrate narrative identity within dimensional approaches to personality disorders. *Journal of Personality Disorders, 36*(4), 377–398.

Linehan, M. M. (1993). *Cognitive-behavior therapy for borderline personality disorder*. New York: Guilford Press.

Linehan, M. M. (2015). *DBT skills training manual*. New York: Guilford Press.

Lis, S., Derish, N. E., Perez-Rodriguez, M. M. (2018). Social cognition in personality disorders. In C. Schmahl, K. Luan Phan, R.O Friedel, & L. J. Siever (Eds.), *Neurobiology of Personality Disorders* (pp. 179–206). Oxford: Oxford University Press.

Livesley, W. J. (2003). Diagnostic dilemmas in classifying personality disorder. In K. A. Phillips, M. B. First, & H. A. Pincus (Eds.), *Advancing DSM: Dilemmas in psychiatric diagnosis* (pp. 153–189). Washington: American Psychiatric Association.

Lutz, W., Deisenhofer, A. K., & Rubel, J. (2022). Personalisierung von Psychotherapie. In S. C. Herpertz, & E. Schramm (Hrsg.). *Modulare Psychotherapie* (S. 57–83). Schattauer.

Lutz, W., de Jong, K., Rubel, J. A., & Delgadillo, J. (2021). Measuring, predicting and tracking change in psychotherapy. In M. Barkham, W. Lutz, L. G. Castonguay (Eds.), *Bergin and Garfield's handbook of psychotherapy and behavior change. Seventh edition* (pp. 89–134). New York: Wiley.

Maccaferri, G. E., Dunker-Scheuner, D., de Roten, Y., Despland, J.-N., Sachse, R. & Kramer, U. (2020). Psychotherapy for dependent personality disorder: The relationship of patient-therapist interaction to outcome. *Psychiatry: Interpersonal and Biological Processes, 83*(2), 179–194. Doi: 10.1080/00332747.2019.1675376

Maillard, P., Berthoud, L., Kolly, S., Sachse, R. & Kramer, U. (2020). Processes of change in psychotherapy for narcissistic personality disorder. *Journal of Personality Disorders, 34*, 67–79.

Maillard, P., Dimaggio, G., Berthoud, L., de Roten, Y., Despland, J.-N., & Kramer, U. (2019). Metacognitive improvement and symptom change in a 3-month treatment for borderline personality disorder. *Psychology and Psychotherapy: Theory, Research and Practice.*

Mancke, F., Herpertz, S. C., Hirjak, D., Knies, R., & Bertsch, K. (2018). Amygdala structure and aggressiveness in borderline personality disorder. *European Archives of Clinical Neuroscience, 268*:417–427. https://doi.org/10.1007/s00406-016-0747-9

Marceau, E., Meuldijk, D., Townsend, M. L., Solowij, N., & Grenyer, B. F. S. (2019). Biomarker correlates of psychotherapy outcomes in borderline personality disorder: A systematic review. *Neuroscience and Biobehavioral Reviews, 94*, 166–178. https://doi.org/10.1016/j.neubiorev.2028.09.001

McCullough, J., Schramm, E., & Penberthy, J.K. (2014). *CBASP as a distinctive treatment for persistent depressive disorder.* London: Routledge.

McMain, S. F., Leybman, M., & Boritz, T. (2019). Case formulation in dialectical behavior therapy. In U. Kramer (Ed.) *Case formulation for personality disorders. Tailoring psychotherapy to the individual client* (pp. 1–18). Cambridge: Elsevier.

McMain, S. F., Links, P. S., Gnam, W. H., Guimond, T., Cardish, R. J., Korman, L., & Streiner, D. L. (2009). A randomized trial of dialectical behavior therapy versus general psychiatric management for borderline personality disorder. *American Journal of Psychiatry, 166*(12), 1365–1374.

McMain, S. F., Links, P. S., Guimond, T., Wnuk, S., Eynan, R., Bergmans, Y., et al. (2013). An exploratory study of the relationship between changes in emotion and cognitive processes and treatment outcome in borderline personality disorder. *Psychotherapy Research, 23*(6), 658–73.

Mehlum, L. (2021). Mechanisms of change in dialectical behaviour therapy for people with borderline personality disorder. *Current Opinions in Psychology, 37*, 89–93. https://doi.org/10.1016/j.copsyc.2020.08.017 2352–250X

Michelini, G., Palumbo, I. M., DeYoung, C. G., Latzman, R. D., & Kotov, R. (2021). Linking RDoC and HiTOP: A new interface for advancing psychiatric nosology and neuroscience. *Clinical Psychology Review, 86.* https://doi.org/10.1016/j.cpr.2021.102025

Miller, S. D., Chow, D., Malins, S., & Hubble, M. A. (Eds.) (2023). *The field guide to better results: Evidence-based exercises to improve therapeutic effectiveness.* Washington: American Psychological Association.

Möller, C., Karlgren, L., Sandell, A., Falkenström, F., & Philips, B. 2017). Mentalization-based therapy adherence and competence stimulates in-session mentalization in psychotherapy for borderline personality disorder with co-morbid substance dependence. *Psychotherapy Research, 27*(6), 749–65.

Mumma, G. H., & Mooney, S. R. (2007). Incremental validity of cognitions in a clinical case formulation: An intraindividual test in a case example. *Journal of Psychopathology and Behavioral Assessment, 29,*17–28.

Nardone, S., Pascual-Leone, A., Kramer, U., Cristoffianini, Grandjean, L., Culina, I., & McMain, S. (2024/submitted). Emotion during sessions of dialectical behavior therapy predicts outcome for borderline personality disorder. *Journal of Consulting and Clinical Psychology.*

Nadel, I., Glassier, S., de Roten, Y., & Kramer, U. (submitted). Therapeutic alliance rupture and resolution in a brief psychiatric treatment for borderline personality disorder.

Neacsiu, A. D., Rizvi, S. L., & Linehan, M. M. (2010). Dialectical behavior therapy skills use as a mediator and outcome of treatment for borderline personality disorder. *Behaviour Research and Therapy, 48*, 832–339.

New, A. S., Hazlett, E. A. Buchsbaum, M. S., Goodman, M., Mitelman, S. A., Newmark, R., et al. (2007). Amygdala-prefrontal disconnection in borderline personality disorder. *Neuropsychopharmacology, 32*, 1629–1640.

Neukel, C., Bertsch, K., Wenigmann, M., Spiess, K., Krauch, M., Steinmann, S., & Herpertz, S. C. (2021). A Mechanism-Based Approach to Anti-Aggression Psychotherapy in Borderline Personality Disorder: Group Treatment Affects Amygdala Activation and Connectivity. *Brain Science, 11*(12):1627. https://doi.org/10.3390/brainsci11121627

Ochsner, K. N., & Gross, J. J. (2005). The cognitive control of emotion. *Trends in Cognitive Sciences*, *9*(5), 242–249. https://doi.org/10.1016/j.tics.2005.03.010

Ofrat, S., Krueger, R. F., & Clark, L. A. (2018). Dimensional approaches to personality disorder classification. In W. J. Livesley & R. Larstone (Eds.), *Handbook of personality disorders. Theory, research and treatment*. Second Edition (pp. 72–87). New York: Guilford.

Oldham, J. M. (2009). Borderline personality disorder comes of age [Editorial]. *The American Journal of Psychiatry*, *166*(5), 509–511. https://doi.org/10.1176/appi.ajp.2009.09020262

O'Neill, A., D'Souza, A., Samson, A. C., Carballedo, A., Kerskens, C., & Frodl, T. (2015). Dysregulation between emotion and theory of mind networks in borderline personality disorder. *Psychiatry Research: Neuroimaging*, *231*, 25–32.

Pascual-Leone, A. (2009). Dynamic emotional processing in experiential therapy: Two steps forward, one step back. *Journal of Consulting and Clinical Psychology*, *77*(1), 113.

Pascual-Leone, A. (2019). How clients »change emotion with emotion«: A programme of research on emotional processing. *Psychothérapies Research*, *28*(2), 165–82.

Pascual-Leone, A., & Kramer, U. (2023). Advancing the assessment of emotional change: A matrix of processes by methods. *Journal of Psychotherapy Integration*. *33*(4), 341–347.

Peluso, P. R., & Freund, R. R. (2018). Therapist and client emotional expression and psychotherapy outcomes: A meta-analysis. *Psychotherapy*, *55*(4), 461.

Perez, D. L., Vago, D. R., Pan, H., Root, J., Tuescher, O., Fuchs, B. H., Leung, L., Epstein, J. Cain, N. M., Clarin, J. F., Lenzenweger, M. F., Kernberg, O. F., Levy, K. N., Silbersweig, D. A., & Stern, E. (2016). Frontolimbic neural circuit changes in emotional processing and inhibitory control associated with clinical improvement following Transference-Focused Psychotherapy in Borderline Personality Disorder. Doi: 10.1111/pcn.12357

Popp, C., Diguer, L., Luborsky, L., Faude, J., Johnson,S.,Morris, M., et al. (1996). Repetitive relationship themes in waking narratives and dreams. *Journal of Consulting and Clinical Psychology*, *64*, 1073–1078.

Renneberg, B., & Herpertz, S. C. (2021). *Persönlichkeitsstörungen*. Göttingen: Hogrefe.

Rice, L., & Greenberg, L. S. (1984). The new research paradigm. In L. N. Rice, & L. S. Greenberg (Eds.), *Patterns of chagne. Intensive analysis of psychotherapy process* (pp. 7–26). New York: Guilford.

Rice, L. N., & Greenberg, L. S. (1984). *Patterns of change. Intensive analysis of psychotherapy process*. New York: Guilford.

Ronningstam, E. (2020). Introduction to the special issue on narcissistic personality disorder. *Journal of Personality Disorders*, *34*(Special Issue), 1–5.

Rudge, S., Feigenbaum, J. D., & Fonagy, P. (2020). Mechanisms of change in dialectical behaviour therapy and cognitive behaviour therapy for borderline personality disorder: a critical review of the literature. *Journal of Mental Health*, *29*(1), 92–102. https://doi.org/10.1080/09638237.2017.1322185

Sachse, R. (2003). *Klärungsorientierte Psychotherapie*. Göttingen: Hogrefe.

Sachse, R. (2006). Psychotherapie-Ausbildung aus Sicht der Expertise-Forschung. In R. Sachse, & P. Schlebusch (Hrsg.), *Perspektiven Klärungsorientierter Psychotherapie* (S. 306–324). Lengerich: Pabst.

Sachse, R. (2022). *Psychotherapie von Persönlichkeitsstörungen*. Stuttgart: Kohlhammer.

Sachse, R., & Kramer, U. (2023). *Klärungsorientierte Psychotherapie von Persönlichkeitsstörungen*. Göttingen: Hogrefe.

Sachse, R., Sachse, M., & Fasbender, J. (2010). *Klärungsorientierte Psychotherapie von Persönlichkeitsstörungen*. Göttingen: Hogrefe.

Samson, A. C., Sander, D., & Kramer, U. (2024). *Change in emotion and mental health*. Cambridge: Academic Press.

Santangelo, P., Bohus, M., & Ebner-Priemer, U. W. (2014). Ecological momentary assessment in borderline personality disorder: a review of recent findings and methodological challenges. *Journal of Personality Disorders*, *28*(4), 555–576.

Sauer-Zavala, S., Bentley, K. H., & Wilner, J. G. (2016). Transdiagnostic treatment of borderline personality disorder and comorbid disorders: A clinical replication series. *Journal of Personality Disorders*, *30*(1), 35–51. https://doi.org/10.1521/pedi_2015_29_179

Scala, J. W., Levy, K. N., Johnson, B. N., Kivity, Y., Ellison, W. D., Pincus, A. L., Newman, M. G., & Wilson, S. J. (2018). The role of negative affect and self-concept clarity in predicting self-injurious urges using ecological momentary assessment. *Journal of Personality Disorders, 32*, 36–57.

Schmitt, R., Winter, D., Niedtfeld, I., Herpertz, S. C., & Schmahl, C. (2016). Effects of psychotherapy on neuronal correlates of reappraisal in female patients with borderline personality disorder. Biological Psychiatry: Cognitive Neuroscience Neuroimaging, 1, 548–557.

Schnell, K., & Herpertz, S. C. (2018). Emotion regulation and social cognition as functional targets of mechanism-based psychotherapy in major depression and comorbid personality pathology. *Journal of Personality Disorders*. 12–35. http://dx.doi.org/10.1521/pedi.2018.32.supp.12

Schulze, L., Schmahl, C., & Niedtfeld, I. (2016). Neural correlates of disturbed emotion processing in borderline personality disorder: A multimodal meta-analysis. *Biological Psychiatry, 79*, 97–106. Doi: 10.1016/j.biopsych.2015.03.027

Setkowski, K., Palantza, C., van Ballegooijen, W., Gilissen, R., Oud, M., Cristea, I. A., … & Cuijpers, P. (2023). Which psychotherapy is most effective and acceptable in the treatment of adults with a (sub)clinical borderline personality disorder? A systematic review and network meta-analysis. *Psychological Medicine, 53*(8), 3261–3280. https://doi.org/10.1017/S0033291723000685

Sharp, C., Wright, A. G. C., Fowler, J.C., Frueh, B. C., Allen, J. G., Oldham, J., & Clark, L. A. (2015). The structure of personality pathology: Both general (»g«) and specific (»s«) factors? *Journal of Abnormal Psychology, 124*(2), 387–398. https://doi.org/10.1037/abn0000033

Signer, S., Estermann Jansen, R., Sachse, R., Caspar, F., & Kramer, U. (2020). In session social interaction patterns, therapist responsiveness and outcome in treatments for borderline personality disorder. *Psychology and Psychotherapy: Theory, Research and Practice, 93*, 705–722. e12354

Silbersweig, D., Clarkin, J. F., Goldstein, M., Kernberg, O. F., Tuescher, O., Levy, K. N., & Stern, E. (2007). Failure of fronto-limbic inhibitory function in the context of negative emotion in borderline personality disorder. *American Journal of Psychiatry, 164*, 1832–1841.

Simsek, M. (2022). *Die Rolle der Vertiefung in der Psychotherapie*. Universität Bern.

Sonderland, N. M., Solbakken, D. E., Eilertsen, M. N., & Monsen, J. T. (2023). Emotional changes and outcomes in psychotherapy: A systematic review and meta-analysis. *Journal of Consulting and Clinical Psychology*. https://doi.org/10.1037/ccp000081

Sonley, A. K. I., & Choi-Kain, L. W. (2021). *Good psychiatric management and dialectical-behavior therapy. A clinician's guide to integration and stepped care*. Washington: American Psychiatric Assocation Publishing.

Stiles, C., Batchelor, R., Gumley, A., & Gajwani, R. (2023). Experiences of stigma and discrimination in borderline personality disorder: A systematic review and qualitative meta-synthesis. *Journal of Personality Disorders, 37*(2), 177–194.

Stiles, W. B. (2013). The variables problem and progress in psychotherapy research. *Psychotherapy, 50*(1), 33–41.

Storebø, O. J., Stoffers-Winterling, J. M., Völlm, B. A., Kongerslev, M. T., Mattivi, J. T., Jørgensen, M. S., Faltinsen, E., Todorovac, A., Sales, C. P., Callesen, H. E., & Lieb, K. (2020). Psychological therapies for people with borderline personality disorder. *Cochrane Database of Systematic Reviews, 8*.

Teachman, B. A., & Muran, J. C. (2024). *Proposal to develop a clinical practice guideline on emotion regulation. Final Report*. Washington: American Psychological Association.

Vesenti, L., van Puyenbroeck, H., De Wachter, D., Matthys, F., & Bilsen, J. (2021). Sexual feelings toward clients in the psychotherapeutic relationship: the taboo revealed. *Qualitative Health Research, 31*(5), 999–1011. https://doi.org/10.1177/1049732321990654

Wampold., B. E., & Imel, Z. E. (2015). *The great psychotherapy debate*. London: Routledge.

Weisz, J. R., Chorpita, B. F., Palinkas, L. A., Schoenwald, S. K., Miranda, J., Bearman, S. K., Martin, J. (2012). Testing standard and modular designs for psychotherapy treating depression, anxiety and conduct problems in youth: A randomized effectiveness trial. *Archives of general psychiatry, 69*(3), 274–282.

Westhoff, M., & Hofmann, S. G. (2022). Veränderungsmechanismen und Möglichkeiten ihrer Erfassung. In S. C. Herpertz, & E. Schramm (Hrsg.). *Modulare Psychotherapie*, (S. 40–56). Stuttgart: Schattauer.

Whelton, W. J., & Greenberg, L. S. (2005). Emotion in self-criticism. *Personality and Individual Differences*, *38*, 1583–1595.

Widiger, T. A. (2018). Official classification systems. In W. J. Livesley & R. Larstone (Eds.), *Handbook of Personality Disorders. Theory, Research and Treatment.* Second Edition (pp. 47–71). New York: Guilford.

World Health Organization (2022). *International Classification of Disesases*. 11th edition (ICD-11). Geneva: World Health Organization.

Wright, A. G. C., & Woods, W. C. (2020). Personalized models of psychopathology. *Annual Review of Clinical Psychology*, 16, 49–74. https://doi.org/10.1146/annurev-clinpsy-102419

Zanarini, M. C. (2009). Psychotherapy of borderline personality disorder. *Acta Psychiatrica Scandinavica, 120*, 373–377. Doi: 10.1111/j.1600-0447.2009.01448.x

Zanarini, M. C. (2019). *In the fullness of time. Recovery from borderline personality disorder.* New York: Oxford.

Zeifman, R. J., Boritz, T., Barnhart, R., Labrish, C., & McMain, S. F. (2020). The independent roles of mindfulness and distress tolerance in treatment outcomes in dialectical behavior therapy skills training. *Personality Disorders, 11*(3): 181–190. https://doi.org/10.1037/per0000268